A PESSOA NO ESPELHO

Uma antropologia bíblica

EDITORES

Murilo R. Melo │ J. Scott Horrell

Publisher's Cataloging-in-Publication Data provided by Five Rainbows Cataloging Services

Names: Melo, Murilo R., editor. | Horrell, Scott, editor.

Title: A pessoa no espelho: uma antropologia bíblica / Murilo R. Melo [and] J. Scott Horrell, editors.

Description: Plano, TX : Klisia, 2023. | Includes bibliographical references. | In Portuguese.

Identifiers: ISBN 978-1-961349-01-8 (paperback) | ISBN 978-1-961349-02-5 (hardcover) | ISBN 978-1-961-34900-1 (ebook)

Subjects: LCSH: Theological anthropology—Biblical teaching. | Theological anthropology—Christianity. | Apologetics. | Theology. | Religion. | Portuguese language materials. | BISAC: RELIGION / Christian Theology / Anthropology. | RELIGION / Christian Theology / Apologetics. | RELIGION / Christian Theology / Systematic.

Classification: LCC BS2331 .P47 2023 (print) | LCC BS2331 (ebook) | DDC 225.601—dc23.

Também disponível em:
HTML, doi:10.59385/klisia.4.5
PDF, doi:10.59385/klisia.4.73

Plano, TX
klisia.org

SUMÁRIO

PARTE I.

A MACROESTRUTURA DE UMA ANTROPOLOGIA CRISTÃ

COLABORADORES

Ana Luísa Mello é formada em Ciências Sociais pela Univ. Est. de Campinas – UNICAMP. É Mestra em Teologia (ThM) pelo Dallas Theological Seminary. Lecionou em contexto de seminário no Brasil, e serviu em contexto transcultural no Oriente Médio por 6 anos, ensinando mulheres árabes cristãs de países vizinhos. Em seus mais de 40 anos de vida cristã tem servido por mais de 14 anos junto à Igreja Presbiteriana Chácara Primavera, em Campinas-SP, em diversas funções voluntárias. Atualmente está concluindo seu doutorado em Liderança pelo Dallas Seminary. Desde 1991 tem experiência em tradução consecutiva, além da forma escrita, e mais recentemente em tradução simultânea (Inglês--Português-Inglês).

Cidrac Ferreira Fontes é pastor da Assembleia de Deus (ES) há 23 anos. Formado em Teologia pelo Seminário Teológico Batista do Espírito Santo, Mestrado em Teologia e Exposição Bíblica pelo Seminário Bíblico Palavra da Vida–Atibaia SP e Doutorado em Ministério pelo Dallas Theological Seminary. Leciona Grego e Novo Testamento em seminários do Espírito Santo.

Carlos Bacoccina é formado em Teologia pelo Seminário Batista Logos, com convalidação em Teologia pela Faculdade Kurios (CE). Pastor da Igreja Batista Regular em Jd. Tremembé – São Paulo. Professor do Seminário Batista Logos. Professor da Associação Brasileira de Conselheiros Bíblicos (ABCB). Capelão e educador do Colégio Betel Brasileiro. Fundador e Conselheiro da CAD (Clínica de Aconselhamento e Discipulado). Mestrado em Ciências da Religião pela Universidade Metodista de São Paulo.

Creuse Pereira Sousa Santos é pastor da Primeira Igreja Batista em Barueri na Grande São Paulo há 10 anos. Professor do Seminário Bíblico Palavra da Vida na área de Antigo Testamento e Ministério Pastoral. Professor Convidado no Seminário Bautista de Cuba Oriental. Doutorando em Ministérios pelo Dallas Theological Seminary. Bacharel em Teologia com Ênfase Pastoral e Mestre em Exposição do Antigo Testamento pelo Seminário Bíblico Palavra da Vida, Atibaia, São Paulo. Bacharel em Teologia pela Faculdade Teológica Batista de São Paulo. Pós-Graduação em Aconselhamento Bíblico pelo Núcleo de Treinamento e Recursos em Aconselhamento.

Filipe Ferreira Soares é mestre em ministério do Seminário Bíblico Palavra da Vida, e Pós-graduado em Psicanálise, Ensino de Filosofia, e Exposição Bíblica; ele é pastor da Igreja Batista em Rio Pequeno, São Paulo capital, desde 2010; e diretor de música do Seminário Batista Logos desde 2014.

Francisco Wellington Estrela dos Santos é bacharel em Teologia pela Faculdade Kurios (FAK) e mestre em aconselhamento bíblico pelo Seminário e Instituto Bíblico Maranata (SIBIMA). Pastor na Igreja Congregacional Resgate em Limoeiro do Norte, CE. Conselheiro certificado pela ABCB (Associação Brasileira de Conselheiros Bíblicos).

Gary Wayne Parker é cofundador e atual diretor regional da Palavra da Vida Norte onde tem servido mais de vinte e cinco anos como professor e conferencista. Bacharel em teologia pelo Calvary Bible College, Kansas City, Missouri. Mestre em aconselhamento bíblico pelo Master's College, Santa Clarita, Califórnia. Cursando doutorado em ministério pelo Dallas Theological Seminary.

Jazmine Sanchez é mestre em Teologia com ênfase em Liderança Educacional pelo Dallas Theological Seminary, onde cursa o doutorado em Educação Teológica (EdD). Também é bacharel em História da Arte pela

Universidad Iberoamericana (México). Seu podcast, em espanhol, chama-se *Hablemos de Verdad*."

J. Scott Horrell é Professor-Sênior de Estudos Teológicos no Dallas Theological Seminary, aposentado. Formado pela Seattle Pacific University, DTS, e visiting scholar Tyndale House, Cambridge. Missionário no Brasil por 18 anos, pastor, titular da teologia e coordenador do mestrado na Faculdade Teológica Batista de São Paulo, professor no Seminário Teológico Servo de Cristo, Seminário Bíblico Palavra da Vida, e várias escolas pelo mundo. Autor de vários livros e artigos em português e inglês.

Libnis Nascimento da Silva é pastor na Igreja Bíblica Batista Esperança em Maceió, Alagoas. Bacharel em Teologia com ênfase em Educação Cristã e Bacharel em Teologia com ênfase Ciências Pastorais pelo Seminário e Instituto Bíblico Maranata (SIBIMA). Pós-Graduação em Teologia Bíblia (M.A) pelo Seminário e Instituto Bíblico Maranata (SIBIMA). Mestrando em Ministério pelo Seminário Bíblico Palavra da Vida. Professor do SIBIMA desde 2013. Cursa atualmente o Doutorado em Ministério pelo Dallas Theological Seminary.

Lisânias Moura, Th.M., é pastor senior da Igreja Batista do Morumbi, SP, desde 2014; antes, professor por 14 anos no Seminário Bíblico Palavra da Vida, autor de *Cristão Homoafetivo? Um olhar amoroso à luz da Bíblia* (São Paulo: Mundo Cristão, 2017).

Marcelo Dias é bacharel em Teologia (curso livre) pelo Seminário Bíblico Palavra da Vida (1999). Bacharel em Teologia pela Faculdade Teológica Batista de São Paulo (2013). Mestre em Teologia e Exposição Bíblica (Th.M) com ênfase no NT pelo Seminário Bíblico Palavra da Vida (2010). Doutorando em Ministério pelo Dallas Theological Seminary. Missionário da Organização Palavra da Vida desde 2004, onde atua como professor de Métodos de Estudo Bíblico, Teologia Bíblica do NT, Grego e Exegese do NT. Casado com Ana e tem uma filha.

Maruilson Souza é reitor do Seminário Teológico do Exército de Salvação em Moçambique. Doutor em Educação Teológica (SETECA, Guatemala), Doutor em Ciências da Religião (UNICAP – Universidade Católica de Pernambuco, Brasil) e Pós-Doutor em Psicologia (Universidad Kennedy, Buenos Aires, Argentina). Atualmente desenvolve pesquisa pós-doutoral em Epistemologia e Linguagens da Religião (UMESP – Universidade Metodista de São Paulo, Brasil).

Murilo Rezende Melo é professor-visitante do ESWA- Seminário evangélico do oeste africano (Libéria), SETECA – Seminário teológico centroamericano, e assistente de ensino em Trinitarianismo no Dallas Theological Seminary (DTS). Lecionou medicina molecular por dez anos na Faculdade de Ciências Médicas de São Paulo, tendo sido diretor de várias entidades médicas e publicando mais de 60 trabalhos na área. Mestre em teologia pelo DTS, onde cursa PhD em teologia, além de médico patologista clínico, com doutorado pela Santa Casa (SP).

Paulo César Sant'Anna é coordenador da Especialização de Aconselhamento Bíblico no Seminário Bíblico Palavra da Vida – Atibaia/SP. Bacharel em Teologia pelo Seminário Bíblico Palavra da Vida, Mestre em Divindade pelo Southeastern Baptist Theological Seminary em Wake Forest, NC, Doutorando em Ministério pelo Dallas Theological Seminary. Missionário da Organização Palavra da Vida desde 1990, coordena o programa de alunos casados do SBPV e leciona aulas de Aconselhamento, Ética Pessoal e Lar Cristão.

Ronnie P. E. dos Santos é coordenador dos Mestrados em Aconselhamento Bíblico nos Seminários: SIBIMA (Seminário e Instituto Bíblico Maranata)-CE e Seminário Batista Regular Logos-SP, onde sou professor da matéria de Prática 1, como, também, conferencista e professor na mesma área pela ABCB. Bacharel em Teologia pelo Seminário Teológico Batista do Ceará, Fortaleza-CE. Mestre em Aconselhamento Biblico pelo

SIBIMA, em Fortaleza-CE. Cursando o Doutorado em Ministério pelo Dallas Theological Seminary.

Sandra L. Glahn é professora de Media Arts and Worship (Artes, Mídias, e Adoração) no Dallas Theological Seminary. É presidente da Evangelical Press Association (Associação das Editoras Evangélicas) com um alcance de mais de 20 milhões de leitores. É ainda jornalista e autora, co-autora, ou editora de mais de vinte livros, incluindo a série de estudos bíblicos *Coffee Cup Bible Study* e *Nobody's Mother: Artemis of the Ephesians in Antiquity and the New Testament* (IVP Academic). Dr. Glahn é ainda uma das co-fundadoras do Virtualmuseum.gallery, um site que conta a história das mulheres no registro visual da igreja.

Sidney Roberto Machado da Silva é reitor do Seminário Bíblico Palavra da Vida, Atibaia SP, pastor há mais de 25 anos e um dos coordenadores do Projeto LEGADO (mentoria de pastores). É Licenciado em Pedagogia, Pós-graduado em Docência do Ensino Teológico, Docência do Ensino Superior, Teologia Sistemática e MBA em Gestão de Pessoas. Bacharel em Teologia pelo Seminário Bíblico Palavra da Vida e Mestre em Teologia pela Faculdade Teológica Batista de São Paulo. Cursa atualmente doutorado em Ministério pelo Dallas Theological Seminary.

Thiago Souza Moreira é bacharel em Teologia e mestre em Ministério pelo Seminário Batista Logos (SBL). Pós-graduado em Aconselhamento pela Faculdade Teológica Batista de SP. Mestre em Ciências da Religião pela Universidade Metodista de SP. Pastor na Igreja Batista Regular em Jardim Tremembé, SP. Professor e diretor de cursos do SBL. Professor e diretor da ABCB.

Welington Davi Coelho Brito—Formado em Administração de Empresas, com MBA em Comércio Exterior pela UFRJ. Bacharel em Teologia pelo Seminário Batista Sul Fluminense com integralização da UMESP. Mestre em Ministério Pastoral pelo Seminário Palavra da Vida. Pastor da

Igreja Batista Central em Barra Mansa. Cursa Doutorado em Ministério pelo DTS desde 2020.

Winnetou Kepler é pastor da Igreja Evangélica Livre Comunidade Bom Pastor em Sorocaba (SP,) desde maio de 2004, igreja onde iniciou o seu ministério pastoral. É bacharel em teologia com ênfase em educação cristã e mestre em ministério, ambos pelo Seminário Bíblico Palavra da Vida, em Atibaia/SP. Fez convalidação do bacharelado em teologia pela Faculdade Teológica Sul-Americana, em Londrina/PR. Está na fase final do doutorado em ministério pelo Dallas Theological Seminary.

INTRODUÇÃO

J. Scott Horrell e Murilo R. Melo

A maior questão do século 21 é *o que é o ser humano? Quem* sou eu?[1] Ou de uma forma mais profunda e básica, *o que* sou eu? O que significa a *pessoa humana*? É uma pergunta inescapável a todos, seja adulto, adolescente, ou até criança. De fato, é uma pergunta que todas as religiões do mundo e filosofia procuram responder. Mas, ao mesmo tempo, é uma pergunta que não queremos fazer, pois as respostas contemporâneas são frustrantes.

O mistério do ser humano sempre foi parte do discurso universal. Há três mil anos, o salmista Davi já se maravilhava, "Quando contemplo os teus céus, obra dos teus dedos, a lua e as estrelas que ali firmaste, pergunto: Que é o homem, para que com ele te importes? E o filho do homem, para que com ele te preocupes?" (Sl 8.3–4, NVI). Davi entendia um Criador pessoal que se fazia conhecer e nos convida a responder, "SENHOR, Senhor nosso, como é majestoso o teu nome em toda a terra!" (8.1, 8).

Atualmente, poucos partem de uma pressuposição de um Criador verdadeiramente pessoal. Mas, por séculos as cosmovisões não teístas concebiam o ser humano como parte do cosmos, que é repleto de seres espirituais—sejam bons, maus, ou indiferentes a nós; sejam animistas, Espíritas, Hindús, ou Budistas. Alguns afirmam uma hierarquia crescente de seres que parecem pessoais que transcendem num último estágio para um Um Absoluto apessoal, ou até no Nada absoluto. De modo con-

---

1 Por trás da pergunta imediata de "por que eu existo?" há, é claro, uma pergunta cosmológica maior de "por que qualquer coisa existe?" – por que existe algo em vez de nada?

trário, o ateísmo cada vez mais reduz o *Homo sapiens* ao DNA e a uma sorte evolutiva extraordinária. Teorias da psicologia evolutiva, engenharia genética, e transhumanismo são cada vez mais presentes nas ciências. Entre um grupo crescente de futuristas, Yuval Noah Harari declara que o *homo sapiens* está se tornando seu próprio criador inteligente, deuses ultrapassando as barreiras da evolução para transcender as nossas capacidades limitadas[2]—o que ele considera a maior revolução na história da vida. Lev Grossman anuncia a fusão do ser humano com a inteligência artificial, figurando na capa da revista Time, "2045, O ano que o ser humano fica imortal."[3]

O enigma contemporâneo da autoconsciência traz cada vez mais perguntas sobre a definição do ser humano, particularmente naquilo que se refere ao que é a pessoa. A Argentina recentemente deu direitos legais de pessoa a um orangotango ("Suzan" agora mora na Flórida). A tribo Maori da Nova Zelândia declarou que um rio e as florestas e montanhas ao redor têm direitos pessoais plenos. O termo pessoa praticamente desapareceu das discussões científicas.

O grito existencial de "O que eu sou?" é respondido pelos cristãos com uma clara ênfase no que entendemos de nossa pessoalidade apenas em relação ao Criador, o Deus que se revela na Bíblia.

Mas, às vezes, mesmo nós, cristãos, ficamos inseguros a respeito do que somos. Logo depois da faculdade, eu (Horrell) fui convidado para ser pastor interino de uma igreja batista relativamente nova em Bellevue, perto de Seattle. Era uma igreja de negociantes e executivos, alguns de alcance global. Eu tinha 21 anos de idade, solteiro, formado em literatura. Pastor *interino* era a palavra oficial dentro da igreja, mas a palavra *neófito* era a mais apropriada a meu respeito. Meu tempo lá foi curto, como planejado. Mas eu saí desanimado—desanimado com a igreja, desanimado

---

2 Yuval Noah Harari, *Sapiens: A Brief History of Humankind* (Heb. 2011; Eng. ed., London: Vintage/Penguin, 2014), 445. Elsewhere he writes, "We don't need to wait for the Second Coming in order to overcome death. A couple geeks in a lab can do it." Harari, *Homo Deus: A Brief History of Tomorrow* (London: Vintage, 2017), 26.

3 Lev Grossman, "Singularity: n. The moment when technological change becomes so rapid and profound, it represents a rupture in the fabric of human history," *Time*, February 21, 2011, 43, cf. 42–49.

com o povo de Deus, e desanimado acima de tudo comigo mesmo. Pensava: "Que fracasso sou eu."

Nos meses seguintes, refletindo sobre as minhas experiências, sentindo rejeição, e até com dúvidas doutrinárias, comecei olhar para dentro. Meus estudos na literatura moderna européia levantaram questões existenciais. Não tanto *Quem* sou eu? Mas afinal, *o que* sou eu? O que é o ser humano? O que é que dá significado à existência?

Quanto mais olhava para dentro, mais entrava num buraco negro, um abismo sem fundo. Não havia nada para chamar de "eu." Não havia nada que definisse o meu ser. Ou o que definia o ser de qualquer pessoa. Eu estava em queda livre. A famosa frase de Sócrates, "Conhecer a si mesmo é o princípio da sabedoria" era para mim um dito sem significado. *O que é o eu* para conhecer? Não havia nada por dentro.

O maior dilema do ser humano no século 21—a questão cada dia mais gritante—é autodefinição. Cada música, cada novela, cada livro, cada filme, cada político, cada amor, cada criança, cada conversa com qualquer pessoa—tudo pressupõe que o ser humano tem valor, tem uma certa dignidade (mais do que o cachorro da rua). Porém as ciências e a filosofia moderna nos levam em outra direção. Somos organismos evoluídos num universo vazio. Existimos por acaso. No fim, somos apenas genoma e combinações algorítmicas. Num universo sem significado, então, temos que criar nosso próprio significado. Mas como? E por quê? O por que está faltando.

Nas palavras de Francis X. Maier, "As ciências sociais atuais, assim como as ciências exatas…quase que literalmente desconstruíram a ideia do 'ser humano' e o que 'humano' significa. E a lição…é simplesmente essa: *Razão* sem fé inevitavelmente se devora, assim como às pessoas humanas a quem diz servir."[4] Sem um Criador pessoal, o porquê do ser humano desaparece.

A pergunta de Davi, há três milênios, nos leva tanto para o passado quanto para o futuro: "Que é o homem, para que com ele te importes?"

---

4 Francis X. Maier, "Something to Look Forward To," *Public Discourse*, Sept 22, 2021, p. 3, https://www.thepublicdiscourse.com/2021/09/77948/.

Somos levados para o passado até a criação e a extraordinária declaração de Deus em Gênesis 1.26–27, "Façamos o homem à nossa imagem, conforme a nossa semelhança...". "Criou Deus o homem à sua imagem, à imagem de Deus o criou: homem e mulher os criou." O Deus da criação ordena a humanidade a se multiplicar (tendo filhos e filhas) e a ter domínio sobre e cuidar da terra. O mais supreendente é que o Deus todo-poderoso se faz conhecer pessoalmente aos nossos pais quando ele "anda" com eles no jardim do Éden.

Com a entrada do pecado no mundo e a espiral descendente para a escuridão, as palavras do salmista apontam também para a frente, para o perfeito Deus-homem, "o Filho, a quem constituiu herdeiro de todas as coisas e por meio de quem fez o universo. O Filho é o resplendor da glória de Deus e a expressão exata do seu ser" (Heb 1.2-3). Tendo afirmado a completa divindade de Jesus Cristo, o autor de Hebreus descreve a profunda humanidade de Jesus na encarnação, aplicando o Salmo 8 ao Salvador, quando declara: "Vemos, todavia, aquele que por um pouco foi feito menor do que os anjos, Jesus, coroado de honra e glória por ter sofrido a morte, para que, pela graça de Deus, em favor de todos, experimentasse a morte." A *imago Dei* perfeita, Jesus, exemplificou não apenas Deus na carne mas, também, a beleza, grandeza, e esperança do ser humano.

Este livro consiste de uma série de ensaios sobre como melhor entender a pessoa humana por uma perspectiva bíblico-teológica, explorando as implicações para nossos relacionamentos com outros. Os autores são evangélicos de diversas denominações e igrejas, todos doutores ou se doutorando, e quase todos brasileiros. A maioria traz perspectivas que encaixam tanto no contexto brasileiro e lusofônico quanto no mundo contemporâneo.

Na Parte 1, examinamos a macroestrutura de uma antropologia cristã. Murilo Melo começa examinando as cosmovisões filosóficas e religiosas sobre o ser humano. O que pressupomos sobre o porquê do universo (por que há algo em vez do nada?) estabelece respostas às outras perguntas básicas da vida. Libnis Silva, no Capítulo 2 explora as diversas lentes pelas quais se pode entender o ser humano, destrinchando a complexidade da nossa identidade. No Capítulo 3, Thiago Souza Moreira expõe as palavras bíblicas que descrevem a imagem de Deus e outros aspectos textuais do *antropos* humano. Scott Horrell, no Capítulo 4, desenvolve os paralelos (e diferenças) entre as três pessoas da Trindade e a pessoa humana—inclusive a autoconsciência, relacionamento eu-você, a capacidade *pericorética* (uma na outra), e a disposição de se dar aos outros. Finalmente, no Capítulo 5, Sidney Machado mostra como o Filho de Deus encarnado se revela e reinstitui o ideal humano—um ideal ontológico que é também a esperança escatológica para todos que creem em Jesus Cristo.

A Parte 2 aborda algumas questões contemporâneas sobre o ser humano visto da perspectiva física-psicológica-espiritual. No Capítulo 6, Creuse Santos explora, à luz da neurosciência atual, o relacionamento teológico do corpo e a alma. Carlos Bacoccina (Capítulo 7) apresenta uma perspectiva evangélica sobre o início e o fim da vida humana, focalizando no aborto, a eutanásia (e auxiliando o término da vida), e o suicídio. Murilo Melo (Capítulo 8) explora como a narrativa bíblica fala de dois lados do envelhecimento, tanto o respeito que se deve aos idosos, quanto as dificuldades e vulnerabilidades do envelhecer tanto no período bíblico quanto nos nossos dias. Filipe Soares, no Capítulo 9, oferece uma resposta cristã diante do transhumanismo, o movimento contemporâneo de transcender a espécie *Homo sapiens* para se tornar um ser superior.

Na Parte 3, ampliamos o foco, pois somos indivíduos sempre em relação a outros. Destacamos as doutrinas bíblicas que impactam nosso entendimento da pessoa nas suas relações com outros. No Capítulo 10, Cidrac Ferreira Fontes mostra, a partir de Gênesis 1–3, os ideais do homem e da mulher, a distorção com a queda, e as metas para nos orientar em nossos relacionamentos com o outro sexo de modo bíblico. Marcelo Dias (Capítulo 11) responde ao porquê do sexo—os propósitos, prazeres, e limites do sexo—e a importância disso na vida conjugal. Em seguida, Gary Parker desenvolve o perfil da família firmada nas Escrituras, e como a família lida (pelo menos em parte) com os desafios com crianças, jovens, e avós. No Capítulo 13, Ronnie Santos aborda os paralelos entre a paternidade do Deus Pai (como vista na Bíblia) e a paternidade familiar. Há lições para os pais? Há exageros e perigos? Paulo Sant'Anna aborda a pessoa solteira no Capítulo 14. A partir do Novo Testamento, como a pessoa solteira pode ser completa, realizada, e andar na vitória? Por fim, no Capítulo 15, Sandra Glahn e Jasmine Sanchez abordam como as artes refletem e ampliam a nossa pessoalidade. Como podemos sentir e nos exprimir através das artes?

A Parte 4, abre ainda mais nosso horizonte, além dos relacionamentos pessoais mais próximos para apresentar respostas evangélicas às tensões sociais contemporâneas. Num capítulo sábio e forte, Ana Luísa de Mello Silva avalia o feminismo brasileiro e ocidental distinguindo o positivo do exagerado e negativo. No Capítulo 17, pastor e autor Lisânias Moura nos orienta sobre uma postura e resposta bíblica ao movimento LBGTQ+. Maruilson Souza, do Exército da Salvação, exorta a igreja para melhor se mobilizar contra o tráfico humano no Brasil e no mundo. E no Capítulo 19, Welington Brito leva-nos a uma resposta contra o racismo no Brasil (e no mundo)—um racismo às vezes aberto, outras vezes sutil e escondido.

A parte 5 coloca certas conclusões sobre a teologia do ser humano à luz das Escrituras. No Capítulo 20, eu (Horrell) volto a macroestrutura da criação, queda, e redenção através da cruz. Por sua desobediência no Jardim, o homem foi separado de Deus, de si mesmo, de outros, e da natureza—as mesmas divisões que vemos na cruz do Salvador do mundo. No Capítulo 21, Winnetou Kepler destaca esta Cristologia como base da esperança cristã: por sua ressurreição e glorificação, Jesus Cristo é primogênito entre muitos irmãos e é a promessa escatológica. Diante de tudo isto, Wellington Estrela (Capítulo 22) nos exorta para articular as boas novas da fé cristã de uma forma persuasiva e inteligente diante do vazio da antropologia moderna.

Enfim, a perspectiva cristã do ser humano não diz somente que o ser humano é pecador e sob o juízo de Deus. Isto é verdade. Mas antes e ainda mais importante é que o homem e mulher são criados na *imago Dei*. De todas as filosofias e religiões do mundo (inclusive Islã), a perspectiva cristã é completamente superior a todas. Sem dúvida superior. Por isto, seja no passado ou ainda mais no dia-a-dia de hoje, o evangelho continua como as Boas Novas de todas boas novas. Somos feitos por Deus, pessoais como Deus, e para o Deus trino, convidados pela fé em Jesus Cristo para comunhão eterna com Pai, Filho, e Espírito Santo.

A MACROESTRUTURA DE UMA ANTROPOLOGIA CRISTÃ

COSMOVISÕES EM CONFLITO: O QUE É O SER HUMANO?

Murilo R. Melo

Ao ver notícias ou mídias sociais você deve ter notado como as posições sobre qualquer coisa estão cada vez mais polarizadas, e também como ficou mais difícil realmente "trocar ideias." Parece que estamos cada um falando numa língua, sem nos entendermos. Essa dificuldade existe também no nosso entendimento de quem somos, o que é ser humano. Nesse capítulo, vamos começar a explorar as possibilidades disponíveis para entender essa questão, focando especialmente na dificuldade crescente de termos consenso nesta importante definição.

Cada um de nós entende o mundo ao nosso redor, tanto por reflexão, examinando dados e formulando hipóteses, quanto por simplesmente estarmos vivos nesse lugar, nesse dia, nas nossas contínuas experiências do mundo ao nosso redor. As crianças brincam com eletrônicos que superam em muito a capacidade dos melhores computadores que existiam quando eu era criança, sem necessariamente saber quem foi Charles Babbage,[1] o que é um *bit*, ou um *byte*. Mas entendem intuitivamente como usar esses aparelhos para atingirem seus propósitos. Uma mãe pode falar ao filho, "Tire o cotovelo da mesa!", mas, ao ser perguntada, não sabe explicar por que deixar o cotovelo na mesa é falta de educação.

---

1 Charles Babbage (1791–1871) é considerado o "pai dos computadores," por ter inventado o primeiro computador mecânico e definido as ideais essenciais da computação.

É assim, formal e informalmente, que cada um de nós interpreta o mundo e o seu sentido. James Sire propôs uma definição que ficou clássica: cosmovisão é "comprometimento, uma orientação fundamental do coração, que pode ser expressa como uma história ou um conjunto de pressuposições (hipóteses que podem ser total ou parcialmente verdadeiras ou totalmente falsas), que detemos (consciente ou subconscientemente, consistente ou inconsistentemente) sobre a constituição básica da realidade e que fornece o alicerce sobre o qual vivemos, movemos e possuímos nosso ser".[2] Cosmovisão é simplesmente esses "óculos" pelos quais entendemos nossa realidade.

A tese desse capítulo é que vivemos numa época com dois tipos de conflito relacionados às cosmovisões, enquanto na maior parte da história do ocidente, tivemos "apenas" um conflito. Vamos explorar inicialmente o conflito normativo clássico, formal, partindo das grandes perguntas da vida e "descendo" para suas consequências. A seguir, veremos o conflito situacional, particularizado em cada pessoa, que se manifesta numa certa incongruência.

Conflito normativo: as grandes perguntas da vida

Qual é a pergunta "zero," aquela que antecede outras perguntas, ao tentarmos enteder o universo e, como propósito desse livro, nós mesmos e a humanidade? Oito bilhões de pessoas que vivem nesse planeta podem se dividir em três grupos, cada um com uma cosmovisão peculiar, ao responder essa pergunta que antecede todas as outras: por que existe algo, em vez de nada?

O ateísmo, negando a existência de Deus e seu envolvimento na criação, precisa necessariamente concluir que não existe uma causa primeira, não causada, mas que o universo existe eternamente. Quando perguntamos o que causou o *Big Bang*, de onde veio a matéria e a energia

---

2 James W. Sire, *O universo ao lado: um catálogo básico sobre cosmovisão*, 4a ed. (São Paulo: Hagnos, 2009), 16.

necessárias para o universo existir, vemos que a ideia de "geração" do universo necessita que um universo seja destruído para que este apareça; seja isso nessa mesma realidade e linha do tempo, ou em uma alternativa (multiverso). A proporção de ateus no mundo caiu muito no último século, especialmente depois da quebra do muro de Berlim. Entretanto, o número de agnósticos, pessoas "sem religião," chega a 8% da população brasileira no último censo, em linha com o restante do mundo (a Europa lidera as estatísticas). Os agnósticos têm sua cosmovisão, como todos nós, mas apenas não se comprometeram publicamente com uma posição. O aumento de agnósticos está relacionado com o pluralismo da sociedade contemporânea que diz ter neutralidade de valor fora de qualquer tradição moral.

Apesar de se dizerem sem fé, ateus necessitam de uma grande fé no acaso. Afinal, não existe evidência de que a vida tenha sido gerada de matéria inanimada, mas apenas especulação. De modo semelhante, enquanto a teoria Darwiniana explica de modo aceitável a seleção de espécies que sobrevivem ou não em um determinado ambiente, ela falha em justificar a existência de mutações só são benéficas em conjunto, como nas estruturas complexas como o olho.[3] Sem base nenhuma para sua existência, o ateu precisa estabelecer seu próprio espaço, sua individualidade, por si mesmo. Não existe nenhum absoluto no universo, assim apenas os particulares importam; mas sem unidade entre eles, de forma competitiva.[4]

No panteísmo, o universo também é eterno, mas deus e o universo são um. Deus não tem um status independente do universo, já que o universo menos deus é nada (e deus menos o universo também é nada). Estamos falando de "deus" e não "Deus" pois, no panteísmo, deus é

---

3 Michael Behe sugere uma comparação interessante, com uma ratoeira. Para que a ratoeira funcione, ela precisa de uma base, de uma mola, etc. A menos que tenha todas as partes, ela não serve para nada. De igual modo, o olho e outras estruturas complexas: um ou outro gene produzindo a proteína certa, sem as outras necessárias, não adianta para nada. Não há benefício que selecione essa mutação até aparecer outra. Isso deixa a probabilidade do acaso muitíssimo menor do que geralmente se afirma. Michael J. Behe, *A Mousetrap for Darwin* (Seattle: Discovery Institute Press, 2020).

4 Uma boa defesa da fé cristã em relação ao ateísmo é de Norman Geisler, *Não tenho fé suficiente para ser ateu.* (São Paulo: Vida, 2006).

impessoal. Não existe um relacionamento de obediência ou amor: deus simplesmente é. Assim, todas as coisas tem uma coerência e dependência entre si, como ecossistema, karma, etc. O panteísmo monístico inclui não apenas a forma Advaita Vedanta do Hinduísmo clássico, mas muitas formas de dualismo oriental (Taoísmo), espiritismo e pensamento Nova Era. Enquanto a meditação cristã ocorre em oração ativa, nas diversas formas de panteísmo a meditação é sair de si mesmo, esvaziar a mente, se conectar com a natureza, com o ar, a terra – pois não há um ser pessoal para se relacionar.

Assim, no panteísmo o indivíduo apenas parece ter seu lugar, pois tudo que existe é deus. Existe um deus interior (*atman*) dentro de cada um, e essa é a realidade verdadeira. Todos os particulares são ilusão. Para entrar na unidade com o Todo, aqueles que professam o panteísmo precisam se negar, não no sentido cristão de mortificação da carne, mas negando sua própria individualidade. Assim, ganhar a promoção almejada, a vitória no jogo, o casamento com a pessoa amada—todas as coisas que acabam, de um modo ou de outro definindo e marcando nossas vidas não passam de ilusões. Apesar de aparentemente ter um entendimento da humanidade elevado (pois seríamos todos divinos), na verdade o panteísmo suprime a humanidade de cada um, já que aquilo que nos faz humanos é ilusão. Assim, sociedades panteístas acabam tendo castas, como os *dalit* na Índia—chamados de "intocáveis".[5]

A Bíblia começa com a resposta a essa pergunta: "No princípio, Deus criou os céus e a terra" (Gen 1.1). O teísmo é assim caracterizado pela presença de um Deus criador. No Cristianismo, vamos além, dizendo que antes de Deus criar, o Pai, o Filho e o Espírito Santo já se amavam. Deus é amor antes da criação, e independe dela até mesmo para expressar perfeito e pleno amor. A criação não é necessária, pois Deus já compartilhava de um relacionamento perfeito e íntimo entre as três pessoas da Trindade. Assim, Deus decide criar não para completar alguma deficiência nele, mas para que seres criados possam participar desse amor e desfrutar da comunhão com Ele, que é perfeito. A criação é o transbordar do

---

5 Geisler, Norman L. *Baker Encyclopedia of Christian Apologetics* (Grand Rapids: Baker, 1999).

amor do Deus trino. Entretanto, quando falamos de teísmo, nosso foco é mais amplo. Alá é entendido como Deus criador, mas falar de amor, ou do porquê Alá decide criar é impossível, por ser um deus solitário, monopessoal. Outra variação do teísmo é o politeísmo, com vários deuses. Em geral, como no candomblé e nas religiões tradicionais africanas, um deus poderoso mas desinteressado (Olorum ou Olodumare na Yoruba, Zambi entre os Bantu) que delega a criação e seu cuidado a outras entidades, que acabam sendo o foco de adoração e relacionamento. Essas entidades numeram centenas na África, mas aqui no Brasil se cultuam apenas as doze mais importantes que eram comuns às diversas tribos africanas que foram dispersas e fundidas com outras, durante a escravidão.

Ao respondermos "Por que existe algo, em vez de nada?" vemos que, para sermos coerentes, nossa resposta limita nossas opções para responder as próximas perguntas.

Por que o ser humano existe?
Qual a base da dignidade humana?

No ateísmo, o universo é fechado (sem intervenção divina). Assim, não há intencionalidade apesar de muito do discurso sugerir algo como se a "mãe natureza" ou nossos genes tomassem atitudes deliberadas. Mas isso não é possível sem um criador inteligente. Existe apenas o acaso, criando novas mutações de forma aleatória, como vemos nos diferentes tipos de câncer. Apesar da dificuldade de entender o que é a vida e como ela começa, no ateísmo acredita-se que ela teve um começo a partir daquilo que não era vivo. O motivo desse início, nunca repetido durante a história, é simplesmente ignorado, como se fosse uma verdade óbvia. A competição pela vida gera uma seleção do mais forte, mais bem adaptado, e mais agressivo. O ser humano é apenas, por enquanto, o ápice dessa pirâmide evolutiva. Nada, em essência, fundamenta nossa dignidade. Assim, resta ao ser humano, criar, por si mesmo, uma base de dignidade para si e para os animais que gostamos.

Curiosamente, essa dignidade autoafirmada vai exatamente contra as forças que nos colocaram na posição atual enquanto espécie. O ateu, em geral, preocupa-se com o mais fraco, preservando-o. Mas a lógica da pressão evolutiva é outra, de selecionar os mais fortes. Buscando maior coerência com a biologia evolutiva, desenvolveu-se a eugenia que se tornou muito popular no começo do século passado, inclusive no Brasil e nos EUA, antes da Alemanha nazista mostrar o absurdo dessa posição, assim como sua consequência lógica (ao se aceitar que alemães eram da raça ariana, superior aos judeus). Esse é um ponto extremamente importante que é ignorado: ao adotarmos uma posição de biologia evolutiva ateísta, estamos afirmando que apenas o ser humano pode criar uma base (fictícia) para sua dignidade, e que toda diversidade humana e animal propicia vantagens e desvantagens evolutivas. A unidade da humanidade é perdida. Claro, somos todos *Homo sapiens*, assim como todos os cachorros são *Canis familiaris*. Como podemos justificar coerentemente que todo ser humano tem os mesmos direitos, potencialidades, e valor (como acreditamos), mas que não devemos ter um Bichon Frise como cão policial? Ao pressionar a lógica da biologia evolutiva ateísta, só nos resta a opção de afirmar opções "morais" sem base alguma. A própria moralidade humana precisa "evoluir" à medida que vivemos em sociedades mais complexas, através de discussão racional. Mas o que determina essa evolução e como podemos saber se essa moralidade que muda de forma contrária às pressões evolutivas é realmente melhor? Por que entendemos o filme *Gattaca* (1997) como um problema moral, pelo fato de capacidades genéticas definirem o tipo de trabalho e oportunidades de cada pessoa?[6]

No panteísmo, deus e o universo são um. Assim, o ser humano é apenas uma entre muitas manifestações da realidade divina. No Hinduísmo, o ser íntimo da pessoa (*atman*, "força vital ou essência") é Deus. Nossas consciências podem tanto nos separar da realidade divina ou ser a ponte para alcançarmos unidade com ela. No *Bhagavad Gita*, vemos a realidade manifesta, do universo físico, é cíclica, com repetidas destruições e

---

6 Em *Gattaca*, existe uma seleção de genes dos pais passados às crianças que definem o papel desta na sociedade. Assim, o determinismo gênico é levado ao extremo, controlando o papel de cada pessoa na sociedade e limitando a liberdade individual.

criações. [7] Em contrapartida, a realidade imanifesta é suprema e jamais é aniquilada (8.20). Assim, a pessoa que desejar escapar desse ciclo deve ser versado nos Vedas, praticar o celibato, fechar todas as portas dos sentidos e buscar alcançar o Brahmā, conquistando a perfeição máxima (8.11-15). Note porém que quem alcança a perfeição é apenas o atman (a parte imanifesta do eu) que, ao unir-se com Brahmā, perde sua identidade. Nessa visão de mundo, a singularidade humana separa da unidade com deus. O Hinduísmo, embora seja uma das maiores religiões do mundo (1,1 bilhão no mundo), é pouco praticado no Brasil, com menos de seis mil adeptos.

No teísmo judaico-cristão, o ser humano é criado diretamente por Deus e distinto de toda a criação. A dignidade humana é conferida por Deus ao criar o homem e a mulher à sua imagem e semelhança. Todos os seres humanos, de todas as etnias e línguas, de sexo masculino e feminino, têm a mesma dignidade, honra e valor não por terem igualdade de capacidades inerente à nossa biologia, mas por termos sido igualmente criados por Deus à sua imagem e semelhança. Nossos corações igualmente anseiam pelo infinito, pois Deus é nosso desejo último (quer saibamos disso e tenhamos fé, ou não, cf. Rom 1.18-23). Mas não é apenas no nosso passado comum que temos unidade. O sacrifício de Jesus na cruz foi por todos nós, de modo que "não pode haver judeu nem grego; nem escravo nem liberto; nem homem nem mulher; porque todos vós sois um em Cristo Jesus" (Gal 3.28). O apóstolo João nos dá ainda uma bela contribuição para nossa cosmovisão, ao dizer "Nós amamos porque ele nos amou primeiro" (1 Jo 4.19). O amor é muito mais que um fenômeno dos nossos neurotransmissores e hormônios, é uma reflexão do próprio Deus criador.

Até aqui vimos como a pergunta "Por que existe algo em vez de nada?" divide o mundo em três cosmovisões bastante diferentes: o ateísmo, o panteísmo e o teísmo. Mas o leitor atento deve ter percebido que poucos ateus seguem as consequências lógicas da sua primeira resposta. Igualmente, muitos cristãos, infelizmente, são racistas e até mesmo usaram a

---

7 Bhagavad Gita 8.18-19.

Bíblia no passado para justificar seu racismo com base numa interpretação errônea da maldição de Cam (em Gen 9.20-29). Se prosseguirmos nossa investigação de cosmovisões, incluindo outras perguntas, veremos que essa inconsistência apenas aumenta com cada pergunta adicionada – "O que é a verdade?", "O que é o amor?", "Por que somos seres morais?", "Qual a base do bom e do belo?", "O que é a felicidade?", "Qual o problema do mundo?", "Qual a solução para esse problema?", etc. Assim, além do conflito conceitual que descrevemos, existe um outro conflito em curso, na vida de cada um de nós, que é o conflito experiencial da nossa cosmovisão declarada com a prática.

Caso prático: Deus e Linnaeus

Muitas vezes, cristãos no meio acadêmico são confrontados por colegas a respeito da teoria Darwinista da evolução frente à simplicidade aparente da nossa crença de que Deus criou os seres humanos de modo especial. Existem várias obras que abordam esse tema, no qual não vamos nos deter. Vamos, entretanto, viajar um século antes de Darwin, para rever a obra de um homem que o filósofo francês Jean-Jacques Rousseau considerava o melhor de toda a Terra em sua época: Carl Linnaeus. Linnaeus entrou para a história por sua obra *Systema Naturae*, onde ele descreve o sistema de taxonomia (classificação) dos seres vivos. É dele que temos a divisão em reinos (anima e vegetal), classe, ordem, gênero, e espécie. Para Linnaeus, a semelhança biológica é a base da ciência, e sua visão continua impactando muito como os cientistas enxergam o que é o ser humano.

Entretanto, Deus classifica os seres criados de modo diferente. Apenas o ser humano é feito à sua imagem e semelhança (Gen 1.26-27). Apenas seres humanos e anjos têm o senso moral de obedecer ou rejeitar a Deus, sendo julgados para viver eternamente ao seu lado nos novos céus e nova terra, ou distante dele, no inferno (Mt 25.41). Se entramos na ciência com o paradigma de Deus, uma cosmovisão trinitária, vemos que é necessário revisitar a taxonomia proposta por Linnaeus, que tem muita utilidade. Essa também é a prática da ciência, que ampliou os níveis de classificação de Linnaeus. A mais recente modificação é de 1974 onde foi introduzido o conceito de domínio.[8] Em 1990, foram estabelecidos três domínios: Archaea, Bacteria, e Eukarya. Assim, as características mais determinantes da taxonomia são a existência de núcleo e o tipo de membrana celular. O problema é que se nos entendermos com essa definição taxonômica como central, fica muito difícil entender que somos seres humanos em nossos corpos mortais, no paraíso (sem corpo físico, até a volta de Jesus), e nos novos céus e na nova terra, com corpos incorruptíveis (1 Co 15.12-58). Assim, como cristãos, é melhor pensarmos em um quarto domínio: pessoal—onde nossa característica mais marcante, nos separa categoricamente de todas as outras espécies.

O conflito interno, do individualismo em que vivemos

Em 1942, C.S. Lewis já falava, na voz do demônio Fitafuso, que antigamente a argumentação era o melhor modo de manter alguém afastado do Inimigo (Deus), mas agora os pensamentos são dissociados das ações. Assim, "o jargão, e não a argumentação, é o seu melhor aliado para afastá-lo da Igreja."[9] Ao aconselhar o demônio aprendiz, Fitafuso sugere que apelar para a emoção é o melhor caminho para manter alguém longe da Verdade. Apesar de nossas emoções terem sido criadas por Deus, sendo assim boas, é mais difícil identificar nossas emoções como verdadeiras ou falsas do que julgar argumentos racionais. Eu não sei explicar o motivo de pedir um sorvete de chocolate e pistache (duas bolas), a não ser com "São meus sabores preferidos". Mas preferidos por quê? O filósofo Alasdair MacIntyre considera que no estado atual da civilização, a medida que perdemos qualquer base comum de diálogo, o emotivismo domina o discurso público: "eu acho que isso é melhor, você deveria achar também".

---

8 Royall T. Moore. "Proposal for the Recognition of Super Ranks." *Taxon* 23, no. 4 (1974), 650-652. https://doi.org/10.2307/1218807

9 C. S. Lewis, *Cartas de um diabo ao seu aprendiz*, trad. Juliana Lemos (São Paulo: Martins Fontes, 2009), 2.

Charles Taylor sugere que nossa era secular é caracterizada pela mudança de uma visão de mundo mimética, onde existia um significado inerente no mundo que deveria ser descoberto, para uma visão poiética, onde o indivíduo atribui signicado às coisas.[10] Mas a mudança vai além, pois à medida que mais indivíduos atribuem significado a algo, o imaginário social cria uma sensação que se trata de uma verdade "intuitiva," mesmo sem uma cadeia de argumentos que suporte a ideia. Apesar das opções básicas de crenças não terem mudado, aquilo que é considerado "crível" mudou. O título de seu livro "Uma era secular" refere-se a essa mudança de uma sociedade onde acreditar em Deus era inquestionável para uma sociedade que considera essa uma opção entre outras, sendo muitas vezes considerada uma posição mais difícil de abraçar. Assim, o expressivismo simplificado permite que cada um "faça o que tem vontade." Expressões como "me encontrar" e "ter realização pessoal" passam a fazer parte do nosso vocabulário, como verdades intuitivas.

A incongruência também ocorre naqueles que creem em Deus. Usamos, sem pensar, essas expressões ("Até que enfim fulano se encontrou na vida!"), quando nossa cosmovisão diz que nos encontramos apenas quando temos um relacionamento filial com Deus. Nosso desafio, como cristãos que vivemos no mundo mas não somos do mundo, é estarmos atentos a como somos moldados pelo ambiente ao nosso redor, enquanto prosseguimos nossa santificação em sermos transformados na imagem de Jesus. Até que ponto as influências do mundo entram sorrateiramente em nossa vida? De modo imenso! Escolhemos igrejas onde nos sentimos bem e saímos de uma igreja pois a música não nos agrada, apesar de lermos como Deus compara a igreja a um corpo, sendo cada membro uma parte desse mesmo corpo. Para defender nossas decisões, racionalizamos que não saímos da "igreja universal", apenas mudamos de "igreja local". Mas, será que vemos essa diferença nas Escrituras, especialmente em relação àquilo que é periférico à fé, como nossas preferências pessoais? Não! A menos que existam problemas no ensino, as Escrituras nos comandam a fazermos de tudo para preservar a unidade da igreja, colocando os ou-

---

10 Charles Taylor, *A Secular Age*. (Cambridge, MA: Harvard University Press, 2007), 178, 375.

tros acima de nós mesmos. Pode não ser tão gostoso, mas é assim que nos tornamos mais parecidos com Jesus, que ama pecadores como eu e você.

Muitas vezes focamos em decisões como essas, ao invés de darmos um passo para trás e pensarmos em caráter. Nosso caráter define nossas decisões, e ao tomarmos nossas decisões de forma consistente, acabamos tomando menos decisões: algumas coisas simplesmente não passam pela nossa cabeça como opções. Isso pode ser bom quando o caráter espelha a Cristo, ou mal quando perpetua injustiças endêmicas como o racismo. Veja que voltamos à estaca zero: como definimos o bem e o mal? Esse é o grande problema da vida de cada pessoa, pois desde que Adão e Eva comeram do fruto do conhecimento do bem e do mal, todos nós escolhemos mal: ou seja, como eles, escolhemos aquilo que é contrário a Deus. Por isso entendemos que todos nós pecamos (Rm 3.23) e merecemos a pena de morte por tão grande afronta (Rm 6.23). Muitas vezes, só entendemos isso mais tarde. O sentimento que falta algo importante nas nossas vidas foi chamado por Calvino de nosso "senso de divindade", uma marca colocada em nós que nos lembra do nosso afastamento de Deus.[11] Assim como nosso umbigo marca nossa separação de nossas mães, temos uma separação mais profunda espiritualmente; "mas Deus prova o seu próprio amor para conosco pelo fato de ter Cristo morrido por nós, sendo nós ainda pecadores" (Rm 5.8). Sem merecermos, pela sua graça, mediante a fé em Jesus somos salvos (Ef 2.8). Se por um lado temos a salvação da morte, temos também a salvação para uma nova vida (Jo 3.16) e uma regeneração do nosso caráter (Rm 8.1–11).

Nosso caráter é formado por reflexão, mas também por repetição de certas práticas. Jesus instituiu que devemos permancer unidos como igreja, amando-nos uns aos outros de tal modo que o mundo se assombre e veja isso como de Deus (Jo 17.21–23). Ensinou-nos ainda a permanecermos fiéis no ensino da Palavra, a sermos pacificadores com um ministério de reconciliação entre pessoas e de pessoas com Deus (2 Co 5.18–20), glorificando seu nome em tudo que fizermos, pois tudo que fazemos reflete nosso Senhor. Mas, muitos de nós passamos muito tempo nas

---

11 João Calvino. *Institutas da religião cristã*. (São José dos Campos, SP: Fiel, 2018).

mídias sociais que vendem nossa atenção para anunciantes através de promover posts que vão lhe fazer interagir, grande parte deles por serem absurdos, coisas que nos abominam. Isso gera um ciclo vicioso: a pessoa interage mais com esse conteúdo, e recebe mais do mesmo, pelos algorítmos. Assim, ter domínio próprio nas mídias sociais, interagindo de modo que agrada a Deus em cada postagem forma o caráter de Cristo, enquanto "bater-boca" agrada ao inimigo. Releia a lista de frutos da carne em Gálatas 5:19–21. A palavra discórdia (*dichostasia*) reflete uma falta de unidade na igreja, revelando ações contrárias ao que Jesus orou por nós. Depois de navegar nas mídias sociais, você se sente mais ou menos encorajado? Confiante que Deus não abandonou sua igreja e devemos promover sua unidade? Seu caráter está sendo formado à medida que suas respostas indicam mudança.

Entender as cosmovisões não apenas nos ajuda a evangelizar e defender nossa fé. É uma ferramenta útil para nos questionarmos, avaliarmos nossas práticas, e orarmos por santificação e sabedoria. Neste capítulo curto, abordamos algumas situações que exemplificam esse exercício, mas nossa oração é que o Espírito Santo lhe ajude nesse autoexame ou momento de compartilhamento com irmãos e irmãs na fé. Nos próximos capítulos, veremos vários outros aspectos da cosmovisão trinitária no nosso entendimento particular do que é o ser humano, biblicamente entendido.

2

QUEM SOU EU?
A COMPLEXA IDENTIDADE
DO SER HUMANO

Libnis Nascimento da Silva

São 23 horas e recebo uma ligação de uma jovem: "Pastor, preciso de sua ajuda". Sua voz é pesada e trêmula. "Como posso lhe ajudar?" Pergunto. "Estou tendo pensamentos estranhos e ruins". "Que tipos de pensamentos?". "Estou angustiada e estou pensando em me matar". "Você está só? Onde você está?" Pergunto preocupado. "Estou na casa da minha tia, falei para ela sobre o que estou sentindo e os pensamentos que estou tendo. Oramos juntas, e ela aconselhou ligar para o senhor. Por que estou assim? Às vezes escuto vozes à noite. Já marquei um psicólogo para amanhã, devo ir?"

Essa história foi real. "O que você falaria a essa jovem?"

O modo como se responderia está ligado à sua cosmovisão da suficiência das Escrituras e do que é o ser humano. Não se define mais a vida, a identidade, pelo que Deus diz ao homem. Mas, se busca definição e identidade, pelo próprio homem e seus desejos. "O problema do homem tornou-se, portanto, um dos problemas mais cruciais de nossos dias."[1]

Diante desse desafio apresentado à igreja do Senhor Jesus Cristo, atualmente, esse capítulo tem como objetivo principal: demonstrar, de maneira introdutória, a complexidade de se entender o homem e elencar,

---

1 Anthony Hoekema, *Criados à imagem de Deus* (São Paulo: Cultura Cristã, 1999), 12.

sumarizar, as partes que definem o que é o ser humano. Mas também buscará alertar que a falta de equilíbrio sobre o tema poderá levar a consequências desastrosas e mostrar um caminho de equilíbrio no entendimento do que é o homem.

Contemplando as partes para entender o todo

O objetivo dessa parte é buscar apontar características e realidades que definem o que é ser humano. Buscar-se-á apresentar algumas dimensões que definem os seres humanos. Ou, de outra forma, se poderá entender a resposta sobre: "Quem é homem/mulher?" Ou, "Quem sou eu?"

Um ser criado

A primeira marca da identidade humana é que ela foi criada. Pode parecer simples, ou até geral demais, pois outras coisas também foram criadas. Mas "esse é o primeiro ponto de conflito entre a doutrina bíblica do homem e a perspectiva da cultura que nos cerca."[2]

O fato de a humanidade ser criada tem um impacto direto no modo que se deve agir, pensar, e aconselhar. Define o propósito para vida. Direciona a focar naquele que criou, e não na criatura. Apesar de todas religiões monoteístas afirmarem essa distinção, e o fato do ser humano ter papel privilegiado na criação, existem duas distinções marcantes no Cristianismo que dão sentido à vida.

Dá sentido à vida, pois "certamente não somos obra do acaso. O Deus trino desejou nos trazer à existência."[3] "Ser criado, por, como e para este Deus é central para a essência e natureza da humanidade, do que significa ser humano."[4] Como ser criado por Deus e à Sua imagem, o homem

---

2 John Babler, "A doutrina do homem no aconselhamento bíblico", em *Fundamentos teológicos do aconselhamento bíblico e suas aplicações práticas.* (São Paulo: NUTRA, 2016), 159

3 Winnetou Kepler, "A Trindade e a imago Dei", em J. Scott Horrell e Murilo R. Melo, eds. *A Trindade, a igreja e a realidade social: como o fato de Deus ser trino impacta a vida cristã* (Porto Alegre: Chamada, 2021), 63

4 Bob Kellemen e Sam Williams, "A anatomia espiritual da alma", em James MacDonald. *Aconselhamento bíblico cristocêntrico.* (São Paulo: Batista Regular do Brasil, 2016), 133.

foi capacitado para experimentar o próprio Deus em **si** e através de **si mesmo**. Coroando essa distinção, o Deus Filho, co-eterno e da mesma natureza que Deus Pai e Deus Espírito Santo, se fez totalmente humano, com a mesma natureza **do homem**.

A humanidade foi criada por Deus e as implicações disso são profundas e fundamentais para sua vida. Em outras palavras, o pensamento humanista de que a vida é desconectada da realidade da criação, do criador, coloca a humanidade sob a impossibilidade de respostas satisfatórias acerca do "eu". Esse "eu", mais cedo ou mais tarde, buscará significado e relevância diante das inconstâncias da vida. Diante disso, uma vez colocada no coração do homem a resposta destoante daquilo que realmente o homem é, o expõe e o empurra ao despenhadeiro. Daí a pergunta "quem sou eu" não ser pequena nem irrelevante.

Um ser material e espiritual

Outra característica que responde a "Quem eu sou?" é que **a humanidade foi criada** com características materiais e espirituais. Gênesis 2.7 declara, "Então, formou o Senhor Deus ao homem do pó da terra e lhe soprou nas narinas o fôlego de vida, e o homem passou a ser alma vivente". Vale deixar claro, desde aqui, que, apesar de a humanidade ser apresentada como material e espiritual, a Bíblia apresenta as duas partes ligadas e interligadas de modo profundo e sobrenatural. Como Chafer explica: "Tão adaptado é o corpo aos propósitos e funções do homem imaterial que ele de forma alguma se torna consciente de qualquer separação entre o corpo e a alma. Toda o êxtase, dor, sensação e capacidade que se expressam em e através do corpo são identificados como a própria pessoa e pertencentes ao próprio ego de um ser humano".[5]

Ser material e espiritual traz implicações sérias para a identidade da humanidade. O ser humano, sendo material, precisa se alimentar de comida sólida e líquida. Como ser espiritual, precisa de alimentos espirituais. De maneira geral, precisa lembrar-se de cuidar do seu corpo, sabendo

---

5 Lewis Sperry Chafer, Teologia sistemática, Livro I. Vols. I e 2. (São Paulo: Hagnos, 2003), 555.

que esse corpo corruptível vai envelhecer, pode ter deficiências de vários tipos, e que tem características que parcialmente o definem (p.ex., não ter o tipo físico para ser um jogador de basquete profissional). Como ser espiritual, precisa cuidar do seu espírito, do seu relacionamento com Deus e com os outros em santidade.

Sendo assim, precisa-se destacar melhor a realidade corpórea do homem. Como dizem Kelleman e Williams, "Deus, que é espírito, nos criou como seres incorporados. Ele é infinito; nós somos finitos. Ele é a divindade; nós somos poeira e divindade (Gn 2.7). Ele não é contingente; nós somos. Ele não precisa de nada; nós somos necessitados. Ele é independente; nós somos dependentes. Ele é sem limites; nós somos limitados".[6]

O corpo humano é limitado e isso o torna dependente. Mas, também, traz benefícios, pois o homem foi criado com vários sentidos: olfato, paladar, tato, visão e audição. Devido ao pecado, diversos problemas surgem a esse sentido, desde o fato de se nascer com alguma doença limitativa até ao fato que a interpretação desses sentidos muitas vezes é errada, ambas trazendo problemas de identidade.

O corpo humano também traz características de gênero: homem ou mulher. "A Bíblia diz que termos um corpo com características sexuais é essencial para a nossa identidade, algo longe de ser opcional. É um dom que recebemos, não uma opção."[7] Assim, o ser humano poderá ou será também definido pelos relacionamentos que sua sexualidade traz: casado(a), solteiro(a), viúvo(a), divorciado(a).

A humanidade foi criada por Deus e, de modo singular, corpo e espírito. Sua identidade é encontrada na forma como entende e cuida dessas duas partes que estão unidas de maneira sobrenatural.

---

6 Kellemen e Williams, "A anatomia espiritual da alma", 132

7 Todd Wilson, "Sexualidade pura e simples: a posição histórica da Igreja", em Joshua D. Chatraw, ed. *Engajamento cultural: um curso intensivo sobre questões contemporâneas e as diferentes perspectivas cristãs.* (Rio de Janeiro: Thomas Nelson Brasil, 2021), 76

Um ser relacional

Uma forte identidade pessoal é seu relacionamento com o outro, e consigo mesmo. Os seres humanos foram criados para se relacionarem com Deus, com o próximo, com a natureza e consigo mesmos. Foram "criados à imagem de nosso Deus amoroso e trinitariano, que se relaciona eternamente na unidade e na diversidade de Pai, Filho e Espírito Santo, nós somos seres relacionais."[8] Sendo assim "Deus nos projetou como seres espirituais que se relacionam com ele, seres sociais que se relacionam com os outros e seres autoconscientes que nos relacionam conosco mesmos."[9]

Uma análise do Salmo 42.1-6 ajudará a revelar e entender essas três dimensões da identidade.

Que se relaciona com Deus

Salmo 42.1-2: "Como suspira a corça pelas correntes das águas, assim, por ti, ó Deus, suspira a minha alma. A minha alma tem sede de Deus, do Deus vivo; quando irei e me verei perante a face de Deus?" O texto revela uma dimensão da identidade do ser humano que muitos esquecem ou tentam dizer que não existe: o ser humano foi criado para se relacionar com Deus. Os versículos destacam seu anseio espiritual. "Da mesma forma que a garganta da corça tem sede de água, a alma de Davi tem sede de comunhão com Deus. Sua alma, projetada por Deus e para Deus, está árida, vazia, com sede—desesperada por Deus."[10]

Desse modo, Deus designou a humanidade como seres espirituais para adoração e comunhão com Ele. Todo ser humano é adorador. No entanto, o que ele adora tem sido o grande problema para aqueles que não buscam adorar e se relacionar somente com aquele que pode saciar a sede espiritual deles.

---

8 Kellemen e Williams, "A anatomia espiritual da alma", 126.
9 Ibid., p. 126.
10 Kellemen e Williams, "A anatomia espiritual da alma", 127

O homem é um adorador. Foi criado por Deus para se relacionar com Ele de maneira profunda e constante. Isso faz parte de sua realidade hoje? Se não, que tipo de adorador ele é?

Que se relaciona com outros

No Salmo 42.3–4, Davi diz: "Minhas lágrimas têm sido o meu alimento de dia e de noite, pois me perguntam o tempo todo: "Onde está o seu Deus?" Quando me lembro destas coisas choro angustiado. Pois eu costumava ir com a multidão, conduzindo a procissão à casa de Deus, com cantos de alegria e de ação de graças entre a multidão que festejava."

O salmista Davi descreve sua aflição, de modo que outrora ele "havia se reunido aos outros em adoração, agora os outros zombam dele. Enquanto outrora, ele havia sido um líder do povo, agora ele foge do povo que ele liderou. Não é bom para Davi ficar sozinho. Ele tem fome de comunhão com a multidão festiva."[11]

O texto revela a dimensão relacional com a comunidade no entorno. "Deus nos designou para a adoração e para a comunhão—para ter fome de comunhão com ele e conexão com o outro."[12] Note que essa dimensão é importante até mesmo antes da Queda, pois Deus disse ainda no Éden que "não é bom que o homem esteja só"— e criou Eva como sua companheira (Gn 2.18). Essa realidade do ser humano faz com que sua identidade seja vista de diversas formas, como por exemplo: brasileiro, fala português, faz parte de uma família, pode ser reconhecido como avô, pai, filho, neto; faça parte de uma comunidade: pode ser reconhecido como colega de classe e trabalho, amigo, patrão, empregado, etc.

O homem é um ser relacional, um ser social. A falta de relacionamentos gerada pelo individualismo, distanciamento social, uso compulsivo de mídias sociais, tem trazido uma quebra no que o ser humano deve ser e deve viver, gerando crises. Como os seres humanos estão se relacionando? Como eles se definem nesse momento? Quais papeis eles exercem hoje?

---

11 Kellemen e Williams, "A anatomia espiritual da alma", 128.
12 Kellemen e Williams, "A anatomia espiritual da alma", 128.

Que se relaciona consigo

Salmo 42.5-6: "Por que estás abatida, ó minha alma? Por que te perturbas dentro de mim? Espera em Deus, pois ainda o louvarei, a ele, meu auxílio e Deus meu. Sinto abatida dentro de mim a minha alma; lembro-me, portanto, de ti, nas terras do Jordão, e no monte Hermom, e no outeiro de Mizar".

Outra dimensão demonstrada pelo salmista é seu relacionamento consigo mesmo, pois "Davi tem anseios autoconscientes. Ele fala para si mesmo, para a sua alma. Ele está consciente, perturbado e abatido, ele anseia por paz interior—ele está com sede de seu projeto original."[13] Essa dimensão da identidade humana a diferencia de todos os seres criados por Deus, seres humanos são únicos, dentre todos os seres criados por Deus, somos os únicos que temos a capacidade de refletir sobre nossa experiência interior. A humanidade não é selvagem vivendo por instinto, mas diferente dos animais, é capaz de refletir sobre sua própria existência. Em Romanos 12.3, os cristãos são ordenados a refletir com precisão sobre o que eles são em Cristo.

O ser humano é um ser criado para interagir com seus pensamentos, suas emoções. A autoconsciência é uma dádiva de Deus para o ser humano.

Um ser racional

A humanidade tem uma capacidade especial dada por Deus que a possibilita: governar, compreender, interpretar e contemplar a natureza. Raciocinar é uma capacidade que distingui o homem na criação de Deus.

Como seres únicos na capacidade de raciocínio abstrato, de fazer inferências e deduções, o ser humano supera outras criaturas e é cobrado por Deus pelo bom uso das faculdades mentais que lhe foram dadas (Is 1.18; Rm 1.20).

Essa capacidade está ligada ao objetivo dos homens como criaturas. Deus deu à humanidade a capacidade de perceber o mundo e promover

---

13 Kellemen e Williams, "A anatomia espiritual da alma", 128.

o Seu reino sobre a terra. Vale lembrar que essa capacidade racional foi desalinhada de Deus pela Queda, de maneira que se quer auto-exaltar-se ou exaltar a criação e não a Deus (Rm 1.21-23). A humanidade, todavia, é chamada a transformar a sua mente pela graça mediante a fé (Rm 12.1-3)

O homem foi criado com capacidade de pensar e isso define sua vida através do modo como ele vê, ouve e pensa. Essas habilidades não são obras do acaso, então nem deveriam ser usadas de maneira relaxada.

Um ser volitivo e moral

Como seres criados à imagem do Deus que cria por vontade e propósito, assim "somos seres *volitivos* que agem com propósito."[14] O ser humano tem a capacidade de escolher o que quer, por quais motivos quer, e o quais os meios que o guiará para a ação.

Como já tem sido apresentado, o ser humano foi criado à imagem e semelhança de Deus (Gn 1.26 e 27). Sendo Deus um ser moral, o homem consequentemente também é um ser moral que possui consciência e vontade. Como um ser consciente, o ser humano possuiu a capacidade de julgar e estabelecer atos morais realizados. Em Romanos 2.14-15, as Escrituras declaram que essa faculdade foi dada por Deus para que o ser humano pudesse saber o que é certo e errado. O problema é que ao comerem do fruto da árvore do conhecimento do bem e do mal, Adão e Eva introduziram o desejo de "bem e mal", que independem de Deus e por serem contrários a Ele, o Bem Supremo, distanciam o homem dEle (Gn 2.15–17; 3.1–10).

Como um ser volitivo, o ser humano tem a capacidade de fazer escolhas, e essas escolhas tem profundas implicações (Dt 30.15–20; Jo 3.36).

---

14 Kellemen e Williams, "A anatomia espiritual da alma", 130

Um ser emocional

Outra dimensão da identidade humana é o humor, ou emoções, como seres emocionais a vida é experimentada, vivida, de modo profundo e intenso. Essa capacidade de sentir foi dada por Deus. Vê-se a dimensão emocional em Deus: Jesus chorou (Jo 11.35) O Espírito se entristece (Ef 4.30). O Pai se ira (Jo 3.36). Em Deus, todas as emoções estão em perfeita harmonia. Logo pode-se falar em "ira amorosa" ou "justa misericórdia" de Deus—que parecem oxímoros, mas refletem a perfeição de Deus que é o justo e o justificador daquele que tem fé em Jesus (Rom 3.21–26).

Um ser em processo contínuo de mudança

Outra dimensão da identidade dos seres humanos é determinada pelo tempo vivido nesse mundo: passado, presente e futuro. Nascer, crescer, desenvolver, envelhecer, são fases e processos contínuos que moldam a identidade humana e faze-os também seres singulares e únicos.

Em um sentido, desde o ventre da sua mãe, uma pessoa já era ela própria. Seu corpo mudou, células morreram, células se dividiram. Sua razão e gostos também mudaram. Ela está lendo um livro de teologia e não um gibi. E está crescendo em maturidade espiritual. Mas ao longo de todas essas mudanças, ela é ela.

Vários aspectos da identidade humana como temperamentos, cosmovisão são formados através da origem familiar, cultura, país onde se nasce, idade e relacionamentos que são construídos com o tempo.

Um ser inserido em contextos

Por estar inserido em contextos, esses irão marcar o ser humano. Não se pode crer que a pessoa em si é o produto do meio. Mas, deve-se buscar reconhecer a complexidade da relação entre as pessoas e seu ambiente social, bem como ambientes físicos.

Ignorar isso é ser insensível com a identidade das pessoas. Por isso, deve-se "nos manter sensíveis ao impacto do sofrimento e da grande variedade de fatores socioculturais significativos (1 Pe 3.8-22) que as pessoas experimentaram."[15] O homem e a mulher são seres inseridos em vários ciclos: familiar, escolar, trabalho, vizinhança, igreja/grupo religioso.

O livro de Provérbios tem como uma de suas teses o fato de que os relacionamentos influenciam nossa caminhada e assim precisa-se andar em sabedoria. (Pv 1.10; 2.12-13, 16, 20). Se houvesse uma forma resumida dessa tese, seria assim: "Ei, com quem você se relaciona, quem influência você, os sábios ou os tolos?" "Quais canais de Youtube você segue?" "O que você assiste?" "Quem se assenta à mesa com você?" "Quais músicas você escuta?" "Que livros você lê?"

Não restam dúvidas, a forma como se pensa, os vocabulários, a maneira de pensar, os sentimentos e paixões, o partidarismo ou direcionamento político são influenciados pelas vozes que entram no coração.

Qual é a melhor voz a seguir? A voz do coração? Não, certamente, não. Então qual, qual voz? A voz da sabedoria. Então, os contextos não determinam, mas certamente influenciam.

Um ser sempiterno

A última dimensão ou característica que identifica o ser humano individual é ser criado para viver eternamente para glorificar a Deus. No entanto, devido a Queda, a Bíblia declara o destino da humanidade em duas realidades: "E muitos dos que dormem no pó da terra ressuscitarão, uns para vida eterna, e outros para vergonha e desprezo eterno" (Dn 12.2).

Todas as capacidades que o ser humano recebeu convergem especialmente para essa realidade final em que o homem é criado para eternidade. Isso torna importante o que se aqui e o que se fará por toda a eternidade.

"Quem eu sou"? "Quem você é"? Deve também ser respondida através da realidade de ser um ser eterno que glorifica a Deus, ou desafiará a Deus por toda a eternidade.

---

15 Kellemen e Williams, "A anatomia espiritual da alma", 130.

Contemplando o todo

Os perigos de uma abordagem desequilibrada

Aqui urge se fazer um alerta. Qual dimensão, ou característica é mais importante para definir o homem? Isso ocorre por vários motivos. Um deles é o surgimento de diferentes modelos de personalidade humana advindos de análise de vários estudiosos, de modo que a razão humana tem buscado entender a criatura através da criatura. Também, há esse mesmo problema dentro do contexto cristão. Por exemplo, na aplicação no aconselhamento, Kellemen e Williams advertem que "...mesmo dentro de abordagens para o aconselhamento baseados nas Escrituras, há uma tendência de enfatizar um aspecto da personalidade humana mais do que os outros."[16]

Voltando para o caso apresentado no início deste trabalho. Tem-se uma moça em situação crítica de vida ou morte. Ela ligou para o pastor pelo conselho da tia. Ela tem uma consulta marcada com o psicólogo para amanhã. Se você é uma pessoa que tem tendência de enfatizar o lado espiritual do ser humano, talvez suas repostas poderiam ser: "Irmã, confie em Deus, ore e leia mais a Bíblia". Ou talvez, "Deixe disso minha irmã, você precisa de um psicólogo não, você precisa fazer jejum e oração. Fique a noite orando que irá passar."

Se a ênfase é a dimensão material do ser humano, alguém talvez sugeriria apenas uma boa noite de descanso e boa dieta e exercício ou um médico. E, assim, sucessivamente para um, a ênfase é psicológica (crises, traumas, culpa). Para outro, é social (sociedade, família): "será que o problema não é o ambiente que ela está inserida?" Ou mesmo, "Será que essas são reações químicas do corpo que precisam de regulação?"

Esses exemplos simples ilustram a realidade da necessidade de se estar atento, de que o modo como se vê o homem e o modo se avalia como ele é constituído, fará com que se aja ou se pense que a solução está ligada à

---

16 Ibid.

área que se acha que deve ser destacada. A complexidade de quem é o ser humano deverá então levar a uma abordagem mais ampla.

Um olhar holístico do ser humano

Diante da complexidade da humanidade, "sugerimos uma abordagem que ofereça um entendimento *global,* levando a pessoas-ajudadoras, que ajudem a *pessoa como um todo a se tornar uma pessoa completa em Cristo.*"[17] Pois, a "Bíblia destaca claramente o complexo entrelaçamento de corpo e alma, cérebro e mente."[18] Não se pode esquecer que a humanidade é constituída de "seres holísticos, com capacidade física (corpo) e metafísica (alma)."[19]

O pastor Jonas Madureira ao olhar o homem de maneira global, em *Inteligência humilhada*[20]*,* analisa através quatro expressões da humanidade: carne, alma, coração e espírito. Hoekema é mais enfático: "Um dos aspectos mais importantes do conceito cristão do homem é o de que devemos vê-lo em sua unidade, como uma pessoa integral. Imagina-se os seres humanos, muitas vezes, como se fossem constituídos de 'partes' distintas ou, algumas vezes, até mesmo, separadas, as quais são, então, abstraídas do todo".[21]

Diante de tudo que foi exposto, como a jovem mencionada no início da discussão pode ser ajudada? Por onde iniciar?

Ao contemplar "O que nós somos", percebe-se que a resposta não é simplista, pois exige se ter um olhar completo, holístico, lembrando que o ser humano é ser criado por Deus, sendo feito "alma vivente", material e espiritual para se relacionar com Deus, com outros e consigo mesmo, tendo capacidade de raciocinar, escolher, se emocionar, que está em processo contínuo de mudança, estando também inserido em contextos diversos e com existência sempiterna.

---

17 Ibid.
18 Bob Kellemen e Sam Williams, Op. Cit.,p.132
19 Bob Kellemen e Sam Williams, Op. Cit.,p.132
20 Jonas Madureira, *Inteligência Humilhada* (São Paulo: Vida Nova 2017), edição kindle.
21 Hoekema, Op. Cit.,p.225

O ser humano não é simples. E a forma como se entende o homem deve levar a uma metodologia que contemple a maravilha da complexidade de quem ele é.

3

PALAVRAS BÍBLICAS PARA UMA ANTROPOLOGIA CRISTÃ: NORTEANDO A IDENTIDADE PESSOAL

Thiago Souza Moreira

Uma das grandes perguntas feitas em toda a história da humanidade é: quem sou eu? A busca pela compreensão da identidade não é nova, porém, atualmente existe uma crise de autocompreensão crescente. Por mais irônico que pareça, quanto mais o ser humano busca compreender sua identidade, mais confuso se torna quanto a quem é. As diversas teorias sobre a humanidade que ignoram a visão cristã servem para aumentar a crise, tornando o ser humano cada vez mais distante da solução desta questão crucial: quem sou eu?

Assim, o ser humano, criado à imagem de Deus, pode ser compreendido plenamente apenas por meio do conhecimento e relacionamento com o seu Criador. E não apenas isso, é somente a partir desta perspectiva que o ser humano pode viver de maneira plena, discernindo a sua real identidade e vivendo com base nela.

O ponto de vista bíblico sobre a questão parece oscilar entre a limitação e pequenez humana, e ao mesmo tempo, sua dignidade e glória. Por isso, para compreendermos a visão bíblica sobre a natureza humana, veremos a seguir a terminologia e o significado das palavras que as próprias Escrituras utilizam para definir a humanidade.

A enciclopédia das palavras

'Adam

O termo hebraico *'adam* é o primeiro a ser utilizado nas Escrituras para se referir ao ser humano (Gn 1.26). É utilizado 589 vezes no Antigo Testamento e provavelmente tem a sua origem relacionada ao termo *'adama*, que significa solo, terra. Esta relação pode ser devido à semelhança do tom de pele com a cor da terra. O próprio relato de Gênesis estabelece esta relação próxima entre o ser humano e a terra (Gn 2.7; 3.19).[1]

A palavra *'adam* é amplamente utilizada para se referir ao ser humano de maneira genérica ou ao homem como ser masculino específico (562 vezes). É o termo usado para se referir ao ser humano como criado à imagem de Deus. Por fim, o termo também é utilizado como nome próprio para o primeiro homem, Adão. O termo é utilizado dessa forma 27 vezes, sendo que 18 vezes em Gênesis, e sete vezes no Novo Testamento.

'Enosh

O substantivo hebraico *'enosh* é utilizado 49 vezes no Antigo Testamento, 42 delas para se referir ao ser humano no sentido mais geral, e sete vezes como nome próprio para Enos, filho de Sete (Gn 4.26).

A ênfase do termo *'enosh* está na fragilidade e mortalidade do ser humano em contraste com a força e eternidade de Deus (Sl 8.4; Jó 10.4; 33.12). É possível que o termo derive de *'anash*, cujo significado básico é "ser fraco, doente". A palavra é utilizada principalmente na literatura poética do Antigo Testamento.[2]

'Ish

'Ish é o termo mais comum para se referir ao homem no Antigo Testamento, sendo utilizado mais de 2000 vezes. A palavra enfatiza o ser humano como indivíduo, especificamente o indivíduo masculino, dis-

---

1 Howard N. Wallace, "Adam," *The Anchor Bible Dictionary*, ed. David Noel Freedman, 6 vols. (New York: Doubleday, 1992), 1:62-64.

2 R. Laird Harris. *Dicionário internacional de teologia do Antigo Testamento* (São Paulo: Vida Nova, 1998), 98-99.

tinguindo-o da mulher (Êx 35.29; 2 Cr 15.13). Além disso, o termo é usado muitas vezes no sentido de "marido" (Gn 2.23-24; Dt 24.1).

A palavra também pode ser utilizada em expressões técnicas, como "homem da terra" para se referir a um agricultor (Gn 9.20), ou "homem de Deus" ao se referir a um profeta (Dt 33.1).[3] 'Ish também é frequentemente utilizado para destacar a dignidade do indivíduo perante Deus (Pv 5.21; 8.4).

'Ishah

O termo 'ishah aparece 782 vezes no Antigo Testamento e é paralelo ao termo 'ish. A palavra enfatiza a mulher, distinguindo-a do homem (Lv 13.29). Assim como 'ish é utilizado no contexto do relacionamento conjugal, muitas vezes 'ishah leva o sentido de esposa: "Esta, sim, é osso dos meus ossos e carne da minha carne! Ela será chamada mulher ['ishah] porque do homem ['ish] foi tirada" (Gn 2.23).

Geber

Há 66 ocorrências do substantivo geber no Antigo Testamento. A palavra deriva da raiz do verbo gabar, cujo significado é "prevalecer, ser poderoso, forte". Assim, o termo se refere ao homem em sua força e capacidade (Êx 12.37; Jz 5.30). O termo relacionado "gibbor" é utilizado para se referir a guerreiros, homens valentes. O feminino gebirah é utilizado para se referir a uma mulher em posição de poder e autoridade. Geralmente utilizado para senhoras, donas e rainhas, destacando a dignidade e autoridade destas mulheres (Gn 16.8-9; 2 Rs 10.13).[4]

Anthropos

No grego, o substantivo anthropos é o termo mais comum para se referir à humanidade no Novo Testamento, sendo encontrado 544 vezes. Geralmente é o termo utilizado para traduzir 'adam na Septuaginta (Gn 1.26; 2.7), e assim como 'adam é comumente utilizado para se referir ao

---

3 Harris, *Dicionário internacional de teologia do Antigo Testamento*, 98-99.
4 Harris, *Dicionário internacional de teologia do Antigo Testamento*, 242-243.

ser humano de maneira geral (Jo 10.33) ou ao homem como ser masculino (Mt 19.5).

Anthropos também é utilizado para diferenciar o ser humano de outros tipos de seres, destacando a distinção da raça humana em relação aos animais (Mt 12.12), aos anjos (1 Co 4.9), e a Deus (Mc 11.30). Também é utilizado para destacar a humanidade como sujeita à fraqueza, morte e pecado (Hb 9.27; Rm 3.4)[5]. Além disso, é o termo utilizado para se referir ao novo homem que o crente se torna através da salvação (Ef 4.24).

Aner

O termo *aner* é utilizado mais de 200 vezes no Novo Testamento. Seu uso mais comum é para se referir ao homem como indivíduo, especialmente como ser masculino, distinguindo-o de mulheres (1 Co 11.3) e de meninos (1 Co 13.11).[6] Além disso, o termo também é utilizado no sentido conjugal, referindo-se ao marido (1 Tm 3.2).

Gyné

A palavra *gyné* também é utilizada mais de 200 vezes no Novo Testamento e é usada de maneira paralela ao termo *aner*, referindo-se à mulher como indivíduo, em distinção aos homens e crianças (Mt 14.21). O termo também é utilizado no contexto conjugal para se referir à esposa ou noiva (Mt 1.20; Ef 5.22), inclusive de maneira metafórica para se referir à Igreja como noiva de Cristo (Ap 19.7).

Visão diversificada

Outros termos do Novo Testamento são utilizados para se referir ao ser humano como ampliações metafóricas, destacando assim o homem como ser físico e individual. Alguns exemplos são: *soma* – corpo (Rm 6.6); *sarx* – carne (Jo 1.14); *prosópon* – rosto (2 Co 1.11).[7]

---

5 J. Jeremias, "ἄνθρωπος:" In *Theological Dictionary of the New Testament*, ed Gerhard Kittel, 10 vols. (Grand Rapids: Eerdmans, 1964), 1: 364-366.

6 Frederick William Danker. *A Greeek-English Lexicon of the New Testament and other Early Christian Literature* (Chicago: The University of Chicago Press, 2000), 79-80.

7 Johannes Louw; Eugene Nida. *Léxico grego-português do Novo Testamento baseado em domínios semânticos* (Barueri, SP: Sociedade Bíblica do Brasil, 2013), 96

Portanto, ao analisar os principais termos que as Escrituras utilizam para se referir ao ser humano, podemos chegar a algumas conclusões sobre a antropologia bíblica. Em primeiro lugar, podemos notar que o ser humano é criado por Deus à sua imagem e semelhança, tendo assim grande valor e dignidade. Ao mesmo tempo, notamos que alguns termos destacam o homem como uma criatura frágil, mortal e pecadora.

Além disso, a distinção de termos para se referir ao homem e a mulher destacam a visão bíblica da diferença existente entre homens e mulheres, não no sentido de valor e dignidade, mas nas características distintivas que realçam o valor do relacionamento entre eles. Ainda mais, algumas palavras refletem idade, maturidade, estado civil e social, e até origem regional ("de Belém de Judá" Rt 1.1; "efrateus," Rt. 1.2), de clã (Boaz, do "clã de Elimeleque" Rt 2.1), e nacionalidade ("Rute, a moabita", Rt 1.22; 2.2).

Entretanto, para concluirmos nosso estudo das palavras bíblicas para uma antropologia cristã é necessário que avancemos um pouco mais, entendendo o significado da criação do homem *à imagem* de Deus.

Tselem

O termo *tselem* é encontrado 34 vezes no Antigo Testamento, sendo que 17 vezes aparece na forma aramaica, no livro de Daniel. Geralmente a palavra é utilizada para se referir a uma representação de outro ser, sendo utilizada na maior parte das vezes para se referir a ídolos (Nm 33.52; 2 Rs 11.18). Em cinco ocorrências o termo é utilizado para se referir ao homem como criado à imagem de Deus, todas elas no livro de Gênesis (1.26; 1.27 [2x]; 5.3; e 9.6). O termo grego equivalente (utilizado tanto na tradução da Septuaginta quanto no Novo Testamento) é *eikon*. A palavra é usada na referência a ídolos (Rm 1.23), mas também para apresentar Jesus Cristo, como a imagem perfeita de Deus (2 Co 4.4; Cl 1.15).

Demut

O substantivo *demut* é utilizado 25 vezes no Antigo Testamento, sendo derivado do verbo *damah,* que significa ser semelhante, parecer. O termo é utilizado para designar não apenas semelhança física, mas também em outros aspectos (2 Rs 16.10; Is 13.4). O termo *demut* parece ser utilizado de maneira alternada com *tselem*, e o uso conjunto em Gênesis 1.26 parece desenvolver e especificar o sentido de imagem.

Além disso, o relato de Gênesis demonstra que assim como o homem foi criado à imagem e semelhança de Deus (1.26; 5.1), Adão também gerou um filho à sua imagem e semelhança (5.3), traçando um paralelo entre a semelhança existente entre pais e filhos. Assim como Sete é semelhante a Adão porque foi gerado dele, o ser humano é semelhante a Deus porque foi criado por Ele (Lc 3.38).[8]

As implicações da criação à imagem e semelhança de deus

Primeiramente, devemos notar que os seres humanos são criaturas especiais. Algumas evidências disso são: a criação à imagem e semelhança de Deus como algo restrito ao ser humano (Gn 1.26-27), a criação do ser humano como ápice do relato da criação em Gênesis 1, a responsabilidade humana de governar sobre as demais criaturas (Gn 1.28) e o sopro do fôlego de vida, da parte de Deus, nas narinas do homem. Todos estes elementos retratam a posição singular do ser humano na criação de Deus e o relacionamento íntimo e especial que este tem com o seu Criador.

Além da singularidade da criação humana, a interpretação do conceito de imagem e semelhança auxilia na compreensão da verdadeira identidade do ser humano. Ao longo da história da igreja, surgiram diversas interpretações sobre o significado da expressão "imagem e semelhança" e suas implicações para a ontologia humana. As principais perspectivas podem ser resumidas em três: estrutural, relacional e funcional.[9]

---

8 Beth Felker Jones; Jeffrey W. Barbeau, eds. *The Image of God in an Image Driven Age: Explorations in Theological Anthropology*, (Downers Grove IL: InterVarsity Press, 2016), 35.

9 Nathan D. Holsteen; Michael J. Svigel, eds. *Exploring Christian Theology*. Vol. 2: *Creation, Fall, and Salvation*.(Minneapolis: Bethany, 2015), 32-34.

Perspectiva Estrutural

Refletindo a posição histórica da igreja, a visão estrutural afirma que ser criado à imagem de Deus implica que a nossa personalidade deriva do próprio Deus. Isso significa que o ser humano reflete atributos do próprio Deus, tais como: autoconsciência, vontade, capacidade de raciocínio e comunicação, emoções, qualidades morais e espirituais, imortalidade, entre outras virtudes que fazem o ser humano ser um participante da natureza divina (2 Pe 1.3-4). Isto é, a nossa ontologia como pessoa individual está enraizada no próprio Deus, o Deus tripessoal.

Perspectiva Relacional

A visão relacional destaca que a imagem de Deus no ser humano implica em relacionamento entre ele e o seu Criador. Segundo Grenz, "A imagem de Deus, de acordo com esta visão, consiste na posição do homem diante de Deus, ou melhor, a imagem de Deus se reflete no homem por causa de sua posição diante dele".[10] Além disso, esta abordagem destaca que o ser humano foi projetado para ter relacionamento de amor e entrega com outras pessoas (Gn 2.18), assim como o Deus Trino se relaciona em amor e doação. De acordo com Franklin Ferreira e Alan Myatt, o relacionamento pessoal de amor com o Criador é uma marca distintiva da visão cristã quando comparada com outras religiões, como o islamismo.[11]

Perspectiva Funcional

Por fim, a visão funcional enfatiza que a imagem de Deus resulta na capacidade de cumprir a função dada por Deus em Gênesis 1.26-28. Assim, a imagem de Deus possibilita o domínio humano sobre o restante da criação, representando e refletindo o governo divino. A própria palavra *imagem* apresenta este conceito, pois "os monarcas antigos frequentemente colocavam imagens de si mesmos em regiões remotas de

---

10 Stanley J. Grenz. *The Social God and the Relational Self: A Trinitarian Theology of the Imago Dei* (Louisville: Westminster John Knox, 2001), 162.

11 Franklin Ferreira; Alan Myatt, *Teologia sistemática* (São Paulo: Vida Nova, 2007), 415.

seus domínios; uma imagem desse tipo, naquela época, representava o monarca, simbolizava a sua autoridade e lembrava a seus súditos que ele era de fato o rei deles."[12]

Creio que em vez de definir por uma das três perspectivas, podemos notar as três concepções no conceito bíblico de imagem e semelhança. O homem é criado à imagem de Deus, o que certamente envolve atributos essenciais, inerentes ao homem, para que este tenha condições de refletir o caráter de Deus. Além disso, o homem é criado para se relacionar e exercitar amor sacrificial com o seu Criador e com o seu próximo. E, por fim, o ser humano é chamado a dominar sobre o restante da criação, exercendo a imagem de Deus através daquilo que realiza. Portanto, somos chamados a refletir, nos relacionar e representar o nosso Criador e tudo isso está envolvido no que significa ser imagem e semelhança de Deus.[13]

Além disso, devemos notar que nem mesmo a Queda (Gn 3) teve a capacidade de destruir a imagem de Deus no ser humano. Alguns textos bíblicos afirmam que a imagem de Deus está presente no homem, mesmo após a entrada do pecado no mundo. (Gn 9.6; Tg 3.9).

É evidente que a capacidade humana de representar Deus foi profundamente afetada por causa da entrada do pecado (Rm 3.10-18; Ef 2.1-3). Entretanto, as Escrituras também destacam que através da salvação em Cristo, o homem "está sendo renovado em conhecimento, à imagem do seu Criador" (Cl 3.10); está sendo transformado segundo à imagem de Deus (2 Co 3.18); e, foi predestinado para ser conforme à imagem do Filho (Rm 8.29). Ou seja, "nossa redenção em Cristo significa que podemos, mesmo nesta vida, gradualmente crescer cada vez mais na semelhança de Deus"[14], e que esta conformidade faz parte do processo de restauração por meio do novo Adão, o salvador Jesus Cristo.[15]

Portanto, concluímos que a identidade pessoal pode ser compreendida plenamente a partir do conceito bíblico de que o homem foi criado à

---

12 Anthony Hoekema, *Criados à imagem de Deus* (São Paulo: Cultura Cristã, 1999), 82-83.

13 Holsteen and Svigel, eds. *Exploring Christian Theology*. Vol. 2: *Creation, Fall, and* Salvation, 34.

14 Wayne Grudem, *Teologia sistemática* (São Paulo: Vida Nova, 1999), 366.

15 Haley Goranson Jacob. *Conformed to the Image of His Son: Reconsidering Paul's Theology of Glory in Romans* (Downers Grove IL: InterVarsity Press, 2018), 194.

imagem de Deus. Através deste conceito podemos compreender quem é o homem, seu propósito, a importância dos seus relacionamentos e a sua função nesta terra.

A constituição humana

Para concluirmos este estudo sobre a antropologia cristã faremos uma breve abordagem a respeito das principais teorias existentes no cristianismo para explicar a estrutura do homem.

Monismo

O monismo é muito defendido na concepção ateísta que nega qualquer realidade além do corpo físico. Entretanto, alguns cristãos defendem o monismo a partir das Escrituras, afirmando que o ser humano não deve ser considerado como uma composição de partes, como corpo, alma e espírito, mas como um ser indivisível.[16]

Tricotomia

A tricotomia defende que o ser humano é composto de três partes: corpo (*sōma*), alma (*psychē*) e espírito (*pneuma*) (1 Ts 5.23)—ou variações do mesmo. Na visão mais comum dentro da posição tricotômica, o corpo é a parte material; a alma está relacionada ao intelecto, vontade e sentimentos; e o espírito é a parte mais relacionada a Deus, na qual o Espírito Santo habita o regenerado.

Dicotomia ou Dualismo Holístico

A dicotomia afirma que o homem é composto de duas partes: material (corpo) e imaterial (alma). Gundry apresenta diversos exemplos para demonstrar que o homem é visto como uma unidade de partes, corpo e alma (Mt 27.50; Lc 12.20, Tg 2.26).[17] Desta perspectiva, alma e espírito

---

16 Millard J. Erickson, *Teologia sistemática* (São Paulo: Vida Nova, 2015), 510.

17 Robert H. Gundry, *SOMA in Biblical Theology, with Emphasis on Pauline Anthropology* (Cambridge: Cambridge University Press, 1976), 112-116.

(e outros termos usados para se referir à parte imaterial do homem) geralmente são termos intercambiáveis e não partes distintas do ser humano.

Creio que esta posição parece ser mais coerente à luz dos textos bíblicos que descrevem a constituição humana (Gn 2:7; Ec 12:7). Entretanto, as duas partes devem ser vistas como uma unidade funcional, evitando o desprezo do corpo. Ao morrermos, antes de Jesus voltar, nossa alma vai ao paraíso enquanto o corpo volta à terra. Esse estado intermediário não é visto como ideal, sendo que o apóstolo Paulo o compara a estarmos nus (2 Co 5.1–3). Nosso ideal será realizado apenas quando Jesus voltar, e transformar nossos corpos em corpos imperecíveis (1 Co 15.42–49). Assim, o ser humano deve ser visto como um todo integrado, no qual as duas partes interagem e definem a nossa verdadeira identidade como seres criados por Deus.

A importância da antropologia bíblica para a igreja local

Por fim, concluiremos este capítulo apontando algumas implicações sobre a importância da antropologia bíblica para a igreja local. Em primeiro lugar, a compreensão da identidade humana à luz das Escrituras capacita a igreja a entender o seu propósito. Como um grupo de pessoas criadas à imagem de Deus e tendo essa imagem renovada pela redenção em Cristo, a igreja local deve cumprir seu papel de representante de Deus, espelhando seus atributos, e centralizando tudo na adoração devida ao Senhor (1 Co 10.31).

Além disso, a antropologia bíblica também auxilia na formação de uma igreja missionária, pois assim, como o Deus Trino se doou em favor de um mundo perdido, a igreja revela a imagem de Deus ao fazer o mesmo, doando-se em amor em favor de um mundo perdido e hostil.

Por fim, a antropologia bíblica também é fundamental para a edificação dos relacionamentos dentro da própria igreja. As Escrituras constantemente exortam à imitação de Deus nos relacionamentos humanos, amando e perdoando como Deus, em Cristo, amou e perdoou (Ef 4.32–5.2).

Portanto, a natureza e identidade humana devem fazer parte da proclamação evangélica das boas novas num mundo confuso e sem alicerces do que é a pessoa humana. Assim, o ensino e compreensão de quem é o homem é fundamental em nossas igrejas locais, para a prática dos valores e relacionamentos cristãos e para a própria missão e propósito da igreja neste mundo.

4

"PESSOAS" DIVINA E HUMANA: O CONCEITO DE PESSOA EM E ALÉM DE NICÉIA PARA HOJE

J. Scott Horrell

A maior pergunta do século vinte um é: o que é um *ser humano*? Mais precisamente–quem sou eu?[1] E o que sou eu? O que significa ser uma *pessoa*? Uma *pessoa humana*?[2]

Sem dúvida, a pergunta: o que é uma pessoa? Sempre foi parte do discurso universal (Sl 8.4), até mesmo na forma como a palavra *pessoa* lentamente evoluiu no desenvolvimento do grego e do latim. A ideia de pessoa assumiu importância especial dentro da teologia trinitária. Ao longo dos séculos, cosmovisões não-bíblicas: animista, politeísta, pante-

---

1 Por trás da pergunta imediata "por que eu existo? ", há, é claro, uma pergunta cosmológica maior, "por que qualquer coisa existe? ", por que existe algo em vez de nada?

2 O tema não é novo e certamente ecoa desde as *Confissões* de Agostinho e o *prosōpon* da Calcedônia até a obra *Personality – Human and Divine, Being the Bampton Lectures for the Year 1894* [Personalidade, humana e divina, as palestras de Bampton para o Ano de 1894] (Londres: Macmillan, 1894) de J. R. Illingworth; *In the Image and Likeness of God* [À imagem e semelhança de Deus] (John H. Erickson e Thomas E. Bird; Londres: Mowbrays, 1975), de Vladimir Lossky; *Being as Communion: Studies in Personhood and the Church* [Ser em comunhão: estudos sobre pessoalidade e a Igreja] (Crestwood, NY: St. Vladimir's Seminary Press, 1985), de John D. Zizioulas; *Persons, Divine and Human: King's College Essays in Theological Anthropology* [Pessoas, divina e humana: artigos de antropologia teológica da King's College] (Edimburgo: T&T Clark, 1991), organizados por Christoph Schwöbel e Colin Gunton; e *The Social God and the Relational Self: A Trinitarian Theology of the Imago Dei* [O Deus social e o eu relacional: uma teologia trinitária da *Imago Dei*] (Louisville: Westminster John Knox, 2001), de Stanley J. Grenz. Illingworth comenta que "mesmo quando alcançamos o clímax da civilização, na Grécia e em Roma, não há um senso adequado, seja na teoria, seja na prática, da personalidade humana em si" (6), o que ele define como sendo universal para a humanidade, e ao mesmo tempo sendo o que une um indivíduo a todas às suas atribuições e funções.

ísta ou budista, têm concebido o ser humano como parte de uma hierarquia ascendente de seres mais ou menos pessoais ou, mais uma vez, como uma entidade finita que em última instância transcenderá a um ápice impessoal. Em contrapartida, o ateísmo ocidental contemporâneo reduz cada vez mais o *homo sapiens* a um DNA e uma extraordinária sorte evolutiva. Teorias avançadas da psicologia evolutiva, da engenharia genética e do transumanismo dominam as ciências humanas hoje em dia. Entre um exército crescente de futuristas, Yuval Noah Harari declara que hoje o *homo sapiens* está se tornando seu próprio designer inteligente, deuses ultrapassando as barreiras da evolução para transcender nossas capacidades limitadas[3], o que ele diz ser a maior revolução na história da vida. Lev Grossman ousadamente proclama a fusão do ser humano com a inteligência artificial, conforme a capa da revista Time "2045, *The Year Man Becomes Immortal*" ["2045, o ano que o homem se torna imortal", tradução livre][4].

O enigma contemporâneo da autoconsciência levanta, como nunca antes, questões acerca da definição da humanidade, especialmente no sentido do que é uma *pessoa*? O clamor existencial de "Quem sou eu?", precisa suscitar nos cristãos a resposta categórica de que só podemos entender quem somos em relação a Deus, o Deus da Bíblia.

Por um lado, os teólogos estão certos em sua cautela em univocamente atribuir à humanidade as descrições personalistas de Deus. Certas descrições bíblicas de Deus se elevam muito acima da compreensão humana (Rm 11.33-36; 1 Tm 6.15-16), como os rabis e os primeiros pais rapidamente discerniram. Ao interpretar a Bíblia, o lugar do antropomorfismo precisa ser reconhecido. Por outro lado, o Deus da Bíblia quase sempre se aproxima de nós em termos declaradamente pessoais, desde a nossa cria-

---

3 Yuval Noah Harris, *Sapiens: A Brief History of Humankind* [*Sapiens*: Uma breve história da humanidade] (Heb. 2011; Edição em inglês – Londres: Vintage/Penguin, 2014), 445. Em outro lugar ele acrescenta que "não precisamos esperar a Segunda Vinda para vencer a morte. Alguns *geeks* em um laboratório conseguem fazer isso". Harari, *Homo Deus: A Brief History of Tomorrow* [Homo Deus: Uma breve história do amanhã] (Londres: Vintage, 2017), 26.

4 Lev Grossman, "Singularity: n. The moment when technological change becomes so rapid and profound, it represents a rupture in the fabric of human history" [Singularidade: n. O momento em que a mudança tecnológica se torna tão rápida e profunda que representa uma ruptura na fábrica da história humana], *Time*, 21 de fevereiro de 2011, 43, cf. 42–49.

ção como *imago dei* até as teofanias do AT; a encarnação do "Filho" que nos convida a chamar Deus de "Pai"; um Espírito que pode ser entristecido e insultado; e a volta física de Deus Cristo, que reinará sobre um reino de Deus na terra. Infelizmente, as percepções de diversos teólogos que desenvolveram temas personalistas com relação a Deus e à humanidade são às vezes ignoradas por aqueles que enfatizam a transcendência e a unidade divinas e com isso perdem a abundante autorrevelação do Pai, do Filho e do Espírito Santo.

Resumidamente, a pluralidade de perspectivas quanto ao maior mistério da fé cristã parece ser muito mais sábia e gerar muito mais humildade do que as linhas dogmáticas seletivas tiradas da história cristã. O credo Niceno-Constantinopolitano (381 d.C.) serve como uma caixa doutrinária fora da qual se encontra a heterodoxia, mas dentro da qual ainda há espaço para diversos esforços para se entender melhor o Deus cristão. Pode-se esperar uma cornucópia de riquezas a serem eternamente exploradas dentro da revelação e do mistério divinos. Do *De Trinitate* de Agostinho à abordagem multiperspectivista de John Frame e Vern Poythress de compreensão da Trindade[5], uma diversidade de descrições complementárias do Ser divino aponta para a compreensibilidade, mas ainda incompreensibilidade em última instância, do Deus trino. Um exemplo dessa necessidade de uma pluralidade de lentes Trinitárias é o fato de que a frequentemente enfatizada *vontade única e indivisível* da Trindade precisa ser complementada pelo reconhecimento das *vontades distintas* do Pai, do Filho e do Espírito Santo, cada um amando o outro e se relacionando dentro da economia. Qualquer uma delas, se considerada sozinha, uma vontade divina absolutamente singular (modalismo) ou três vontades harmônicas (tri-teísmo), trunca e distorce o testemunho bíblico (e histórico) mais amplo. As três pessoas divinas, como argumentou Vladimir Lossky, embora tenham uma natureza divina singular, não podem

---

5 Vern S. Poythress, *Knowing and the Trinity: How Perspectives in Human Knowledge Imitate the Trinity* [Conhecimento e a Trindade: como perspectivas do conhecimento humano imitam a Trindade] (Phillipsburg, NJ: P&R, 2018), esp. 3-23; e John M. Frame, "A Primer on Perspectivalism" [Uma introdução ao perspectivalismo] (Revised 2008), https://frame-poythress.org/a-primer-on-perspectivalism-revised-2008/.

ser reduzidas somente a essa natureza, mas de certa forma permanecem sendo únicas e existindo além da indivisível *ousia*.[6]

A tri pessoalidade de Deus tem relevância para a pessoalidade humana? Esse artigo se propõe a fortalecer a definição do termo *pessoa*, a pessoa humana, traçando paralelos com a Divindade cristã.[7] De certa forma, qualquer definição do que constitui uma *pessoa* continua sendo elusiva e multidimensional, como afirma uma enorme porção da literatura.[8] Este artigo não tenta fornecer uma definição final de *pessoa*, mas eu explorarei vários aspectos da pessoalidade divina e humana que podem ser construtivos ao se tentar entender a natureza do que constitui uma *pessoa*. Primeiro, farei um breve panorama (reconhecidamente simplista) da definição que a história ocidental traz de *pessoa* desde a filosofia grega pré-cristã passando pela teologia trinitária em evolução dos primeiros séculos, seguindo através do Iluminismo e chegando aos dias de

---

6 Vladimir Lossky, *Orthodox Theology: An Introduction* [Teologia ortodoxa: uma Introdução], trad. Ian e Ihita Kesarcodi-Watson (Crestwood, NY: St. Vladimir's Seminary Press, 1978), 83; "pessoalidade é liberdade com relação à natureza; ela se esquiva de qualquer condição" (42). Também Lossky, "The Theological Notion of the Human Person" [A noção teológica da pessoa humana] em Lossky, *In the Image and Likeness of God* [À imagem e semelhança de Deus], ed. John H. Erickson and Thomas E. Bird (Crestwood, NY: St. Vladimir's Seminary Press, 1974), 120.

7 *The Social God and the Relational Self* [O Deus social e o eu relacional] de Grenz, xi, sugere "um método teológico que procede simultaneamente 'de cima' (do divino para a criatura) e 'de baixo' (da criatura para o divino) ".

8 Obras cristãs recentes incluem Jeffrey Brauch, *Flawed Perfection: What It Means to Be Human and Why It Matters for Culture, Politics, and Law* [Perfeição falha: O que significa ser humano e por que isso importa para a cultura, a política e o direito (Bellingham, WA: Lexham, 2018); Marc Cortez, *Resourcing Theological Anthropology: A Constructive Account of Humanity in the Light of Christ* [Recuperando a antropologia teológica: um Relato construtivo da humanidade à luz de Cristo] (Grand Rapids: Zondervan, 2017); Oliver D. Crisp and Fred Sanders, eds., *The Christian Doctrine of Humanity: Explorations in Constructive Dogmatics* [A doutrina cristã da humanidade: explorações na dogmática construtiva] (Grand Rapids: Zondervan, 2018); Daniel Darling, *The Dignity Revolution: Reclaiming God's Rich Vision for Humanity* [A revolução da dignidade: recuperando a rica visão de Deus à humanidade] (Purcellville, VA: Good Book, 2018); Nonna Verna Harrison, *God's Many-Splendored Image: Theological Anthropology for Christian Formation* [A imagem multi-esplêndida de Deus: antropologia teológica para a formação cristã] (Grand Rapids: Baker, 2010); John F. Kilner, *Dignity and Destiny: Humanity in the Image of God* [Dignidade e destino: a humanidade à imagem de Deus] (Grand Rapids: Eerdmans, 2015); Brian S. Rosner, *Known by God: A Biblical Theology of Personal Identity* [Conhecido por Deus: uma teologia bíblica da identidade pessoal] (Grand Rapids: Zondervan, 2017); Hans Schwarz, *The Human Being: A Theological Anthropology* [O ser humano: uma antropologia teológica] (Grand Rapids: Eerdmans, 2013): Klyne R. Snodgrass, *Who God Says You Are: A Christian Understanding of Identity* [Quem Deus diz que você é: uma compreensão cristã da identidade] (Grand Rapids: Eerdmans, 2018); and Rowan Williams, *Being Human: Bodies, Minds, Persons* (Grand Rapids: Eerdmans, 2018). Também reveladores são Roger Scruton, *The Face of God* [A face de Deus] (London: Bloomsbury, 2012), e Scruton, *On Human Nature* [Sobre a natureza humana] (Princeton, NJ: Princeton University Press, 2017).

hoje. Conceitos de *pessoa* continuaram a se desenvolver depois de Nicéia-Constantinopla, Calcedônia e Boécio, com percepções e dimensões na história subsequente que ajudam a compor o significado de pessoa que temos hoje. Segundo, explorarei cinco paralelos entre a pessoalidade divina e humana baseados em (1) a natureza única de Deus, (2) o "Eu" e "Eu Sou" de cada pessoa divina, (3) o Eu-Você das relações trinitárias, (4) a estrutura pericorética e as relações das pessoas divinas, e (5) o altruísmo do Deus trino, cada pessoa se doando à outra e à criação. Respostas quanto ao que é uma pessoa certamente transcendem categorias simples, mas esses cinco paralelos divino-humanos servem como um grupo de características que delimitam e ajudam a definir a antropologia cristã e, mais especificamente, a pessoalidade humana.

A evolução de *pessoa* no pensamento ocidental

Hans Urs von Balthasar comenta que "poucas palavras têm tantas camadas de significado quanto *pessoa*", o que por um lado denota meramente um indivíduo "contável" dentre a humanidade, mas, por outro lado, alguém que é completamente único, sem igual, e que "portanto não pode ser contado".[9] Seres humanos não podem negar sua consciência, pensamentos, sentimentos, disposições e relações/atividades personalistas com outros, mas com o avanço de praticamente todas as áreas das ciências humanas, ironicamente, definir o que é uma *pessoa* tem se tornado cada vez mais difícil.

1. *Primeiros usos de pessoa.* Certamente todos os elementos da pessoalidade estão visíveis no AT, desde a criação e a dinâmica dos primeiro homem e mulher até as personalidades de Abraão, Sara e Moisés, e expressos de maneira vívida em Davi. O NT reflete ainda mais a completude da pessoalidade suprema em Jesus Cristo, juntamente a muitos outros. Porém, a palavra *pessoa* conforme empregada mais tarde dentro

---

9 Hans Urs von Balthasar, "On the Concept of Person" [Acerca do conceito de pessoa], *Communio* 13:1 (Spring 1986), 18-26.

da cristandade é de certa forma desconhecida em ambos os Testamentos. Uma pluralidade de termos se refere à psicologia humana na Bíblia, mas como Walter Taylor o coloca, "não há reflexão independente sobre antropologia... ao lidar com as qualidades humanas, as partes constituintes ou a natureza, e, portanto, há pouca definição de termos e nenhuma padronização do seu uso. Em vez disso, *anthropos* é sempre compreendido em termos do relacionamento com Deus".[10] O que somos enquanto seres humanos (*imago dei*) está diretamente relacionado ao nosso conceito do Ser divino.

Encontrada desde a época de Homero, a palavra grega *prosōpon* vem da preposição *pros* ("para, em direção a") e a raiz *ophis* ("visão"), denotando "aquilo que está diante da visão de alguém", como o rosto, a aparência ou a máscara da outra pessoa. *Prosōpon* se encontra mais de 1230 vezes na Septuaginta, frequentemente para "face" (Heb. *pānîm*), às vezes como preposição ("em frente a, perante"), ou como uma palavra composta descrevendo, por exemplo, a bela aparência de Sara (Gn 12:11). De maneira mais geral na LXX, *prosōpon* comunica simplesmente um "rosto", "nariz" ou "fronte" físicos (por exemplo Gn 3:19), embora possa também indicar emoções ou atitudes humanas. Assim como a palavra *pānîm*, *prosōpon* também pode indicar a presença de alguém, até mesmo a "Presença" de Deus (Ex 33:14 NVI, literalmente "minha face irá"; cf. Is 63:9).[11] No entanto, o significado de *pessoa* como desenvolvido posteriormente ao longo da história é, na melhor das hipóteses, inferencial no AT.

O NT usa *prosōpon* cerca de 75 vezes. O termo geralmente denota aparência exterior, face, semblante ou até mesmo superfície (da terra, do mar etc.), mas a palavra, em sua pluralidade de expressões, às vezes sugere uma realidade mais profunda por trás da aparência externa. O termo pode carregar a ideia de falsidade perante outros (Gl 6:12) ou de demonstrar parcialidade (Gl 2:6; Tg 2:9). Paulo traça a analogia do rosto coberto de Moisés com o rosto agora descoberto e radiante de Cristo, no

10 Walter Taylor, "Humanity, NT View of" [A visão da humanidade no NT], ABD 3.321
11 Moisés Silva, "Πρόσωπον," NIDNTTE 4:155–56; e Harry F. van Rooy, הָנִּים, NIDOTTE 3:637–39; Eduard Lohse, "πρόσωπον," etc. TDNT 6:769–74. Traduções das Escrituras da NVI, exceto quando indicado o contrário.

qual "todos nós (...) com a *face* descoberta contemplamos a glória do Senhor" (2 Co 3:18). Mais uma vez ele fala da "glória de Deus na face de Cristo" (4:6; cf. 2:11). Nessas passagens, "face" (*prosōpon*) sugere o que está além da aparência externa, ou seja, o ser mais profundo da pessoa.

Semelhantemente ao grego *prosōpon*, o latim *persona* encontra sua raiz no etrusco *phersu*, que designa uma máscara ou aquele que usa uma máscara. A expressão *ex persona* denota um ator interpretando um papel de alguém como a deusa *P[h]erséfone [phersu]*.[12] Foi somente no terceiro século d.C. que *prosōpon* começou a adquirir o significado – sempre em evolução – de *persona* como uma entidade legal distinta.

2. *Pessoa no princípio da teologia cristã*. Mesmo que em forma embrionária em seus primeiros usos, o conceito de *pessoa* começa a se desenvolver conforme é direcionado para a Trindade cristã. Como mencionado acima, *persona* no mundo latino se referia à máscara de um ator, e, portanto, a um papel, uma função, um personagem ou uma pessoa representada pelo ator. Na época de Tertuliano, no começo do terceiro século, o latim *persona* podia designar não apenas um personagem no teatro, mas também na lei romana "um indivíduo capaz de ter propriedades ou substância (*substantia*)".[13] Ao argumentar contra Sabélio e outros modalistas, Tertuliano chegou à famosa definição de *trinitas* como *una substantia et tres personae*, "uma substância e três pessoas". Alinhados com a primeira fórmula batismal de um nome e os três (Mt 28.19), os termos latinos *substantia* e *personae* passaram a predominar no Ocidente, assim como os termos gregos *ousia* e *prosōpa* no Oriente.[14] Um ponto particular de discordância era se o Filho era ou não igual a Deus em *ousia*, ou se era algo inferior e criado. No entanto, o fato de que ambos eram *personae* distintas era incontestável para os primeiros pais trinitários, independentemente do quão ambígua a palavra continuasse a ser. Conforme a ortodoxia do terceiro e do quarto séculos avançava, a substância (natureza,

---

12 Balthasar, "On the Concept of Person" [Acerca do conceito de pessoa], 20.

13 "Persona," Richard A. Muller, *Dictionary of Latin and Greek Theological Terms: Drawn Principally from Protestant Scholastic Theology* (Grand Rapids: Baker, 1985), 223.

14 Basil Studer, "Prosopon," *Encyclopedia of Ancient Christianity* [EAC], gen. ed. Angelo Di Berardino, 3 vols. (Eng. trans, Downers Grove, IL: InterVarsity Press, 2006–2008), 3.326

essência) indivisível de Deus se tornava cada vez mais central para a orto-doxia emergente – um ponto que os teólogos enfatizavam para excluir o Arianismo enquanto ao mesmo tempo afirmavam verdadeiras distinções entre o Pai, o Filho e o Espírito Santo.

No Concílio de Nicéia (325), o termo chave *homoousios* ("mesma natureza") foi proposto como dogma, embora o termo *prosōpa* não o tenha sido. Entretanto, se a unidade de natureza é vista como absolu-ta, torna-se necessário questionar se uma distinção adequada está sendo feita entre as três pessoas divinas. Desconfortáveis com as implicações modalistas do grego *prosōpon* (como "máscara", "papel"), em 370 os pais Capadócios estavam popularizando o termo *hypostasis* para definir as três pessoas de maneira mais marcada.[15] Em 381, o Credo de Constantinopla reforçou a *homoousios* do Pai e do Filho [e do Espírito], juntamente a uma forte afirmação das distinções de cada um – o "unigênito Filho de Deus... gerado, não feito, de uma só substância com o Pai" e o Espírito, "Senhor e Vivificador, o que procede do Pai e do Filho, que com o Pai e o Filho conjuntamente é adorado e glorificado".[16] Todavia, nem o termo *prosōpon* nem *hypostasis* estão formalizados nos credos trinitários em si.

Quanto aos conceitos emergentes de *pessoa*, Khaled Anatolios traça diversas continuidades entre a narrativa bíblica e a compreensão patrís-tica oriental da Trindade que são úteis para nossa concepção de pessoa-lidade hoje:

1. Pai, Filho e Espírito são *pessoas* na medida em que a narrativa bí-blica os apresenta em conversas um com o outro que não podem ser reduzidas a meros monólogos sem destruir a inteligibilidade daquela narrativa.

---

15 Na ciência natural grega, *hypostasis* é descrito como "sedimento em um líquido", carregando um sentido duplo de solidificação e visibilidade, portanto no NT como uma *verdadeira realidade* (Hb 1:3; 3:14; 11:1), ou nas tradições estoicas e neoplatônicas como *uma individualização de uma essência primor-dial*. Já em Orígenes, *hypostasis* foi usado para enfatizar "três realidades divinas" contra o modalismo de Sabélio. Um século depois, no Sínodo de Alexandria (362 d.C.) o termo ganhou certa aceitação. Basil Studer, "Hypostasis", EAC 2.308.

16 Da versão *ICET* do Credo (1975), em Thomas C. Oden, gen. ed., *Ancient Christian Doctrine*, 5 vols. (Downers Grove, IL: InterVarsity Press, 2009), primeira página de cada volume.

2. Pai, Filho e Espírito são *pessoas* na medida em que a narrativa bíblica apresenta a cada um como agentes distintos, cada um possuindo uma intencionalidade ativa, embora juntos constituam uma ação única e unificada com relação à criação.

3. Pai, Filho e Espírito Santo são *pessoas em comunhão* não somente no sentido minimamente ontológico de que todos compartilham de uma natureza divina, mas também na medida em que a narrativa bíblica indica que os relacionamentos mútuos através dos quais eles compartilham da substância divina podem ser adequadamente caracterizados conforme as categorias interpessoais de deleite e gratificação mútua.[17]

No Ocidente latino, Agostinho buscou discernir uma forma de afirmar a unidade de Deus, mas com uma terminologia diferente para os três seres divinos como "relações subsistentes". Reiterando a tradição dos pais, Agostinho corretamente percebeu real distinção entre o Pai, o Filho e o Espírito Santo; eles podem estar um *no* outro, mas não são idênticos um ao outro. Agostinho expressava certo desconforto com o termo latino *persona*, e parece não ter compreendido exatamente o Capadócio *hypostases*.[18] Ao perguntar "três o quê?", ele sugere que nenhum idioma é adequado para falar das pessoas dentro do Deus transcendente. Utilizando suas formidáveis habilidades filosóficas, ele acreditava que Deus está completamente fora do espaço e do tempo, o Ser único, verdadeiramente

---

17 Khaled Anatolios, "Personhood, Communion, and the Trinity in Some Patristic Texts," in *The Holy Trinity in the Life of the Church*, ed. Khaled Anatolios (Grand Rapids: Baker/Brookline, MA: Holy Cross Orthodox Press, 2014), 151 (italics and enumeration his); see 151–68.

18 *De Trinitate* 7.4, 7–6, 11; Saint Augustine, *The Trinity*, ed. John E. Rotelle, trans. Edmund Hill (Brooklyn, NY: New City Press, 1991), 7. 3, 7. Agostinho destaca que o grego explica a trindade como um "ser" (*ousia*) e três "substâncias" (*hypostases*), enquanto o latim considera "ser" e "substância" como sinônimos. Ele acrescenta que as Escrituras não falam diretamente de três pessoas nem reprovam que o façamos.

simples, de certa forma, não diferente da filosofia neoplatônica contra a qual ele às vezes argumentava.[19]

Mas se Deus é realmente infinitamente simples, então como a linguagem personalista da Escritura deve ser compreendida? Lewis Ayes responde: "Para Agostinho, isso é em parte uma disciplina da mente, onde aprendemos a remover da nossa interpretação da lógica da Escritura qualquer qualificação temporal ou material, e é uma busca por correspondências entre a linguagem e as metáforas da Escritura e as realidade divinas representadas por aquela linguagem".[20] Isto é, a linguagem explícita e relacional do Pai, do Filho e do Espírito Santo na Palavra e em parte confirmada pelos pais gregos (através de Anatólios) precisa por fim ser transcendida. Em vez disso, Agostinho argumentava, o que pode ser conhecido das relações internas de Deus está revelado nas *missões* do Filho e do Espírito na criação e redenção. As missões *ad extra* do Filho e do Espírito apontam para o passado, para as relações internas, eternas e subsistentes dentro da simplicidade de Deus – isto é, para a *geração* eterna do Filho e a *procedência* eterna do Espírito (*Trin.* 4.20.27-21.32). Em defesa de Agostinho, suas múltiplas analogias da Trindade (*De Trinitate*) nos lembram da utilidade de se ter várias perspectivas ao descrever o Deus pessoal e infinito. No entanto, ele geralmente pressupunha como primário o conceito de um Deus único, simples, eterno e transcendente. As relações pessoais não foram facilmente explicadas.

3. *A* Definitio fidei *de Calcedônia (451 d.C.).* Conforme a ortodoxia histórica foi se desenvolvendo, a linguagem de *pessoa* foi formalmente incluída na *Definitio fidei* de Calcedônia (embora tivesse sido introduzida antes no Concílio de Éfeso, 431 d.C.). Focado no "um só e mesmo Filho, nosso Senhor Jesus Cristo", o Credo declara Cristo como *homoousios*

---

19 Em consonância com a visão de mundo filosófica dominante do mundo greco-romano que começou com o Ser transcendente incognoscível – como em Plotino, Porfírio, e o convertido tardio Mário Vitorino, Agostinho considerava a filosofia neoplatônica, corretamente considerada como "a mais verdadeira filosofia e o pináculo de todo pensamento humano... Seu entusiasmo pela filosofia plotiniana acompanhou Agostinho por toda a sua vida". Salvador Lilla, "Platonism and the Fathers" [Platonismo e os Pais], *EAC* 3:225.

20 Lewis Ayres, "Augustine on the Trinity" [Agostinho sobre a Trindade], em *The Oxford Handbook of the Trinity*, ed. Gilles Emery e Matthew Levering (Oxford: Oxford University Press, 2011), 125.

com o Pai quanto a sua divindade e *homoousios* conosco quanto a sua humanidade, "excetuando o pecado". As duas naturezas de Cristo estão unificadas, "inconfundíveis, imutáveis, indivisíveis, inseparáveis; a distinção de naturezas de modo algum é anulada pela união, antes é preservada a propriedade de cada natureza, concorrendo para formar uma só pessoa [*prosōpon*] e em uma substância [*hypostasis*]; não separado nem dividido em duas pessoas [*prosōpa*]...". A terminologia da *Definitio fidei* usa tanto *prosōpon* quanto *hypostasis* para o ser e pessoa única de Cristo ou, mais adequadamente, para a pessoa divina do Filho que assumiu uma natureza humana. O grego *hypostasis* reforça ainda mais o "ser" único e pessoal do Filho que se fez homem.

4. *Boécio e Além*. Setenta anos depois de Calcedônia, os *Opuscula sacra* de Boécio defenderam o trinitarianismo de Agostinho e a cristologia de Calcedônia – combinados a significativos pensamentos platônicos e aristotélicos[21]. Boécio reconhecidamente define *pessoa* como uma "substância individual de uma natureza racional"[22]. *Natureza* é a categoria geral que possibilita o pensamento racional. A individualização dessa natureza racional é uma *pessoa*. Assim, a essência da pessoalidade (divina e humana) é a racionalidade: através da razão (filosofia/teologia) a alma alcança o conhecimento da visão de Deus. A definição de Boécio de pessoa dominou o pensamento ocidental por mais de um milênio, moldando o período escolástico e fluindo até o Iluminismo. Teólogos ao longo dos séculos tanto se apropriaram quanto se debateram com a definição de Boécio: Anselmo, Ricardo de São Vitor, Boaventura e Tomás de Aquino, para citar alguns.

No entanto, surgem perguntas: a pessoa é essencialmente um ser racional individual? Nós nos tornamos mais pessoais e mais semelhantes a Deus através de um maior exercício da razão? Aqueles que não têm capacidades racionais (bebês ou pessoas com demência) deixam de ser considerados pessoas?

---

21 Salvatore Lilla, "Platonism" [Platonismo], *EAC*, 3.200-226. O debate continua quanto à relação entre o Platonismo e o pensamento patrístico: Tertuliano e Hipólito viam a integração platônica como uma inverdade, enquanto Justino Mártir, Atenágoras, Clemente de Alexandria, Orígenes e

22 Boécio, *De duab. naturis 3, una persona* é uma "*naturae rationalis individua substantia*".

5. *Descartes, o Iluminismo, à Modernidade.* Na história popular, a declaração de René Descartes de que "penso, logo existo" é muitas vezes reconhecida como fundamental para o Iluminismo e a filosofia ocidental (em especial o racionalismo). Posso ter certeza de que existo porque penso. É possível que haja um Criador, mas o ser humano existe como um agente autônomo ao deduzir a verdade. Descartes presumiu que uma pessoa é uma combinação de uma alma racional e um corpo, enquanto os animais não têm alma ou raciocínio mental. O empirista John Locke logo afirmou que Deus criou a humanidade com mentes em branco, como um quadro em branco, porém com o ônus ou o desejo de aprender: uma *pessoa é* "um ser pensante, inteligente, dotado de razão e reflexão, e que pode considerar-se a si mesmo como um 'eu', ou seja, como o mesmo ser pensante, em diferentes tempos e lugares"[23]. Embora tivessem estruturas filosóficas diferentes, tanto racionalistas quanto empiristas concordavam grandemente com a definição de Boécio de *pessoa* enquanto substância individual de uma natureza racional.

Se no cristianismo clássico várias combinações da teologia com o Um Platônico serviram como o pano de fundo metafísico da fé, na modernidade pós-iluminista não se presumia mais um universo unificado. Do século dezessete ao vinte, a crescente afirmação da autonomia humana dominou o Ocidente. Com o gradual declínio do cristianismo e do deísmo, não se podia mais afirmar a existência de um Ser Cósmico. Para certificar-se, a existência de um princípio transcendente continuou através do Ser provavelmente moral de Immanuel Kant, do *Geist* de Frederick Hegel e do Deus Cristão, mas paradoxal de Søren Kierkegaard. No entanto, com Auguste Comte, Ludwig Feuerbach e Friedrich Nietzsche a crença no Transcendente foi eliminada. Ao entrar no século vinte, o niilismo (a rejeição de todos os princípios morais de Nietzsche) e o existencialismo abandonaram o racionalismo e redefiniram a essência da pessoalidade como ações autônomas da vontade: "*Quero*, logo existo". O filósofo John Macmurray destaca que "A filosofia moderna é tipicamente egocêntrica...

---

23 Citado por Quassim Cassam, "Persons" [Pessoas], em Ted Honderich, ed., *The Oxford Companion to Philosophy* (Oxford: Oxford University Press, 1995), 655.

Ela toma o 'Eu' como ponto de partida, e não Deus, ou o mundo, ou a comunidade; e, em segundo lugar, o 'Eu' é um indivíduo em isolamento, um ego ou 'eu', nunca um 'tu'"[24]. As definições de *pessoa* se dissiparam entre as múltiplas disciplinas acadêmicas.

6. *Pós-modernidade e Atualidade.* A maioria dos estudiosos hoje continua a enfatizar o lugar da vontade na autonomia, seja dentro do contexto filosófico do ateísmo, seja no nebuloso panteísmo/panenteísmo, onde o indivíduo se resigna a sua finitude em um mundo transiente. Em *Relatar a Si Mesmo*, Judith Butler escreve:

> O relato que faço de mim mesma é parcial, assombrado por algo para o qual não posso conceber uma história definitiva. Não posso explicar exatamente por que surgi dessa maneira, e meus esforços de reconstrução narrativa são sempre submetidos à revisão. Há algo em mim e de mim do qual não posso prestar contas. Mas isso quer dizer que, no sentido moral, eu não sou responsável por quem sou e pelo que faço?[25]

Escritores da área de humanas ainda buscam afirmar o "eu" como significativo, moral e livre. O falecido Ronald Dworkin apresentou *Religion without God* [Religião sem Deus] afirmando que "a religião é mais profunda que Deus. Religião é uma visão de mundo profunda, distinta e compreensiva: ela defende que um valor inerente e objetivo permeia tudo, que o universo e suas criaturas são maravilhosos, que a vida humana tem propósito e que o universo tem ordem"[26]. Outros, como Roger Scruton e Jordan Peterson, defendem um teísmo neo-cristão que propõe um mundo significativo e moral[27], mas que tem pouca definição de como ou por

---

24 John Macmurray, *The Self as Agent* [O eu como agente], 1957; 2nd ed. (Atlantic Highlands, NY: Humanities Press, 1991), 31.

25 Judith Butler, *Relatar a Si Mesmo* (Belo Horizonte: Autêntica Editora, 2015), 32.

26 Ronald Dworkin, Religion without God (Cambridge, MA: Harvard University Press, 2013), 1.

27 Roger Scruton, *The Face of God* [A face de Deus] (London: Bloomsbury, 2012), 177–78; e *On Human Nature* [Sobre a natureza humana] (Princeton, NJ: Princeton University Press, 2017), 142–44; Jordan B. Peterson, *12 Rules for Life: An Antidote to Chaos* [12 Regras para à vida: um antídoto para o caos] (New York: Penguin/Random House, 2018). Scruton se identifica explicitamente como cristão; Peterson (até onde o autor tem conhecimento) não.

que ele seria possível. Como Dworkin, eles defendem a existência de um senso nato de significado e moralidade juntamente a uma responsabilidade para com outros e com este mundo. Porém, embora simpatize com o monoteísmo e com a fé cristã, o porquê segue faltando.

Para outros dentro das ciências exatas, embora a palavra *pessoa* possa ser amplamente adequada, ela também aparece cada vez mais como o "mito monoteísta", o fantasma na máquina, a ilusão do que chamamos de *ser*, de *alma*, de "*eu*". Peter Singer ficou famoso ao atribuir *pessoalidade* a animais, mas não necessariamente a seres humanos com deficiências severas[28]. O pensador Harari declara que "Não há qualquer evidência científica de que, em contraste com porcos, Sapiens têm almas". Mais diante ele acrescenta que "o próprio conceito de alma contradiz os princípios mais fundamentais da evolução"[29]. O termo *pessoa*, debatendo-se sem uma definição, está desaparecendo da academia. A Declaração de Direitos Humanos das Nações Unidas enfrenta tensões crescentes com as hipóteses biológicas do que constitui um *ser humano*, ainda mais quando uma nação como a Argentina concede direitos humanos jurídicos a um orangotango chamado Sandra no zoológico de Buenos Aires (2014). Sandra hoje vive confortavelmente nos Estados Unidos.

As formas de se definir pessoalidade ao longo dos séculos e até a modernidade e a pós-modernidade são complexas. Hoje, o termo *pessoa* tem se dissipado do uso comum. Se no passado ela foi definida pela razão, ou posteriormente pela vontade, hoje a palavra *pessoa* se tornou um termo social oco e sem substância. A pergunta "O que é uma pessoa?", é o maior enigma da humanidade hoje.

---

28 Em Peter Singer, *Animal Liberation: A New Ethics for Our Treatment of Animals* [Libertação animal: uma nova ética para a forma como tratamos os animais], rev. ed. (London: Random House, 2015); e *Practical Ethics* [Ética prática], 3rd ed. (Cambridge: Cambridge University Press, 2011).

29 Harari, *Homo Deus*, 119.

Rumo a uma compreensão trinitária de pessoa

O que vem a seguir propõe uma estrutura para definir *pessoa*, humana e divina, formada a partir da revelação trinitária. Nosso ponto de partida é Gênesis 1.26-27, com o homem e a mulher criados à imagem de Deus[30]. Embora a palavra *pessoa* não seja usada nas Escrituras com seu sentido moderno, o *conceito* de pessoa ainda assim se mostra canonicamente rico. Ainda que o "façamos" divino de Gênesis 1 possa não ser explicitamente trinitário, mesmo os primeiros intérpretes cristãos muitas vezes já o enxergavam dessa forma. Começamos perguntando, se os seres humanos são a *imago*, então o que é o *dei*? A partir da revelação trinitária nas Escrituras surgem traços de uma ontologia básica de "pessoa" definida pela natureza, autoconsciência, "relacionalidade" eu- você, capacidade pericorética e autodoação.

Duas ressalvas são importantes. Primeiro, ao falar da *pessoa* humana, a definição se refere especificamente ao ser humano *ideal* como Deus o criou. Isso é visto preeminentemente em Jesus Cristo. Em um mundo quebrado, para aqueles que foram redimidos através da graça de Deus, é possível aproximar-se do ideal na vida cristã diária, mas só é possível vivê-lo plenamente no *eschaton*. Nós aguardamos o ideal divino para nossas vidas em um reino futuro. Segundo, a proposta traz uma de diversas lentes para a interpretação da tri-pessoalidade divina. O mistério do Deus trino excede nossa compreensão e nossos limitadas fórmulas doutrinárias. Portanto, as cinco semelhanças correspondentes entre a pessoalidade divina e humana precisam ser compreendidas analogicamente. As semelhanças entre a Trindade e a pessoalidade humana provavelmente são uma pálida versão à luz da diversidade transcendente do nosso Senhor.

---

30 Inúmeras obras buscam definir *imago dei* geralmente dividindo-as em (ou juntando) três categorias: ontológica (pessoa, natureza), relacional e funcional (domínio, reprodução). Outras focam a *imago dei* no próprio Jesus Cristo, e em nosso ser moldado, em última instância, à sua imagem.

Elas, entretanto, ainda são semelhanças, e servem como uma coleção de características que ajudam a fundamentar o que somos no Deus trino[31].

1. *Natureza, realidade da substância.* Os "atributos divinos" descrevem a essência de Deus, a substância ou a realidade "material" infinita do Ser divino. Os atributos *incomunicáveis* existem somente em Deus: sua natureza eterna, sua onisciência, onipotência, onipresença etc. Embora as descrições dos atributos incomunicáveis partam da linguagem humana (tanto bíblica quanto filosófica), eles apontam para um Deus infinitamente maior que nós. Em contrapartida, os atributos *comunicáveis* de Deus convidam a criação pessoal a participar, amor, santidade, sabedoria, bondade, justiça etc. Ao convidar os seres criados a participar, os atributos comunicáveis de Deus implicam o exercício desses atributos primários dentro da própria Trindade.[32]

Assim como o Pai, o Filho e o Espírito Santo compartilham plenamente e igualmente de uma natureza divina, a humanidade também compartilha de uma natureza humana. Os *homo sapiens* são criados com uma realidade "material" única, nossa natureza humana, que é diversificada em gênero e em inúmeras outras características. Todos nós somos humanos, mas nenhum de nós é idêntico ao outro. Por isso, cristãos defendem a dignidade inerente de cada ser humano, da concepção até a morte. Assim como a realidade material de Deus é definida pela essência divina, também nós somos criados desde o embrião com uma essência humana inata, uma natureza criada para florescer, embora esteja hoje sujeita a um mundo caído[33]. Diferente do Deus infinito, nossa concepção

---

31 As cinco semelhanças entre a trindade e a humanidade são desenvolvidas em Horrell "The Marriage Bed: The Fullness of God's Design" [A cama do casamento: a completude do design de Deus] em *Sanctified Sexuality: Valuing Sex in an Oversexed Culture* [Sexualidade santificada: valorizando o sexo em uma cultura hipersexualizada], ed. Sandra L. Glahn e C. Gary Barnes (Grand Rapids: Kregel, 2020), esp. 182-187.

32 Os atributos comunicáveis de Deus, embora sejam reais em Deus, permanecem sendo característicos do próprio Ser de Deus, mas são também compreensíveis aos humanos. Ver Vern S. Poythress, *The Mystery of the Trinity: A Trinitarian Approach to the Attributes of God* [O mistério da Trindade: uma abordagem Trinitária dos atributos de Deus] (Philipsburg NJ: P&R, 2020), 81-135, 540-541.

33 Nancy R. Pearcey, *Love Thy Body: Answering Hard Questions about Life and Sexuality* [Amai o teu corpo: respondendo às perguntas difíceis sobre vida e sexualidade] (Grand Rapids: Baker, 2018), confronta a divisão moderna entre *pessoa* (possuidora de um status moral e legal) e *corpo* (um organismo biológico descartável), seja no debate sobre aborto, na revolução sexual ou na ética darwiniana, cf. p. 19.

enquanto seres humanos finitos é codificada geneticamente para uma diversificação de sexo, raça e uma pluralidade de características individuais que tornam cada um de nós único. Da mesma forma como o DNA básico que define a humanidade é universal, assim também a composição genética de cada pessoa, como as tecnologias de reconhecimento facial nos lembram, é individualmente única. Porém, em virtude da *imago dei*, toda vida humana, por natureza, carrega dignidade.

2. *Autoconsciência.* Uma "pessoa" é caracterizada por uma autoconsciência. Na Bíblia, Deus se define como o "EU SOU" (*Yahweh*), uma consciência divina perfeita. Ao mesmo tempo, o Pai declara "EU SOU", o Filho declara "EU SOU", e o Espírito fala em primeira pessoa "eu" e "me" (por exemplo em Atos 13:2). Cada um é plenamente Deus, mas cada um reflete uma consciência pessoal distinta em relação ao outro. Nossa humanidade, embora comece em um nível biológico (uma natureza humana comum), é criada para se desenvolver e se tornar uma pessoa autoconsciente. O "eu sou" do bebê recém-nascido logo chora pedindo alimento. A autoconsciência integra o todo da nossa realidade individual: meu dedo do pé lateja, a noite está fria, meu coração está feliz, eu tenho medo da morte. Nossos corpos físicos são criados para contribuir com uma autocompreensão, um com pele escura, outro com clara; uma com vagina, outro com pênis; um com o vigor dos músculos de dois anos de idade, outro com a pele flácida da idade. No entanto, unificar toda a humanidade é a estrutura interna de quem somos como pessoas. O fato de que pensamos, falamos, temos vontades e sentimos se baseia em um Deus trino que na Palavra também raciocina, fala, tem vontade e sente. O infinito Ser divino certamente é diferente de nós, mas a linguagem que atribui características intensamente pessoais a cada membro da trindade é impressionante[34].

Além disso, Deus se define também como soberano, o ápice da justiça, eterno, abundantemente criativo etc. Ser *imago dei*, portanto, tem como

---

34 Da mesma forma, Rowan Williams, *Being Human* [Sendo humano], 29-31, concorda com a insistência de Lossky de que a pessoa divina precisa envolver algo além de um único *ousia* divino, no sentido de que eles têm cada um uma identidade própria e se relacionam de maneira consciente uns com os outros.

implicação nosso papel como vice regentes da criação, incumbidos com uma consciência moral, um senso de imortalidade, e uma inclinação para a criatividade. Se a Santa Trindade se revela nesses termos, então a autoconsciência humana (quem "eu sou") encontra um porto seguro na revelação de Deus como infinitamente pessoal; nossa ontologia interna reflete nosso Criador[35]. Como consequência, quando nossa compreensão de nós mesmos repousa sobre o EU SOU divino, nos movemos em direção a sermos nós também mais profundamente *pessoais* – refletindo e sendo autênticos ao nosso ser mais íntimo. Na verdade, somos um todo integrado de material e imaterial, moldados por uma miríade de fatores. Ainda assim, em uma época em que o conceito de pessoa foi reduzido a processos químicos e condicionamentos, o cristianismo clássico proclama que a autoconsciência dos seres humanos não é nem uma ilusão em um gigantesco Matrix nem uma peculiaridade do acaso em um universo absurdo. Em vez disso, enquanto *imago dei*, nosso "eu" reflete o gênesis do "façamos" do Criador.

3. *A relacionalidade eu-você*. Visível especialmente nos evangelhos, o relacionamento de Jesus com Deus Pai levou a igreja primitiva a confessar tanto o Filho quanto o Pai como Deus. As duas pessoas existem em uma comunhão eu-você, ainda que não como dois Deuses, mas um único Deus (Jo 1.1-2)[36]. A teologia clássica insiste que o Pai sempre foi Pai do Filho que sempre foi Filho. O Filho mais adiante descreve o Espírito como "outro Conselheiro" (Jo 14.16), alguém como ele, mas pessoalmente distinto dele e do Pai. Cada membro da trindade é definido não apenas como uma pessoa distinta, mas também por um eterno relacionamento eu-você.

---

35 Discussões sobre semelhanças entre a pessoalidade de Deus e de seres humanos reconhecem a necessidade do antropomorfismo, ou seja, o fato de que o Deus trino se revela através de categorias compreensíveis a seres finitos. Deus não tem qualquer necessidade de um raciocínio linear, mas ele nos convida a raciocinarmos juntos; as emoções bíblicas de Deus (ciúmes, ira) às vezes incomodam, mas as referências mais calmas que Jonathan Edwards faz às *afeições* divinas certamente apontam para algo correspondente mas não unívoco do que sabemos sobre emoções.

36 O Trinitarianismo ocidental clássico, com algumas exceções, resiste a qualquer consciência e comunhão distinta entre as pessoas da Trindade, como em Muller, "Persona", *Dictionary of Latin and Greek Theological Terms* [Dicionário de termos teológicos do latim e do grego], 223-27.

Já vimos que o credo Niceno-Constantinopolitano (381) declara a *geração* do Filho e a eterna *procedência* do Espírito. Toda a ortodoxia afirma as relações trinitárias de origem, mas o Ocidente tem relutado em atribuir a cada membro da trindade uma iniciativa pessoal distinta e uma comunhão com o outro[37]. Ao descrever a lógica de Basílio de Cesareia, Anatólio explica que "a unidade da atividade entre as pessoas de forma alguma impede que cada um seja um agente intencional por si só. De fato, é precisamente o fato de que cada um é, por si só, um agente intencional que é a base para a unidade da operação entre os três"[38]. Atanásio perspicazmente argumenta que se Deus realmente se alegra em sua comunhão com a criação, mas *não* desfruta de uma comunhão interpessoal dentro da trindade, "então a criação estaria acrescentando à glória divina em vez de simplesmente participando dela"[39]. Um Deus autossuficiente precisa, de alguma maneira, experimentar comunhão, alegria e glorificação *internas* se esse mesmo Deus se agrada dessas atividades com sua criação. Isto é, nós desfrutamos de relacionamentos porque Deus desfruta de relacionamentos muito além do que podemos imaginar.

Porque o Pai é eternamente definido como Pai com relação ao Filho e vice-versa, a definição de *pessoa* não é somente individual, mas também é social. Análogo à forma como cada membro da trindade é definido por (1) a natureza divina, (2) autoconsciências distintas e (3) relacionamentos eu-você, assim também nossa identidade como *homo sapiens* vem da nossa natureza humana material, da nossa autoconsciência e dos relacionamentos eu-você ao nosso redor em cada ponto de nossas vidas. Entretanto, diferente do Deus eterno, enquanto seres finitos, somos moldados dentro dos nossos dinâmicos ambientes sociais e interações pessoais com outros (inclusive com Deus).

---

37 Portanto, muitos no ocidente têm preferido definir as três pessoas com frases suavizadas como "relações subsistentes" (Agostinho e Aquino), "modos de ser" (Barth), "diferentes maneiras de subsistir" (Rahner) etc.

38 Anatólio, "Personhood, Communion, and the Trinity in Some Patristic Texts" [Pessoalidade, comunhão e a Trindade em alguns contextos patrísticos], 156; cf. Basil, *On the Holy Spirit* [Sobre o Espírito Santo], 16.38.

39 Anatólio, Personhood, Communion, and the Trinity" [Pessoalidade, comunhão e a Trindade], 161; cf. Atanásio, *Oration* 2.82.

Dentro do amplo horizonte da antropologia, nem o individualismo do pensamento ocidental nem a autotranscedência (ou o "não-eu") do pensamento oriental captam a complexidade do que somos enquanto pessoas, isto é, como imagens finitas de Deus. Na verdade, nosso "eu" e o "você" do outro criam um reconhecimento mútuo de aceitação, status, papel, limites, ou mesmo rejeição de tais relações[40]. No caso de amigos, a consciência do eu-você traz à tona atração e envolvimento recíprocos. Para seres humanos, nossos relacionamentos uns com os outros estão sempre mudando, do nascimento à morte. A comunhão de uma mulher cristã com o Deus trino pode variar, mas através da graça revelada em Cristo, sua posição como filha de Deus está selada para sempre (Ef 1.3–14). Diferente da Trindade, dentro da nossa existência no tempo-espaço nossas identidades estão ligadas aos nossos relacionamentos tanto com outros seres humanos quanto com o próprio Deus.

Assim como as relações intratrinitárias se constituem, em parte, por cada pessoa divina amando a outra, também a *imago dei* de Gênesis 1 se desdobra imediatamente em Gênesis 2 com o homem e a mulher, cada um criado de maneira única e definidos por seu relacionamento um com o outro. A solidão de Adão encontra satisfação em Eva, aquela que lhe corresponde. "Longe de ser uma perda mística da individualidade, a

---

40 Múltiplos valores interligados formam nossa identidade própria. Klyne Snodgrass, *Who God Says You Are* [Quem Deus diz que você é], 49-222, lembra a seus leitores de que "Você é seu..." corpo, história, relacionamentos, mente, compromissos, ações, limites, mudanças contínuas e futuro. Várias das obras de Cortez, especialmente *ReSourcing Theological Anthropology* [Recuperando a antropologia teológica], trazem uma discussão teológica panorâmica sobre a humanidade entendida através de Cristo. Brian Rosner, em *Known by God* [Conhecido por Deus], 65-192, passa por uma série de aspectos bíblicos relacionados ao que somos como pessoas, assim como *God's Many-Splendored Image* [A imagem esplêndida de Deus], de Nonna Verna Harrison, *Being Human* [Sendo humano] de Rowan Williams, e *The Call to Personhood: A Christian Theory of the Individual in Social Relationships* [O chamado à pessoalidade: uma teoria cristã do indivíduo em relações sociais], de Alistair I. McFadyen. (Cambridge: Cambridge University Press, 1990). Todos estes afirmam que a identidade individual é parcialmente formada em comunidade. O filósofo John Macmurray coloca que "a relação pessoal de pessoas é constitutiva da existência pessoal; não pode haver alguém até que haja pelo menos dois alguéns se comunicando" *Persons in Relation* [Pessoas em relação], 2 ed. (Whistable, UK: Latimer Trend, 1970), 12. Veja "John Macmurray's Influence on T. F. Torrance [A Influência de John Macmurray sobre T. F. Torrance] de Moody Folsom, *Scottish Journal of Theology* 71: n.3 (2018) 339-58. "Ambos [estavam] veementemente comprometidos com a visão de que pessoas só poderiam ser conhecidas da maneira adequada quando encontradas e consideradas enquanto seres particulares com uma constituição relacional. Pessoas, humanas ou divinas, não podem ser compreendidas como meros objetos, organismos ou ideais" (350). Ambos também afirmavam que a capacidade de amar objetivamente é a capacidade que nos torna pessoas (347).

união adequada entre criaturas corpóreas é a união da presença"[41]. As diferenças sexuais do eu-você lhes possibilitam tornar-se uma só carne e assim obedecer a ordem de povoar a terra com seus descendentes. O casamento de Adão e Eva no jardim, através da consumação do amor, gerou a raça humana. E cada "eu sou" é fortalecido e floresce.

4. *Habitação mútua.* O eu-você dentro da Trindade cristã sugere uma maior profundidade de união divina. Jesus declara: "eu estou no Pai e (...) o Pai está em mim" (Jo 14.10; cf. 10.38) – uma habitação espiritual mútua ou recíproca. Nesses contextos Jesus claramente distingue a si mesmo (como Filho) do Pai. De maneira igualmente impactante, Jesus convida e ora para que cristãos também participem dessa habitação do Filho e do Pai, "para que todos sejam um, Pai, como tu estás em mim e eu em ti. Que eles também estejam em nós, para que o mundo creia que tu me enviaste. (...) Para que eles sejam um, assim como nós somos um: eu neles e tu em mim. " (João 17.21-23; cf. 14.20). Com uma linguagem parecida, o Salvador fala do Espírito que procede do Pai, é enviado pelo Filho, e "estará *em* vocês" (14.17; 15.26). Na tradição cristã, o termo *perichoresis* foi inicialmente adotado para descrever a coinerência (sem confusão) das duas naturezas de Cristo. O termo já havia sido usado pelos neoplatônicos do terceiro século para descrever a relação do corpo com a alma[42]. Com o tempo, os pais gregos, especialmente João Damasceno, apropriaram-se de *perichoresis* para a completa habitação mútua das três pessoas no ser único de Deus. Juntamente com sua inseparável união em natureza divina, também está implícita a coabitação dinâmica e recíproca de cada pessoa divina na outra[43].

Embora haja grandes diferenças categóricas entre a *perichoresis* das três pessoas infinitas da Trindade e a habitação de Deus em cristãos finitos

---

41 Robert Miner, *Thomas Aquinas on the Passions* [Tomás de Aquino a respeito das paixões] (Cambridge, UK: Cambridge University Press, 2009), 134.

42 Basil Studer, "Perichoresis" (Grego περιχώρησις), EAC, 3.143.

43 Michael O'Carroll, "Circumincession" em *Trinitas: A Theological Encyclopedia of the Holy Trinity* [Uma enciclopédia teológica da santa Trindade] (ed. Michael O'Carroll; Wilmington DE: Michael Glazier, 1987), 68-69: o grego *perichoresis* pode indicar tanto o latim mais estático *circuminsessio*, que denota a natureza divina completa presente de maneira igual nos três e a coinerência interpessoal, quanto o latim *circumincessio*, a "interioridade recíproca", "interpenetração", "circulação dinâmica".

e imperfeitos, os paralelos são intrigantes[44]. Assim como cada pessoa da Trindade habita na outra mutuamente, também nós como *imago dei* fomos criados para sermos habitados por Deus. Uma capacidade pericorética semelhante por parte dos seres humanos explica como alguém pode ser habitado por um espírito demoníaco usurpando o lugar de Deus. Devido ao pecado, ser habitado pelo divino propriamente dito não é inato à nossa condição humana. Em vez disso, a graça de Deus concede essa grande honra. Através da regeneração, cristãos entram em uma relação pericorética semelhante com o Pai, Filho e Espírito, experimentando a habitação de Deus dentro de si. Entretanto, não nos tornamos Deus. Nossa pessoalidade enquanto seres humanos não é sobrepujada ou ofuscada pela presença divina. Ao contrário, a habitação de Deus nos capacita a sermos as pessoas ainda mais singulares que fomos criados para ser[45], enquanto somos conformados à imagem de Cristo.

5. *Altruísmo*. A Santa Trindade é corretamente chamada de Deus altruísta, aquele que livremente criou e sustenta a totalidade da criação pela graça. No NT, essa autodoação se manifesta particularmente no amor entre o Filho e o Pai. O Pai dá ao Filho todo julgamento, toda autoridade, "todas as coisas" (Mt 28.18; Jo 5:22; 13.3). Porém, depois que Cristo derrotar todos os inimigos e estabelecer seu reino, então ele, o Filho, entregará "tudo" ao Pai, "a fim de que Deus seja tudo em todos" (1 Co 15.28). A glória de Deus é uma glória compartilhada[46], mesmo

---

44 Robert Letham, *The Holy Trinity in Scripture, History, Theology, and Worship* [A santa Trindade na Escritura, história, teologia e adoração] edição revista (Phillipsburg, NJ: P & R, 2019), 192–93, reflete razões históricas para se resistir a paralelos humano-divinos quanto à *perichoresis*, estas baseadas na consubstanciação e na inseparabilidade divinas, algumas certamente legítimas. Porém, como visto acima, a linguagem do NT para habitação divina e comunhão na vida daquele que crê e da igreja certamente indica algo como a habitação mútua de que a própria Trindade desfruta.

45 Gregório de Níssa, em *Commentary on the Song of Songs* [Comentário sobre Cântico dos cânticos], 15, traça um paralelo entre a unidade da Trindade e a harmonia e coatividade escatológicas de crentes glorificados habitados pelo Espírito Santo. Em *Retrieving Nicaea: The Development and Meaning of Trinitarian Doctrine* [Recuperando Nicéia: O desenvolvimento e significado da doutrina Trinitária], de Khaled Anatolios (Grand Rapids: Baker, 2011), 233.

46 Doar-se a si mesmo e honrar o outro se entrelaça com o amor-próprio divino. Jesus ora "Glorifica o teu Filho, para que o teu Filho te glorifique… Eu te glorifiquei na terra, completando a obra que me deste para fazer. E agora, Pai, glorificando-me junto a ti, com a glória que eu tinha contigo antes que o mundo existisse" (Jo 17:1, 4-5). Para amar a outros, precisamos também amar a nós mesmos.

enquanto cada pessoa da Trindade opera dentro da criação de maneiras distintas (Jo 17.1-5).

O convite divino à autodoação se estende à vida cristã. "Nós amamos porque ele nos amou primeiro" (1 Jo 4:19). Efésios 5 nos convoca diretamente a sermos "imitadores de Deus, como filhos amados, e vivam em amor, como também Cristo nos amou e se entregou por nós" (Ef 5.1-2). Paulo alerta contra qualquer menção de imoralidade sexual (5.3) e adverte os cristãos a se sujeitarem "uns aos outros, por temor a Cristo" (5.21). Na passagem mais relevante sobre casamento na Bíblia (5.22-33), Paulo então exorta maridos e esposas a se sujeitarem um ao outro. Essa entrega de si mesmo se expressa de maneiras ao mesmo tempo semelhantes e diferentes para marido e esposa, o marido como Cristo e a esposa como a igreja, aquele que se sacrifica e aquela que responde. Nós imitamos a Trindade ao nos entregar de maneiras diferentes àqueles ao nosso redor.

Por natureza e por inclinação comunitária, a santa Trindade é amor. O Criador não tem obrigação de dar à criação, mas esse Deus trino criou os seres humanos de tal forma à *imago dei* que nós *precisamos* nos entregar uns aos outros para sermos cheios da vida de Deus. Dentro de cada pessoa em amadurecimento, cristã ou não, há uma obrigação, um imperativo espiritual, de ativamente fazer o bem, de se doar aos outros. Jesus, a imagem perfeita de Deus, declara que "quem quiser salvar a sua vida, a perderá; mas quem perder a sua vida por minha causa, este a salvará" (Lc 9.24). Ao imitar o Salvador, humanos têm uma necessidade ontológica de livremente se entregarem a Deus e a outros. Autodoação enche o cristão da vida divina. Não há outra forma de ser enchido, nenhum outro modo do cristão irradiar a vida de Deus.

Conclusão

Em um mundo pós-moderno, o conceito de *pessoa* se dissolveu, transformando-se em definições quase vazias de significado. Perguntas quanto a *o que* eu sou e *quem* eu sou queimam silenciosamente no âmago da cultura da televisão, sem respostas e sem Deus. Rowan Williams afirma que "a linguagem da teologia é possivelmente a *única* forma de falar corretamente sobre nosso senso de quem somos e sobre como é nossa humanidade – falar corretamente sobre nós mesmos como aqueles que esperam relacionamentos, esperam diferenças, esperam a morte"[47]. Isso significa que, ao entendermos quem Deus é, entendemos melhor quem nós somos enquanto pessoas mortais criadas à Sua imagem.

O fardo desse artigo é que a reafirmação do cristão (ancorada na pessoa trina de Deus na Bíblia) do que é uma pessoa humana é de valor inestimável como base da vida humana. A pessoalidade bíblica estabelece a identidade própria daquele que crê, chama a um relacionamento eu-você com o Criador trino, revigora a *koinonia* entre o povo de Deus, incentiva a nos relacionarmos como seres humanos plenamente fundamentados com os de fora da fé, e serve como apologética para o mundo descrente do significado e da beleza da fé cristã ortodoxa.

Essa obra começou apresentando um panorama da evolução da definição de *pessoa* ao longo da história pré-cristã e, posteriormente, trinitária. Embora rejeitasse as noções pagãs gregas de um Ser impessoal transcendente, a tradição cristã, especialmente no Ocidente, tendia a enxergar as pessoas divinas dentro de uma única essência divina. Os argumentos a favor da *homoousios* fortaleceram o caso contra arianos e eunomianos, mas enfraqueceram o testemunho relacional trinitário das Escrituras. A abordagem dos capadócios no Oriente (como de Ricardo de São Vitor, Boaventura, e outros no Ocidente) mostrou um apreço maior pelo agir pessoal do Pai, do Filho e do Espírito Santo. Porém, definições de *prosōpon* e *hypostasis* continuaram não sendo claras.

A definição de Boécio de *pessoa* como uma "substância individual de natureza racional" serviu como um modelo para muito da teologia ocidental até o Iluminismo, quando ela foi rearticulada pelo "penso, logo existo" de Descartes. Ao longo dos séculos, no entanto, a modernidade abandonou a crença em um universo unificado e, mais adiante, na ideia de que o conceito de pessoa poderia ser definido por uma natureza racional. A razão foi substituída por uma *vontade* existencial autônoma ou outras orientações alternativas. Atualmente, com pressuposições fisica-

---

47 Williams, *Being Human* [Sendo humano] (ênfase original).

listas, definições de *pessoa* são pressionadas quanto a sua fundamentação ou estrutura.

A segunda metade desse artigo sugere que, ao começar com as relações bíblicas de Pai, Filho e Espírito Santo, o conceito de *pessoa* ganha significado ao longo da história e, embasado nas Escrituras, pode ser novamente articulado hoje. Isso não significa que as relações intratrinitárias no NT são unívocas quanto à realidade transcendente divina. Porém, embora reconheçamos a natureza análoga da linguagem ao falar da Trindade, em vez de dissolver as distinções pessoais, talvez nossa linguagem fique muito aquém da infinita riqueza da comunhão trinitária.

A doutrina cristã da Trindade ajuda a nos reorientarmos quanto ao que significa sermos *pessoas*, com cinco semelhanças entre a Trindade e os humanos como *imago dei*. Primeiro, assim como a Trindade compartilha de uma única natureza divina infinita, também a humanidade compartilha de uma única natureza humana finita. Diferente da Trindade, claro, somos seres humanos completamente distintos uns dos outros, mas compartilhamos de uma mesma natureza humana. Da concepção até a nossa morte, nossa natureza "material" está programada para se desenvolver e formar, idealmente, seres humanos plenamente funcionais. Segundo, assim como cada membro da Trindade fala na primeira pessoa, refletindo consciências pessoais distintas, também cada ser humano existe como parte de um todo, mas tem uma consciência singular, um "eu sou". Terceiro, da mesma forma como cada membro da Trindade é eternamente definido em relação ao outro, também o ser humano, preso ao tempo e ao espaço, se define pelas relações eu-você. Nossa identidade própria, em parte, se define por e está condicionada a seus relacionamentos com outros, inclusive sua relação eu- você com o Criador trino. Quarto, assim como cada membro da Trindade habita no outro, também Deus criou o ser humano para ser habitado. Enquanto a *perichoresis* divina tem múltiplas dimensões muito além da criação, a humanidade foi estruturada para experimentar, de certa forma, uma habitação semelhante por parte do próprio Deus, tanto nessa vida quanto, ainda mais, na próxima. E quinto, da mesma maneira como o Deus trino se entrega de graça e com graça, cada pessoa da Trindade à outra, e todas à criação, assim também as pessoas humanas são chamadas a se entregarem a Deus e a outros. Para nos conformarmos com a imagem de Deus em Cristo, precisamos tomar nossas cruzes e seguir nosso Salvador, pois é ao fazer isso que Jesus diz que salvaremos nossas almas.

Dentro da estrutura de Nicéia, várias perspectivas nos permitem compreender melhor o infinito esplendor do nosso Deus. Nenhuma definição única captura a riqueza do testemunho bíblico quanto a quem Deus é ou o que é o ser humano. Embora a fé cristã histórica reconheça os atributos incomunicáveis de Deus que apontam filosoficamente para a transcendência do nosso Senhor, a esmagadora preponderância da revelação divina, a forma como o próprio Deus nos convida a conhecê-Lo, é relacional, em última instância, entre o Pai, o Filho e o Espírito Santo. Voltar a apreciar a revelação do próprio Deus como irreprimivelmente pessoal nos permite compreender melhor, embora ainda de maneiras limitadas, quem fomos criados para ser enquanto *imago dei*.

5

O FILHO DE DEUS E OS FILHOS DE DEUS

Sidney Roberto Machado da Silva

Á rio, quão bem você fez ao cristianismo! Calma, vou me explicar. Ário foi um herege do quarto século que negou ser Jesus da mesma substância (divina) que o Pai, afirmando existir apenas um Deus verdadeiro, o "Pai". Com isso, acabou por promover uma ampla discussão sobre a Trindade, bem como a divindade de Cristo. Sendo o mentor de uma heresia, Ário, inconscientemente trabalhou por ocasionar uma grande reviravolta na história da teologia cristã.

Em sua carta a Eusébio, bispo de Nicomédia, Ário escreveu: "...antes de ter sido criado ou nomeado ou estabelecido, ele não existia, pois ele não era ingênito. Somos perseguidos porque afirmamos que o Filho tem início, enquanto Deus é sem início." [1]

A controvérsia acerca da divindade do Filho não ficou no passado. Haja vista que a religião que mais cresce no mundo é o Islamismo,[2] que difunde a ideia de que Jesus é um ser humano incomum, porém, não divino. Um profeta, mas, jamais um salvador que morreu na cruz e muito menos ressuscitou.[3]

---

1 H. Bettenson, *Documentos da Igreja Cristã*, p.83.

2 https://exame.com/mundo/os-numeros-do-islamismo-a-religiao-que-mais-cresce-no-mundo/ pesquisado em 13/06/2021

3 Millard J. Erickson, *Teologia Sistemática*, p.657-658.

Diante de tamanha importância e controvérsia, precisamos atentar para algumas questões, como: 1) Quem é o Filho de Deus? 2) Quais as implicações em ter o Filho de Deus como modelo para os filhos de Deus? 3) A queda do homem teria extinguido a imagem de Deus? 4) Em que nos favorece a redenção em Cristo Jesus? Responderei a essas perguntas daqui em diante.

Quem é o Filho de Deus? *O que os pais da Igreja afirmaram*

A igreja sempre entendeu Jesus como divino, junto com o Pai, mantendo-se sempre monoteísta. Era claro que todos acreditavam que a morte e ressurreição de Jesus Cristo era fundamental para nossa salvação. Contudo, essa fé abraçava aparentes paradoxos, e não se preocupou em articular como essa relação ocorria até que surgissem opositores como Ário e outros. No começo, bastava a simples declaração que se pregava "Cristo crucificado, escândalo para os judeus, loucura para os gentios" (1 Co 1.23).

Um dos primeiros a expor seus pensamentos, antes mesmo de Ário e suas controvérsias foi Tertuliano, defendendo a tese de que as duas pessoas (humana e divina) estavam unidas numa única.[4]

Entre as primeiras perspectivas rejeitadas pelos pais da igreja está a de que Jesus era um ser humano comum (Ebionismo) e de que Jesus era totalmente divino com aparência humana (docetismo). Justino Mártir foi o grande representante dessa época, defendendo a tese de que Cristo é o "Logos[5] e o Nomos".[6] Sobre o Logos, Justino afirmou: "Como princípio, antes de todas as criaturas, Deus gerou de si mesmo certa potência racional (*loghiké*), que o Espírito Santo chama ora 'Glória do Senhor',

---

4 No ocidente, Tertuliano antes do concílio de Nicéia já lutava com o dualismo acerca das naturezas de Cristo. Justo L. Gonzalez, *Uma história do pensamento Cristão*, vol. 1 p.326.

5 "O Logos deve ser entendido como a fonte suprema de todo conhecimento humano...o Logos era acessível a todos, mesmo que de uma maneira fragmentada, mas sua total revelação veio somente em Cristo". Alister McGrath, *Teologia sistemática, histórica e filosófica*, p.412.

6 Nomos – Lei. Com a morte de Jesus Cristo na cruz, a Lei do Antigo Testamento foi cumprida nele. (Rm 10.4, Gl 3.23-25, Ef 2.15).

ora 'Sabedoria', ora 'Anjo', 'Deus', 'Senhor' e Logos (Verbo, Palavra) (...) e porta todos os nomes, porque cumpre a vontade do Pai e nasceu da vontade do Pai"[7].

Orígenes também desenvolveu a cristologia do Logos, afirmando que "na encarnação, a alma humana de Cristo é unida ao Logos. Devido à intimidade dessa união, a alma humana de Cristo passa a compartilhar das propriedades do Logos. Todavia, Orígenes insiste que, embora tanto o Logos como o Pai sejam eternos, o Logos é subordinado ao Pai"[8]

Após a controvérsia de Ário que defendeu a auto-subsistência de Deus, descrevendo o Filho como criatura como qualquer outra criatura, outros pais da Igreja se manifestaram quanto à divindade de Cristo. Na escola de Alexandria a ênfase recaiu sobre o *Logos* ter assumido a natureza humana. Como descrito em Jo 1.14 "o verbo habitou entre nós (*ho Logos sarx egeneto kai eskēnōsen en hēmin*). Qual a ideia central em "habitar entre nós"? Redenção. Entre os representantes da escola de Alexandria destacamos Atanásio, que defendeu a tese de que somente Deus pode salvar ou apenas o Criador pode redimir a criatura.[9]

Já a escola de Antioquia buscava enfatizar as duas naturezas de Cristo, não apenas abordando as questões soteriológicas, mas, também morais[10] como descreveu em seus escritos, por exemplo, Teodoro de Mopsuéstia, quando afirmou "a glória de Jesus Cristo vem de Deus o verbo, que o assumiu e o uniu a si mesmo... E devido a essa conjunção perfeita entre esse ser humano tem com Deus, o Filho, toda a criação o honra e o adora"[11]

---

7 Justino esclarece seu ponto de vista sobre o "Logos" em sua obra *"Diálogo com Trifão"* p. 61-62. Padres apostólicos y apologistas griegos Organização: Daniel Ruiz Bueno, *Biblioteca de Autores Cristianos*, 1ª edição, 2002.

8 Alister McGrath, *Teologia Sistemática, histórica e filosófica*, p.413.

9 A lógica do argumento de Atanásio foi: nenhuma criatura pode redimir outra criatura; de acordo com Ário, Jesus Cristo é uma criatura; portanto, de acordo com Ário, Jesus Cristo não pode redimir a humanidade. McGrath, *Teologia Sistemática, histórica e filosófica*, p.416.

10 Segundo Alister McGrath, "os escritores da escola de Alexandria...preocupados como fato de que as visões deficientes sobre a pessoa de Cristo fossem ligadas a concepções inadequadas da salvação, usavam ideias derivadas da filosofia secular grega para assegurar que a imagem de Cristo fosse consistente com a plena redenção da humanidade'. McGrath *Teologia sistemática, histórica e filosófica*, p.418.

11 Nestório, de acordo com Cirilo de Alexandria, em Fragmento 49.

Homoousios X Homoiousios

Ainda dentro da controvérsia Ariana, onde o Verbo encarnado foi visto apenas como um semideus, surge uma tentativa de diminuir a distância da verdade, cunhando um novo termo. Para tanto, os semiarianos, como foram chamados, fizeram uso do termo *homoiousios*, que significa "substância similar", ao invés de fazer uso de *homoousios*, que significa "da mesma substância". Com isso, afirmavam que Jesus era semelhante em natureza, mas não possuidor da mesma essência do Pai.

Em nosso país, onde o espiritismo kardecista é crescente e seitas cristãs como "Testemunhas de Jeová" e "Mórmons" possuem presença marcante, percebemos essa luta ariana pela não consubstancialidade (*homos*) "o mesmo", e *(ousios)*, proveniente de *(ousía)*, substância ou essência da Trindade. Obviamente, numa teologia Cristã saudável, o Filho de Deus, o Verbo encarnado, um com o Pai, um com o Espírito e de mesma substância.

Credo de Calcedônia

Em 451 d.C. ao final do concílio em Calcedônia[12], atual Turquia, convocado por Marciano, formulou-se o "Credo de Calcedônia".[13] Neste concílio não extinguiu-se todas as controvérsias acerca da divindade de Cristo, mas, trouxe resoluções importantes sobre problemas não resolvidos em concílios anteriores como a doutrina das duas distinções (natureza e divina) defendida por Nestório, além da própria divindade de Cristo negada por Ário e Êutico. Gregório de Nazianzo afirmava que aquilo que Jesus não assumiu, ele não poderia redimir. Ou seja, se Jesus não tivesse uma mente humana, mas apenas um corpo humano, não haveria uma base para a redenção de nossa mente. Se as naturezas divina e humana se misturassem, ele seria uma terceira coisa, que não poderia nos salvar. Mais do que meros argumentos filosóficos, a confissão tinha um foco

---

12 O concílio da Calcedônia foi convocado pelo imperador Marciano para resolver o caso de Êutico, que já havia sido condenado por Leão. Tony Lane, Pensamento Cristão, vol. 1, pp.80-101.

13 Anthony Hoekema, p.99.

tremendo na nossa salvação. Com isso, o concílio de Calcedônia serviu como um marco de limites para se pensar a divindade de Cristo.

Quatro pontos principais foram destacados no concílio de Calcedônia, a saber: Jesus é plenamente divino. Jesus é plenamente homem. As duas naturezas são indivisíveis. As duas naturezas não se confundem. Por Jesus ser plenamente humano, mas sem pecado, ele não apenas podia morrer em nosso lugar, mas redimir cada aspecto da nossa humanidade, que foi totalmente assumida por ele.

A queda do homem teria extinguido a imagem de Deus?

Não podemos deixar de perceber através das Escrituras que o homem experimentou uma transformação abismal com a queda. Isso, de fato, afetou o conceito do homem criado à imagem de Deus.

O que o homem perdeu em sua queda

No relato de Gênesis 3, com a queda, o homem teve o relacionamento com o Criador afetado. Nos versículos 23-24, lê-se que Deus expulsou o homem do Éden, onde antes havia determinado que cultivasse o solo. O homem teve o relacionamento com o seu semelhante afetado, descrito a partir do 3.16, através do qual a mulher experimentaria dores de parto, seu desejo seria para seu marido e ele a "dominaria". Além dessa descrição, completando a ideia de que já se envergonhavam por estarem nus (v.10), Deus fez roupas para ambos (v.21) já que o pecado do homem havia tornado algo perfeitamente bom criado por Deus em elemento também de mau. O relacionamento do homem com o restante da natureza criado por Deus também foi afetado. A terra tornou se "maldita" (Gn 3:17) e todo o sofrimento que a natureza experimentou foi produzido como consequência da queda do homem.

Por isso, a ideia é de que a imagem de Deus no homem sofreu consequências. "Após a queda do homem em pecado, a imagem de Deus não foi aniquilada, mas pervertida."13 Ou como afirmado por Grudem, "A imagem de Deus se distorce, mas não se perde".14

Ainda há imagem de Deus no homem?

Uma narrativa em Gn 9:6 pós queda nos serve para entendermos que o homem continua existindo à imagem de Deus. Após o dilúvio, Deus se aliançou com Noé, proibindo o derramamento de sangue de homem pelo próprio homem. A justificativa de Deus a Noé é que o homem foi criado à imagem de Deus. Mesmo após um evento de juízo de Deus essa foi a descrição do próprio Deus em relação ao homem. Por isto, Hoekema defende a tese de que: "A imagem no seu sentido estrutural permaneceu, os dons, talentos e habilidades humanas não foram destruídas pela queda, mas o homem passou, a partir de então, a usar esses dons de modo contrário à vontade de Deus."15

Quais as implicações em ter o Filho de Deus como modelo para os filhos de deus?

Que esperança há para homens caídos e distanciados do Criador? Haverá conserto para uma imagem distorcida? A resposta que encontramos nas Escrituras reside na figura do Filho de Deus.

Em diversas passagens do Antigo Testamento, há referência ao povo de Israel como filho de Deus: no pentateuco (Êx 4.23; Dt 14.1), na literatura poética (Sl 2.7; Sl 89) e também literatura profética (Is 3.16; Jr 31.20, Os 11.1). Todos esses textos trabalham a ideia de um relacionamento paternal de Deus para com o povo de Israel. Há também ocorrências no Antigo Testamento que fazem alusão a pessoas piedosas (Sl 73.15) e até ocorrências que aludem ao Messias prometido.16

---

14 Wayne Grudem, *Teologia Sistemática*, p.365.

15 Anthony Hoekema, p.99.

16 Louis Berkof em sua Teologia sistemática nos traz um panorama de todas as ocorrências, a) no sentido oficial ou messiânico (Mt 24.36; Mc 13.32), b) No sentido trinitário (Mt 11.27;14.28-33), c) no sentido natalício (Lc 1.35), d) no sentido ético-religioso (Mt 17.24-27). P.314-315.

No Novo Testamento, a figura muda. Há uma reivindicação do próprio Senhor Jesus à figura de "Filho de Deus". "Quando chegamos ao Novo Testamento, encontramos Jesus Cristo apresentado como Filho de Deus, que é Deus, ainda que Deus distinto de Deus, e novamente, Deus Espírito Santo que, com o Salvador, é pessoal e manifesta todos os atributos da divindade."

Definitivamente, no Novo Testamento, Jesus é o Filho de Deus. Em mais de quarenta passagens do Novo Testamento, o Pai, o Filho e o Espírito Santo são citados juntamente, embora cada um com papéis distintos, em seus relacionamentos pessoais. Filho de Deus é "um título ou meio de expressão de um relacionamento, especialmente no que diz respeito a Jesus".[17] Em Hebreus 1, temos a descrição de sua essência, "resplendor da glória de Deus e a expressão exata do seu ser" (v 3), como reafirmou o credo de Nicéia, "Luz da Luz", além da construção da herança do trono davídico (v.5),[18] cujo governo é eterno. Este Filho de Deus é o Messias prometido, "que tira o pecado do mundo" (Jo 1.29), responsável por restaurar nossa imagem de Deus.

Um com Adão

O apóstolo Paulo trabalhou em Romanos 5.12 em diante a ideia do "tipo" ou figura. Há, por oito vezes, um paralelo entre a condenação sofrida em Adão por toda a humanidade e a graça transbordante em Cristo Jesus. "...da mesma forma como o pecado entrou no mundo por um homem, e pelo pecado a morte, assim também a morte veio a todos os homens, porque todos pecaram..."

Adão foi criado à imagem de Deus. Tendo dado origem a toda humanidade, segundo a Bíblia, todo o homem, antes mesmo de nascer, é corrupto em essência. "O seu pecado de algum modo explica por que somos pecaminosos em nossos pensamentos, palavras e atos e por que temos

---

17 Burke, p.166.
18 Para D. A. Carson, tanto a citação de 2 Sm 7.14 quanto Sl 2.7 retratam o monarca davídico como filho de Deus, cujo ideal é imitar o governo régio de seu pai celestial. D.A. Carson, *Jesus o Filho de Deus*. p.50.

consciência desse fato, a não ser que o suprimamos."[19] Somos passivos de punição e merecedores de condenação, pelo pecado herdado e também pelas transgressões que cometemos diariamente. Essa é a verdade que permeia toda a Bíblia, tanto no Antigo Testamento (ex. Sl 51:4,5) como no Novo Testamento (ex. Rm 1-3).

Então, o que herdamos em Adão? Conforme Efésios 2.1-3, três aspectos passaram a compor toda a humanidade: espiritualmente mortos, escravos (mundo, carne e diabo) e objetos da ira de Deus.

Um com Cristo

Por isso, apesar de sermos herdeiros do pecado por intermédio de Adão, a Palavra de Deus nos apresenta um paradoxo em Cristo Jesus. Se toda a humanidade é uma em Adão, em Cristo "habita corporalmente toda a plenitude da divindade", (Cl 2.9). Logo, há a esperança da vivificação, como descrito em 1ª Corintios 15.22 "...como em Adão todos morrem, do mesmo modo em Cristo todos serão vivificados". Se em Adão temos a ideia representativa do pecado, em Cristo herdamos uma bendita esperança.

O apóstolo Paulo descreve a vida em Cristo, O Filho de Deus, em contraste com os efeitos da queda ocasionados em Adão. Se em Adão recebemos como herança a miséria ocasionada pelo pecado, a destruição e a condenação eterna. Em Cristo, somos vivificados, restaurados e convictos de uma bendita esperança.

Fazendo uma análise em Colossenses 3.10, que diz: "e se revistam do novo, o qual está sendo renovado em conhecimento, à imagem do seu criador", percebemos uma transformação radical para os que estão em Cristo. É literalmente uma "nova vida" Por isso, Grudem afirma que, devemos, "mesmo nesta vida, gradualmente crescer cada vez mais na semelhança de Deus".[20] No entanto, como afirmou o apóstolo João, "quando ele se manifestar, seremos semelhantes a ele" (1 Jo 3:2). Esta promessa faz parte de uma bendita esperança. Nossa restauração atingirá todos os as-

---

19 Robert D. Culver, *Teologia sistemática, histórica e filosófica* p.509.
20 Grudem, *Teologia sistemática*, p.366.

pectos morais, espirituais e mentais. Ou seja, a corrupção experimentada na queda será restaurada.

Paulo nos ajuda a entender o que será restaurado em Cristo Jesus em Romanos 5.12-21:

Morte em Adão	Vida em Cristo
v.12 Através de Adão, o pecado entrou no mundo. Logo, toda a humanidade tornou-se pecadora.	
v.14 Adão um "tipo" (paralelismo com Cristo) do que viria.	v.15 Não há comparação entre a dádiva oferecida em Cristo e a transgressão herdada em Adão.
v.15 Através de um único homem (Adão) veio a morte a todos.	v.15 Pela graça de um só, Jesus Cristo, de maneira antitética, transbordou a graça a todos.
v.16 Por um pecado veio o julgamento que trouxe condenação	v.16 Mas a dádiva decorreu de muitas transgressões e trouxe justificação.
v.17 A morte reinou por causa da transgressão de um.	v.17 A graça gerou vida eterna por intermédio de Jesus Cristo.
v.18 Pela transgressão de um, todos foram condenados.	v.18 Um só ato de justiça, houve justificação capaz de trazer vida a todos os homens.

v.19 Pela desobediência de um, muitos foram feitos pecadores.	v.19 Pela obediência de um único homem, muitos serão feitos justos.
v.20,21 O pecado fez com que a morte reinasse sobre todos os homens.	v.20,21 A graça fez superabundar a vida.

Em que nos favorece a redenção em Cristo Jesus?

Através do sacrifício vicário de Cristo, experimentamos a redenção. A ideia maior reside no resgate pago ao próprio Deus (Hb 9.12-15), gerando vida (Ef 2.1-3) a todos os que creem por intermédio de sua morte, ressurreição, ascensão e glorificação.

Sendo assim, Cristo se torna o primogênito entre os mortos (1 Co.15.12-58), sendo que temos inúmeros textos do Novo Testamento que afirmam que os que creem Nele também ressuscitarão (1 Co 6.14).[21]

A obra redentora de Cristo aponta para a convicção absoluta do perdão dos pecados (1 Jo 1.9) e certeza de que não há condenação para os que estão em Cristo (Rm 8.1).

Nesse processo, o Espírito Santo passa a habitar em nós (1 Co 6.19), selando (Ef 1.13-14) e confirmando nossa adoção (Ef 4.30) como filhos de Deus.

Através da ressurreição de Cristo temos assegurada a esperança de nossa própria restauração, "à sua original força e perfeição e até mesmo elevada a um nível superior."[22] O nosso corpo perecível tornar se á imperecível, nosso corpo de desonra tornar se á glorioso, nosso corpo cheio de fraqueza tornar se á poderoso, nosso corpo natural tornar-se-á espiritual,

---

21 Wayne Grudem afirma que, "Ao chamar Cristo de primícias (em grego, *aparchê*), Paulo utiliza uma metáfora da agricultura para indicar que seremos como Cristo. *Teologia sistemática*, p.515.

22 Berkhof, *Teologia sistemática*, p.318.

"o que não significa ser imaterial ou etéreo, mas adaptado ao seu respectivo espírito; o corpo do crente será um perfeito instrumento do espírito".[23]

Cristo "restabelece a relação correta do homem com Deus e com todas as criaturas, pela justificação, incluindo o perdão de pecados, adoção de filhos, a paz com Deus e uma gloriosa liberdade. Ele renova o homem à imagem de Deus pela regeneração, pela vocação interior, pela conversão, pela renovação e pela santificação. Ele preserva o homem para a sua herança eterna, livra o do sofrimento e da morte, e lhe dá posse da salvação eterna pela preservação e pela santificação".[24]

O processo redentivo nos garantirá a eternidade. Sendo Cristo o protótipo para todo o que crê.

Conclusão

D.A. Carson nos ajuda a concluir a questão trazendo à memória o que a própria Escritura assinala: "Estaríamos fantasiando se viéssemos a supor como sentido disso que Deus enviou ao mundo alguém que se tornou Filho depois de aqui chegar. Ele é a imagem do Deus invisível, o primogênito sobre toda a criação... Ele existe antes de todas as coisas, e nele tudo subsiste... Porque foi da vontade de Deus que nele habitasse toda a [sua] plenitude; na realidade tudo foi criado por ele e para ele (Cl 1.15-19), de modo ele não é apenas o agente de Deus na Criação, mas é dela seu senhor e objetivo."[25]

O Filho de Deus veio a este mundo restaurar a imagem de Deus no homem. No processo redentivo, nesta vida, de maneira gradual, já somos transformados para que nos assemelhemos em imagem. No porvir, os indícios da queda não mais existirão. O Filho de Deus encarnado completará a boa obra em nós (Fp 1.6), os filhos de Deus.

---

23 Berkhof, *Teologia sistemática*, p.318.
24 Louis Berkhof, Teologia sistemática, p.419.
25 D.A.Carson, p.42.

PARTE 2

QUESTÕES ATUAIS NA PSICOLOGIA-FISIOLOGIA ANTROPOLÓGICA

6

NEUROCIÊNCIA E A VISÃO CRISTÃ DO RELACIONAMENTO ENTRE CORPO E ALMA

Creuse Pereira Sousa Santos

A era da "soberania" da neurociência

Se você entrar em uma livraria atualmente, notará uma vasta literatura voltada à neurociência, e verá ela aplicada a quase todas as áreas da humanidade: estudiosos da ciência do discurso, especialistas em vendas, e livros de autoajuda, falarão de *mindset* ou de *storytelling*, os livros jurídicos a abordarão aplicada ao entendimento, desde os cérebros dos *serial killers* (assassinos em série), até maníacos sexuais, e jovens que promovem massacres escolares. Os sociólogos, psicólogos e sexólogos, falarão dela aplicada ao estudo da pedofilia, questões de gênero, a química do amor e de todas as outras emoções, sentimentos e comportamentos sociais. Os educadores, a discutirão buscando desenvolver novos métodos de ensino baseados no funcionamento cerebral do aluno, bem como novas propostas de escola, classe de aula, e currículos. Os teólogos olharão como o cérebro interpreta a fé, como a crença afeta o funcionamento do cérebro, como podemos entender quem somos, e quem é Deus, a partir do conhecimento que temos do cérebro humano.

O cérebro tem sido a última barreira científica a ser desvendada pela ciência moderna. Por sua composição, localização delicadas e função vital para o ser humano, durante toda a história da ciência moderna o cérebro foi um grande mistério. No passado já se discutiu a diferença fisiológica em termos de tamanho do cérebro, já se comparou o cérebro humano com de animais, o de homens ao de mulheres e o de brancos ao de negros. Porém, tudo isso estava envolto em uma névoa de muita especulação e pouca base científica sólida, dado à dificuldade de estudá-lo com o corpo em funcionamento.

Porém, nos últimos tempos, com o desenvolvimento científico, o salto tecnológico, a nanotecnologia e a quebra da cadeia de DNA, ficou muito mais fácil conhecer de perto e entender como funciona o órgão mais vital da vida humana. Ao monitorar e entender o funcionamento do cérebro os neurocientistas modernos abriram uma vasta gama de possibilidades de entender quem somos, porque agimos como agimos e como podemos aproveitar todo o potencial desta maravilhosa "máquina" criada por Deus.

Neste ensaio, estudaremos como a neurociência interage com a teologia, em termos de definirmos, quem somos, como funcionamos e como interagimos com Deus, a partir do que a Bíblia ensina e do que a neurociência descobriu sobre o cérebro humano até agora.

Mas, afinal o que diz a neurociência?

Em primeiro lugar, é preciso definir que não podemos ser generalistas, e como veremos existem neurocientistas discordantes, mas, por uma questão de foco, abordaremos os contrastes da teologia cristã com o que a neurociência Darwinista, evolucionista, fisicalista e ateísta, está afirmando sobre o ser humano.

Existem quatro conceitos fundamentais para entender o que a neurociência tem afirmado sobre o ser humano. O primeiro é que o ser humano é um tipo de holobionte[1], ou seja, um corpo hospedeiro associado numa simbiose interativa em redes de processo cíclicos metabólicos a microrganismos que ao mesmo tempo dependem dele, e de certo modo, determinam seu comportamento, necessidades, hábitos etc. Nossas vontades, desejos, comportamentos, sentimentos, emoções etc., nada mais são do que o suprir das necessidades desses microrganismos: *"nós somos nossa microbiologia e os processos fisiológicos derivados dela"*.[2]

O segundo ponto, é o que os neurocientistas chamam de *"meio ambiente"*, ou seja, esse holobionte simbiótico se tornou o que se tornou como resultado de evolução e de adaptação natural ao meio ambiente onde está inserido, simplesmente pelo impulso de sobrevivência. Somos resultado do meio ambiente, tudo o que o ser humano é e faz, é evolução, e adaptação natural ao meio ambiente a que esse holobionte está exposto.[3]

Deste modo, o terceiro elemento é que não existe a alma, nós somos puramente matéria, um mero ajuntado de células e microrganismos (*homobiontes*), sujeitos à matéria exterior (*meio-ambiente*), fruto de centenas de milhares de anos de evoluções e adaptações naturais.

Por fim, ela afirma que o ser humano, assim como outros organismos vivos, são *autopoiéticos*[4], ou seja, que todos os sistemas moleculares têm em si, tudo o que é necessário para gerar a sua própria vida, de maneira autônoma, eliminando assim qualquer referência a Deus como criador.

Os neurocientistas irão avaliar, a partir destes pressupostos, os comportamentos humanos, como meros resultados desse conjunto de fatores. Portanto, o amor se torna químico, meros feromônios excretados pela pele, e até mesmo, o comportamento humano errático, como, pedofilia,

---

1 Lynn Margulis and René Fester (Eds.). *Symbiosis as a Source of Evolutionary Innovation*. Cambridge, MA and London, UK: MIT Press, 1991, 3-11.

2 Nazareth Castellanos. *El espejo del cerebro: hacia una reconstrucción de la cultura y del hombre*. Madrid, ES: La Huerta Grande, 2021, 42-46.

3 Pier Vincenzo Piazza. *Homo Biologicus: como a biologia explica a natureza humana*. Ivone Benedetti (Trad.). Rio de Janeiro, BR: Bertrand, 2021, 175-189.

4 Junção de duas palavras gregas *autós* – para si mesmo, de si mesmo, próprio e *poíesis* – executar, fazer, criar, significando: *"auto-criado"*, o termo foi cunhado pelos neurocientistas chilenos Humberto Maturana e Francisco Varela, publicado na obra: *Autopoiesis and Cognition: The Realization of the Living*. Robert S. Cohen and Marx W. Wartfsky (Ed.). Vol. 42, Boston Studies in the Philosophy and Science. Boston, MA: Springer, 1980.

assassinatos, roubos, etc., não são mais vistos como pecados, ou fruto da vontade de uma moralidade corrompida, mas, simplesmente como fruto de uma má formação genética ou a exposição a um meio ambiente desfavorável ou ainda o resultado de uma disfunção química nas relações homobionticas.[5] Basicamente, para a neurociência: *"as moléculas determinam a estrutura de nosso corpo e suas funcionalidades. Nós somos nossas proteínas, todo o restante não passa de roupagem"*[6], alguns outros são mais específicos: *"nós somos o nosso cérebro"*.[7,8]

Desta forma, estes neurocientistas negam que exista uma alma, e que nós somos seres puramente materiais[9] que simplesmente existimos enquanto matéria e deixamos de existir quando esta matéria morre e se decompõe.

Deu branco na massa cinzenta

Antes de entrarmos na teologia propriamente dita, é preciso dizer que nem todos os cientistas concordam com as afirmações feitas acima. Existe um grupo relativamente grande de neurocientistas que afirmam que esta abordagem, é um tanto reducionista[10]:

Afirmo que o mistério humano é incrivelmente rebaixado pelo reducionismo científico, com sua pretensão de materialismo promissório para explicar, eventualmente, todo o mundo espiritual em termos de padrões de atividade neuronal. Essa crença deve ser classificada como uma superstição... temos que reconhecer que somos seres espirituais, com almas, existindo em um mundo espi-

---

5 Alan Jasanof. *The Biological Mind: How Brain, Body, and Environment Collaborate to Make Us Who We Are*. New York, NY: Basic Books, 2018, 5.

6 Piazza, *Homo Biologicus*, 46.

7 D. F. Swaab. *We Are Our Brains: A Neurobiography of the Brain, from the Womb to Alzheimer's*. Jane Hedley-Prôle (Trad.). New York: Random House, 2014.

8 Daniel C. Dennet. *Brainchildren: Essays on Designing Minds*. Cambridge MA: MIT Press, 1998, p. 346.

9 Mario Beauregard and Denyse O'Leary. *The Spiritual Brain: a Neuroscientist's Case of the Existence of the Soul*. San Francisco CA: HarperOne, 2009, 10.

10 Malcolm Jeeves. *Mentes, cérebros, alma e deuses: uma conversa sobre fé, psicologia e neurociência*. Djair Dias Filho (Trad.). Viçosa, MG: Ultimato, 2016, 27-31.

ritual, bem como seres materiais, com corpos e cérebros, existindo em um mundo material.[11]

O fato é que, por mais que a ciência tenha evoluído, ainda há muito mistério, e ainda que a neurociência consiga mapear a estrutura do cérebro, a química de seu funcionamento, e consiga afirmar qual parte do cérebro está funcionando em dado momento, isso não significa que ela esgotou as perguntas sobre o que é a vida, "*quando?*" e "*por quê?*" ela se iniciou, "*quando?*" se esvai (mesmo com o cérebro em perfeito funcionamento), e "*quando?*" se trata da consciência em pessoas que passaram pela experiência de quase morte[12].

Além disso, falar dos processos físico-químicos que acontecem em nosso cérebro, não é nem de longe falar do que motiva esses processos, ou seja, o processo não é a essência, mas apenas o resultado. Pois, o fato de não se poder comprovar em uma máquina, microscópio ou análise científica que certa coisa existe isso não quer dizer que ela não exista.

Um outro ponto, que tem levado muitos cientistas a apoiarem a ideia da existência de uma alma, para além do cérebro, são os cientistas que têm lidado com experiências próximas da morte[13]. Fica claro que a neurociência ainda não consegue explicar relatos de atividade da memória, lembranças, emoções, razão, audição e muitas outras experiências sensoriais em pacientes que estavam em coma profundo, ou foram trazidos "*de volta da morte*".[14]

Além do que, grande parte da pesquisa da neurociência sequer é feita com seres humanos, mas sim com animais, ou até mesmo apenas proteínas e outros micro-organismos vivos que compõem o bionte, e muitas

---

11 John C. Eccles *In*: ALEXANDER, Eben. *Proof of Heaven: a Neurosurgeon's Journey into the Afterlife*. London: Little, Brown Book Group, 2012, 140.

12 Edward F. Kelly; Emily Williams Kelly; Adam Crabtree; Alan Gauld; Michael Grosso; Bruce Greyson. *Irreducible Mind: Toward a Psychology for the 21st Century*. Rowman & Littlefield Publishers. (*Cf. tb.* CHALMERS, David J. *The Conscious Mind: in Search of a Fundamental Theory*. New York: Oxford University Press, 1996).

13 D. F. Swaab *We Are Our Brains*.

14 Alexander Eben III. *Proof of Heaven: A Neurosurgeon's Journey into the Afterlife*. New York: Simon & Schuster, 171-172.

das relações desses micro-organismo entre si, e no ser humano hospedeiro, sequer foram plenamente mapeadas ou entendidas completamente.

Para além das discussões científicas laboratoriais, a filosofia entra nesta discussão, afirmando que a questão da alma não é algo que se refira ao campo de neurociência, mas sim, é uma discussão do campo da filosofia. Pois a questão da mente é uma questão muito mais conceitual e epistemológica da filosofia do que propriamente da neurociência que estuda o cérebro físico e não conceitos abstratos.[15] Além disso, a neurociência também ainda não tem como explicar a origem de nossos pensamentos e sentimentos, consciência e autoconhecimento.[16]

Como podemos ver, há muita coisa que a neurociência não responde, desde questões científicas, até questões epistemológico-filosóficas. Porém, isso não deveria de maneira nenhuma nos levar a desprezá-la, ciência e fé não são inimigas. A Bíblia também tem áreas cinzentas e complexas quando se trata da composição do ser humano, e há muito diálogo e contribuição a ser feita de ambos os lados.

Antropologia teopoiética holística

Já em suas primeiras páginas, a Bíblia apresenta uma séria discordância do conceito de *autopoiésis* de Maturana. Em Gênesis 2.7 está escrito: "*o SENHOR Deus formou o homem do pó da terra. Soprou o fôlego da vida em suas narinas, e o homem se tornou ser vivo*" (NVT), neste texto nós temos descritas duas ações de Deus, indicadas pelos verbos hebraicos:

---

15 Francis Crick and Christof Koch. *Consciousness and Neuroscience*. Cerebral Cortex 8, no. 2, 1998, 97–107. *https://doi.org/10.1093/cercor/8.2.97*.

16 J. P. Moreland. *The Soul: How We Know It's Real and Why It Matters*. Chicago, Il: Moody Publishers, 2014. 95-97.

yätsar – formou, modelou[17] e *näphah*– *soprar*[18], a ideia do texto é de que Deus, como um artesão, comprimiu e modelou uma quantidade de barro feito com terra vermelha, até que ela se transformou no corpo humano. Esta primeira parte da frase deixa clara a formação do corpo físico do ser humano (ossos, sistema: nervoso, circulatório, linfático, muscular, capilar, os órgãos vitais: rins, fígado, pulmão, coração, órgão reprodutor– indicado pela criação do sexo masculino–cérebro, pele etc.) e posteriormente então ele soprou e o objeto inanimado de barro passou a ser um ser vivo, com alma.[19]

Se seguirmos a sequência do texto, também vemos que Deus usa do mesmo modus operandi com Eva, a única coisa que é alterada é o elemento físico, que no caso de Eva, é um pedaço de carne tirado da lateral do corpo de Adão.

Então, o ser humano é formado de uma parte física (*corpo*) e uma parte imaterial (*o espírito ou alma*). Mas, não sejamos tão apressados, pois o final do texto parece nos apontar para algo não tão dicotômico. A frase ainda segue com outro verbo, usado no mesmo tempo e modo dos outros dois, porém agora tendo Adão como sujeito da passiva, do verbo *häîah* – ser, estar, tornar-se, seguido da preposição *le*, funcionado como objeto indireto[20], afirmando que o ser humano se tornou uma *nëphësh*

---

17 Este verbo está no Imperfeito, que pode expressar uma ação conclusa no passado, na terceira pessoa do singular ("Ele"), tendo YHWH como sujeito, seguido do substantivo definido, na função de objeto direto ("*o homem*" – Adão), seguido de dois substantivos no acusativo, que apontam a origem: "*do pó*" e "*da terra*", sendo que o segundo, expressa o material usado na formação –'*adämah* – terra vermelha – que está diretamente relacionada com o nome dado ao homem, *adäm*, ou seja, apontando o fato de que o homem foi formado da terra vermelha.

18 O verbo, usado na segunda oração, está no mesmo tempo verbal, e sendo usado da mesma forma que o primeiro verbo, também tendo YHWH como o sujeito da ação, e expressando uma ação completa no passado. Também está seguido de um substantivo definido, funcionando como objeto direto –*neshämah* – *sopro, hálito, fôlego, respiração, vento, vida, espírito* – que também está seguindo de um acusativo explicando o tipo de "*sopro*" – *Hayîm* – vida – um sopro que tornou viva a escultura inanimada que estava adiante de Deus.

19 Nahum M. Sarna. *Genesis*. The JPS Torah Commentary. Philadelphia: Jewish Publication Society, 1989, 17.

20 Bruce K. Waltke e M. O'Connor. *Introdução à sintaxe do hebraico bíblico*. São Paulo: Cultura Cristã, 2006, 209 (11.2.10d).

hayah – *"alma que vive"*, passando a existir, diferente dos animais, como um ser pessoal em uma relação pessoal com Deus[21].

Essa imagem de Deus moldando o homem do barro e depois dando à ele vida, era uma imagem comum e facilmente entendida por qualquer leitor original de Moisés:

> Na arte egípcia, o deus Khnum é mostrado diante de uma roda de oleiro ativamente modelando o homem, e na Sabedoria de Amen-em-opert ..., afirma-se que 'o homem é barro e palha, e deus é seu construtor'. Os textos mesopotâmicos, em particular, apresentam repetidamente essa noção. Isso é encontrado no mito grego sobre Prometeu, que criou um homem, e sobre Hefesto, que moldou a mulher arquetípica Pandora da terra. O imaginário poético evocado pelo texto do Gênesis é explícito no Livro de Jó: 'Considera que me moldaste como barro' (10.9); 'Você e eu somos o mesmo diante de Deus; Eu também fui cortado do barro' (33.6). O corpo humano é uma 'casa de barro' e os seres humanos são descritos como 'os que habitam em casas de barro, / Cuja origem é o pó' (4.19).[22]

Portanto, segundo a Bíblia, o cérebro (e toda a matéria) precede a alma, porém ele é inativo, inerte sem o fôlego da vida, que é soprado por Deus e o torna, um ser vivo. Ou seja, é a alma que expressa mais *claramente a Imago Dei* no ser humano.

Obviamente, o corpo não existe sem a alma, e a alma está intrinsecamente ligada ao corpo. Quando lemos o restante do Antigo Testamento (AT) vemos uma profunda ligação entre o corpo e a alma, que torna quase indistinguível o corpo da alma, apontando muito mais para uma unidade holística entre os dois do que para uma dicotomia. Wolff destaca a relação dos sentimentos humanos com os órgãos do corpo: a ira com

---

21 G. J. Spurrell. *Notes on the Hebrew Text of the Book of Genesis*. Oxford: Clarendon Press, 1887, 24.
22 Nahum M. Sarna. *Op. Cit. Idem, Ibid.*

o nariz, a amargura com o fígado, a tristeza com os rins, o amor com o intestino, algumas emoções com o coração, e assim por diante.[23]

O pensamento de Jesus, de Paulo e dos Apóstolos, não é muito diferente da mentalidade Veterotestamentária, e é no AT que eles baseiam toda sua teologia. Portanto, podemos afirmar claramente que as Escrituras nos apontam uma clara dicotomia essencial, porém uma unidade holística existencial, que pode ser observada até mesmo no contexto da morte:

a. Em 1 Samuel 28, a médium de En-dor vê com os olhos e identifica Samuel, que inclusive fala com ela, usando cordas vocais, mesmo este estando morto.

b. Em Mateus 17.1–13, é relatado que Moisés, mesmo depois de morto apareceu com corpo físico, e falou usando suas cordas vocais, a ponto de Pedro desejar armar tendas para ficar ali.

c. Em Lucas 16.19–31, na história do rico e de Lázaro, ambos são mencionados no Hades, com completa percepção física: o rico sente sede, fala de água na ponta da língua, tem as funções da visão, pois vê Lazaro recostado sobre o peito de Abraão, e também fala com Deus, usando da fala, de lógica e razão. Além disso, Lázaro é mencionado com alguém visível, recostado à mesa, e no peito de Abraão, todas essas expressões físicas.

d. Em Apocalipse 7.9–17, os martirizados na tribulação, são descritos como visíveis ao escritor, que podia inclusive identificar que eram de várias etnias diferentes, e os via "de pé" diante do trono, vestidos com roupas brancas e segurando palmeiras nas mãos.

Portanto, fica evidente que a mentalidade bíblica indica que as pessoas acreditavam em algum tipo de estado corpóreo transitório, mesmo após a morte. A Bíblia descreve pessoas mortas com aparência corpórea,

---

23 Hans Walter Wolff. *Antropologia do Antigo Testamento*. Antônio Steffen (Trad.). São Paulo: Hagnos, 2007.

e auto percepção, e também afirma a necessidade da ressurreição futura dos mortos e da realidade corporal eterna.

Conclusão—*noutheteo*

E este é um ponto onde a neurociência e a teologia se encontram, pois existem inúmeras pesquisas que apontam para a relação de todos os membros do corpo com nossas emoções[24], e outras que apontam para as doenças psicossomáticas (ex.: *fibromialgia, síndrome da fadiga crônica e síndrome do intestino irritável)*, ou seja, coisas que acontecem na alma e interferem diretamente no corpo, e vice-versa. Onde a espiritualidade, é considerada uma aliada da cura.

Muito neurocientistas tem apontado para os profundos benefícios da oração (ou meditação), e até do canto congregacional, para o desenvolvimento de conexões neurais e até na cura de doenças, ou seja, a fé ajuda o cérebro, e a fé auxilia o médico.[25]

É certo também que a Bíblia não é um livro científico, e que muitas vezes precisamos reconhecer com humildade que ela não esgota o assunto da composição do homem, e que às vezes é nebulosa a interação entre corpo e alma, e o quanto um interage e interfere no outro. E para isso, é muito bem-vinda a ajuda da neurociência, ajudando-nos a entendermos melhor nosso corpo, a interação dele com nossa alma, e como ambos podem funcionar melhor juntos.

Também é preciso eliminar o ranço histórico do gnosticismo que afirma que o corpo e que tudo que é físico é mal, pois isso não é verdade. O corpo é tão criação de Deus quanto a alma, e o cérebro e seu funcionamento tão intrinsecamente ligado com a alma, a ponto de, cuidar de um, é cuidar do outro. Não chegamos a dizer que somos nosso cérebro, mas tão pouco diremos que somos nossa alma. Nós seres humanos somos

---

24 Para mais detalhes, recomendo a série de vídeos da Dra. Nazareth Castelhanos falando sobre como a respiração, o intestino, o coração e demais órgãos do corpo são importantes para definir não somente nossa saúde, mas quem somos, como agimos, etc.: https://www.youtube.com/channel/UCntnozJoA-Z3RCpniJutCrtQ.

25 Andrew Newberg and Mark Robert Waldman. *How God Changes Your Brain: Breakthrough Findings from a Leading Neuroscientist*. New York: Ballantine Books, 2010.

uma unidade holística de corpo e alma e é assim que viveremos na eternidade, quando voltarmos a ser perfeitos, como fomos criados para ser.

Também, não deixa de ser impressionante a afirmação de que somos *holobiontes,* formados por comunidades de microrganismos vivos que se ajudam e cooperam para a vida uns dos outros compondo assim parte do que somos como indivíduos, expressando também em nosso corpo, ainda que bem infimamente, a comunidade intratrinitariana, e o fato de que a até mesmo nossa subsistência é fruto de cooperação comunitária com outros seres humanos e com Deus.

Por outro lado, não podemos concordar com os neurocientistas quando eles negam a existência da alma, nem quando eles tentam transformar os seres humanos, feitos à *Imago Dei*, em um mero amontoado de células, justificando assim práticas terríveis como aborto de crianças com síndrome de Down (o que é eugenia), ou o aborto de maneira geral, ou ainda o suicídio assistido (a eutanásia), ou até mesmo a medicalização do pecado, enxergando os problemas da alma como meras questões químicas e desarranjos hormonais que podem ser resolvidas com remédios o que por si só é uma grande tragédia.[26]

Além disso, temos que pensar seriamente se aquilo que a neurociência tem ensinado sobre educação é realmente algo a ser aplicado aos nossos filhos[27], ou se até mesmo suas propostas metodológicas devem ser seguidas às cegas em nossas escolas e igreja.[28]

---

26 Gary Greenberg. *Manufacturing Depression: The Secret History of a Modern Disease.* London: Bloomsbury, 2011.

27 Michel Desmurget. *La Fabrique du Crétin Digital: Les dangers des écrans pour nos enfants.* Paris, FR: SEUIL, 2019.

28 Inger Enkvist. *Educação: Guia para Perplexos.* Felipe Denardi (Trad.). Campinas SP: CEDET, 2019.

7

A PESSOA HUMANA NO SEU INÍCIO E NO SEU FIM: ABORTO, EUTANÁSIA, SUICÍDIO

Carlos Bacoccina

O que mais tem se ouvido, dentro e fora das igrejas, tem sido a tese: "o importante é ser feliz!", o que desnuda o conceito basilar de que o indivíduo é autônomo e pode, até deve, seguir na direção que deseje, sem medir ou respeitar "aqueles" que o impeçam. Sendo assim, o ser humano torna-se o soberano sobre a sua vida, ou seja, ele, e somente ele, tem o direito de decidir o que lhe é bom e agradável para viver. Infelizmente, a cada dia esse pensamento tem crescido na sociedade moderna, o que inclui igrejas e líderes religiosos influentes no Brasil e no mundo.

Então, em meio as inúmeras áreas de aplicação deste conceito, surge a aplicação, também, na área da vida e morte do indivíduo; cabendo ao homem a decisão de quando se inicia e de quando se deve terminar a vida humana. O aborto, a eutanásia e até mesmo o suicídio, o que outrora, tinham-se conceitos bem delimitados, agora é relativizado segundo as preferências e entregue aos cuidados da interpretação particular sobre a vida e a morte. Assim, surge uma disputa entre ciência, filosofia, religião e Estado sobre quem tem o direito de legislar sobre a vida e morte de uma pessoa.

O que é a vida?

Com o propósito de clarear a discussão, se faz necessário uma pequena definição sobre o que é a vida, quando do seu início e do seu fim. Assim, a vida humana se dá durante o tempo em que um sujeito, ao longo de um determinado tempo, nasce, cresce, envelhece e morre. Porém, quais são os marcos deste tempo entre nascer e morrer que comprovam a vida?

Quando se inicia e quando termina

Segundo a pesquisa de Giuliana Mirandaga[1], os cientistas não têm consenso sobre o exato momento do início da vida humana. Alguns defendem que já há vida no momento da fecundação porque a união do espermatozoide ao óvulo dá origem a uma nova combinação de genes: um DNA inédito. Outros defendem o início da vida com o início da gastrulação[2]: processo de divisão que dá origem aos diferentes órgãos. Um terceiro

grupo defende o início da vida quando surge a atividade neuronal. Boa parte dos cientistas considera que isso ocorre após o primeiro trimestre de gravidez, mas há divergência sobre o momento exato. Uma quarta linha de pensamento defende que a vida começa quando o feto já é capaz de sobreviver fora do útero, o que aconteceria normalmente no sétimo mês de gestação. E, por último, existem os que defendem que a vida se inicia somente quando o feto se torna biologicamente independente de sua mãe. A figura ilustra essas possibilidades.

---

1 Pesquisa de Giuliana Mirandaga para a *Folha de São Paulo*, acesso: https://m.folha.uol.com.br/ciencia/2010/10/814968-cientistas-defendem-5-momentos-para-inicio-da-vida-humana.shtml.

2 A gastrulação começa quando o zigoto, que a partir desse ponto é chamado de embrião, instala-se no útero.

1 FECUNDAÇÃO   2 IMPLANTAÇÃO   3 ATIVIDADE CEREBRAL

4 FETO MADURO PARA VIDA   5 PARTO   6 FUNCIONAL
  EXTRA-UTERINA

Se existe dificuldade pela ciência em determinar o início da vida, parece que quanto ao ponto final de uma vida existe maior consenso. A maioria dos especialistas diz que a morte é decretada quando não existe mais ações cerebrais na pessoa[3]. Durante algum tempo na história, a morte era confirmada quando o aparelho respiratório deixava de funcionar ou mesmo as funções cardíacas não existiam mais. Porém, com o avanço da tecnologia e o surgimento de equipamentos que mantinham a ventilação e bombeamento de sangue de forma mecânica, o conceito foi transferido que a morte se dava quando não se encontrava mais impulsos elétricos no cérebro.

A vida pelo prisma cristão

Segundo o conceito cristão, Deus criou o homem, o qual é composto de duas partes: material e espiritual. Sendo seu corpo feito do pó da terra e sua natureza imaterial pelo sopro de Deus (Gn 1.27; 5.1s; 6.7; Is 45.12; 1 Co 11.9). Como afirma Heath Lambert:

A Bíblia faz uma distinção entre esses dois aspectos da humanidade, mas não faz divisão final. Em termos bíblicos, não existe

---

3 A morte cerebral significa que o cérebro para de funcionar. As pessoas não respondem a qualquer estímulo. Nenhum tratamento pode ajudar e, logo que o diagnóstico é confirmado, a pessoa é considerada legalmente morta. (Manual MSD).

algo como uma pessoa que não seja ambos, corpo e alma juntos em um ser humano. [...], estão tão intimamente relacionados que há somente uma situação na qual eles podem ser separados. Esta situação é a realidade trágica da entrada do pecado no mundo, trazendo sobre a raça humana a morte. A morte de um ser humano é uma separação horrível do corpo e da alma (2 Co 5.8)[4].

A constituição do homem, segundo as Escrituras, trata-se de uma dicotomia: Corpo e, alma ou espírito (Gn 2.7; Jó 27.8; 32.8; Ec 2.7; 1 Co 5.5; 2 Co 7.1; Rm 7.15-25). Também, acredita o cristão, que o ser humano é criado à imagem de Deus (Gn 1.26-27; 5.1; 9.6) tendo uma semelhança mental (raciocinar, avaliar, escolher, cf. Gn 2.19; Cl 3.10), uma semelhança moral e espiritual (discernir entre o certo e o errado, entre o santo e o profano), uma semelhança social (busca por relacionamentos) que espelha a harmonia entre Pai, Filho e Espírito Santo (Gn 2.18, 24). Enfim, a criação à imagem de Deus distingue a humanidade de todas as outras formas de vida.

O desejo humano pelo controle da vida

Desde a Queda (Gn 3), o ser humano busca por autonomia, ou seja, o desejo de ser independente se encontra já no início da humanidade. Porém, tal desejo parece atingir seu auge na presente época. Vejamos como foi esta construção que exalta aqueles que assim discursam e punem àqueles que não anseiam por uma vida livre e autônoma.

Pano de fundo histórico

No mundo ocidental moderno, de forma suscinta e delimitando com alguns recortes, podemos dizer que a "divinização do desejo" tomou corpo a partir da teologia da morte de Deus, pois não respondia as questões do homem. A religião absolutista era, cada vez mais, desacreditada pelos pensamentos racionalistas e existencialistas.

---

4 Heath Lambert. *Teologia do aconselhamento bíblico* (Fortaleza: Peregrino, 2017), 210.

Os padrões foram retirados do eixo religioso e entregue ao relativismo humanista. Com a ausência de Deus abriu-se espaço para o humanismo religioso que pregava o bem-estar do homem. O pragmatismo tornou-se a via na qual o juízo de valores deveria transitar. Assim, a vontade do homem tornou-se neutra e amoral, pois não podendo haver absolutos definidores do que seria certo ou errado, a felicidade e prazer assumiram o posto de valores regulamentadores.

Segundo Maria de Sá e Diogo Moureira, "acentuada a ideia de liberdade, a independência da pessoa e a sua capacidade racional, acirram o seu desenvolvimento enquanto ser capaz de tomar, sozinho, as suas próprias decisões e posicionar-se no mundo social, a partir de si mesmo"[5].

A partir deste novo pensamento humano, surgem direitos e leis que protegem e mantêm a liberdade e bem-estar de todo ser humano; porém, a liberdade conferida ao homem foi motivo de conflito, já que a liberdade do indivíduo se estende até o limite da liberdade do outro. A convivência social e o exercício da liberdade fizeram com que surgissem grupos antagônicos que guerream pela legislação e limites para autonomia do homem. Portanto, sendo o homem o seu próprio referencial, apagando os absolutos, principalmente ao deixar Deus de lado, o assunto sobre o direito à vida (quem deve nascer ou quem deve morrer?) tornou-se um debate entre grupos que defendem seus pensamentos sobre os limites e liberdades humanas, em outras palavras, quem pode controlar a vida.

Desejo de controlar quem deve nascer: abortamento

Seguindo o raciocínio de que o homem moderno busca sua felicidade através de sua autonomia, o nascimento ou não de um bebê deve passar pelo seu arbítrio, equacionando o quanto seria bom ou ruim a gestação de uma nova vida. A decisão sobre abortar ou não seria avaliada pelas

---

5 Maria de Fátima Freire de Sá, Diogo Luna Moureira. *Autonomia para morrer: eutánasia, suicídio assistido, diretivas antecipadas de vontade e cuidados paliativos* (Belo Horizonte: Del Rey Editora, 2015), 20.

suas consequências. Aquela ação que gerasse a maior felicidade para o maior número seria considerada a moralmente correta.

Podemos definir o aborto como a privação do nascimento, ou seja, detenção da gravidez com a morte do nascituro. Existe alguns tipos de abortos: aborto terapêutico ou necessário, que é aquele realizado quando a gravidez põe em perigo a vida da gestante; honroso ou moral, que consiste em abortar o feto por ser a gestação proveniente de estupro; eugênico ou profilático, que consiste em abortar o feto por apresentar alguma anomalia grave; e, por último, o social, que é realizado por questão de controle de natalidade.

Atualmente, pela legislação brasileira, o aborto é permitido nas seguintes situações: quando existe risco para a vida ou a saúde da mulher; quando a gravidez resulta de violência sexual; quando o feto é anencéfalico. Este último só foi permitido a partir de uma decisão do Supremo Tribunal Federal (STF) em 2012, e é chamado de "antecipação do parto", pois como o feto não possui vida encefálica, não existe a possibilidade de sobreviver fora do útero.

A questão é: quem pode determinar a privação do nascimento? Quem pode interromper a formação de uma vida ou, ainda, qual a justificativa para tal privação?

Os argumentos daqueles que apoiam o abortamento são:

- O feto não é um humano, mas um humano em potencial (sub-humano). Esses defendem que a Bíblia, em Gênesis 2.7, mostra que o feto é menos que humano, pois quando o homem foi criado, o corpo dele já existia antes que Deus lhe deu a vida, até quando o Senhor "soprou nas narinas o fôlego de vida...o homem passou a ser alma vivente". Já que a respiração não acontece até depois do nascimento, afirmam que o feto não se torna alma vivente até depois do nascimento normal.

- A falta de autoconsciência no ventre indica a ausência de vida. Já que o feto no ventre ainda não tem autoconsciência, ele não pode ser considerado uma vida.

- O feto é uma extensão biológica do corpo da mãe. O feto depende da mãe para sua existência, logo, pode ser considerado como um órgão ou outra parte do corpo da mãe. Assim, a mãe pode decidir sobre seu corpo, mantendo ou interrompendo a gestação.

- O aborto é necessário por razões eugênicas. Ninguém deve ser obrigado a criar nenês deformados ou retardados, dando muita tristeza aos pais e muita frustração à própria pessoa com deficiência. Com os exames avançados pode-se determinar essas deficiências antes do nascimento e impedir uma vida de sofrimento aos pais e a criança.

- O aborto é necessário em caso de estupro. A mulher não deve ser obrigada a gerar um filho que foi concebido sem consentimento. Os efeitos de tal agressão seriam enormes na vida da mãe e da criança.

Como visto, os que apoiam o aborto, também conhecidos por *Pró-Escolha,* julgam e decidem através do desejo humano pelo diminuir o sofrimento (impedidor do bem-estar da vida). Nesses casos o homem assume o papel de controlador de quem deve ou não nascer.

O abortamento pelo prisma bíblico

A Bíblia não se cala sobre quem autoridade sobre a vida. Encontramos exemplos de mulheres estéreis e de idade muito avançada que engravidaram por meio da intervenção divina (Sara, Rebeca e Isabel). No caso de Isabel, mãe de João Batista (Lc 1.41–44), o bebê em seu ventre "se agitava de alegria" ao ouvir a voz de Maria, grávida de Jesus. Interessante que o bebê é apresentado como ser vivente, identificado e inserido na realidade da mãe e das pessoas ao redor.

A ação soberana de Deus na formação de uma pessoa, ainda no vente, é facilmente identificada na Bíblia. A vida de Jeremias, desde a gestação até o seu destino, foi delineada pela vontade soberana de Deus (Jr 1.5). No Salmo 139, o salmista descortina a formação de uma pessoa ao apresentar a ação soberana de Deus desde o ventre até a finalidade dos seus dias (Sl 139.13,16).

Portanto, o abortamento pelo prisma bíblico é uma tentativa da humanidade de ser divina, ou seja, a "criatura" agindo como se fosse o "Criador". Nenhuma vida é possível ausente da ação de Deus, nenhuma gestação se concretiza a parte dos desígnios divinos. Logo, o abortamento é um pecado de idolatria, um "endeusamento do ser humano"!

Desejo de controlar quem deve morrer: eutanásia

Quando o tema é morrer, segue-se o conceito moderno de uma vida feliz e agradável como juiz sobre quando se deve ou não morrer.

O sentido do termo eutanásia é "boa morte". Segundo Humberto Fontoura, o "político, filósofo e ensaísta inglês, Francis Bacon, fez o uso da palavra eutanásia apenas no século XVI, ... onde sugeria que a antecipação da morte seria o melhor tratamento para doenças incuráveis".[6]

Podemos dividir a eutanásia em duas categorias: (1) a ativa ou positiva, quando existe a ação deliberada de provocar a morte sem sofrimento do paciente e (2) a eutanásia passiva ou negativa, quando existe a omissão proposital de uma ação médica ou de medicação que promova a sobrevida do paciente. Ambas ações ou omissões tem por motivo a redução do sofrimento do paciente.

Existe um tipo de eutanásia que parece ser uma mistura dos dois tipos acima citados, a eutanásia de efeito duplo, que ocorre quando a morte é acelerada como consequências de ações médicas não visando a letalidade, mas sim o alívio do sofrimento do paciente.

A eutanásia deve ser de consentimento do paciente (quando possível) ou do responsável legal (quando o paciente não tem condições de manifestar suas intenções) e quando não existe expectativas reais de melhora e restauração da saúde. No Brasil, qualquer tipo de eutanásia é proibido sendo tipificada como homicídio pelo Código Penal: "O artigo que tipifica a eutanásia no Brasil é o 121 que versa sobre o ato de matar alguém

---

6 Humberto de Sousa Fontoura, Reginaldo Pereira Moraes. *Eutanásia e a perspectiva cristã sobre a dignidade e o valor da vida* (Anápolis, GO: Humberto de Sousa Fontoura, 2020), 20.

com pena de reclusão de seis a vinte anos, podendo ter a pena reduzida nos seguintes casos: § 1º Se o agente comete o crime impelido por motivo de relevante valor social ou moral, ou sob o domínio de violenta emoção, logo em seguida a injusta provocação da vítima, ou juiz pode reduzir a pena de um sexto a um terço".[7]

Mais uma vez percebemos que o regente sobre o tema é a questão sobre o bem-estar de uma vida feliz. O desejo do homem é o de qualificar que tipo de vida deve ou não ser vivida. A vida humana recebe um valor oriundo do próprio homem, ou seja, o homem afirma que tipo de vida tem valor; qual vida deve ser mantida e qual tipo de vida deve ser encerrada. O desejo humano de controlar que tipo de vida deve ser mantida ou terminada revela o anseio da humanidade, o desejo de ser igual a Deus (desde o Éden). O desejo de controlar a vida, quando nascer e quando morrer, ainda que aparentemente natural ao homem, é algo que não lhe pertence.

O verdadeiro controlador da vida e da morte: Deus

"Vejam agora que eu sou o único, eu mesmo. Não há deus além de mim. Faço morrer e faço viver, feri e curarei, e ninguém é capaz de livrar-se da minha mão". (Dt 32.39).

A Bíblia nos ensina que Deus criou o homem com o propósito de que este o conheça, tendo condições de adorá-lo (Os 4; 6). Este é o projeto singular para a humanidade que a distingue de todo o restante da criação—ela O adora, mas não mantém um relacionamento íntimo, pessoal, com ele (Sl 19.1-4). Desde Adão e Eva, cabe a humanidade servir ao Deus Criador. Vejamos alguns textos:

- Adão: "Então o Senhor Deus formou o homem do pó da terra e soprou em suas narinas o fôlego de vida, e o homem se tornou um ser vivente". (Gn 2.7).

---

7 Fontoura e Moraes, *Eutanásia e a perspectiva cristã*, 25.

- Eva: "Então o Senhor Deus fez o homem cair em profundo sono e, enquanto este dormia, tirou-lhe uma das costelas, fechando o lugar com carne. Com a costela que havia tirado do homem, o Senhor Deus fez uma mulher e a trouxe a ele". (Gn 2.21,22)

- "Em sua mão está a vida de cada criatura e o fôlego de toda a humanidade". (Jó 12:10).

- "Ele não é servido por mãos de homens, como se necessitasse de algo, porque ele mesmo dá a todos a vida, o fôlego e as demais coisas". "Pois nele vivemos, nos movemos e existimos..." (At 17.25,28).

Fica explícito que o Deus Criador é controlador sobre a vida e a morte; assim, o homem, criado à imagem e semelhança de Deus, algo que o valoriza, executa a sua humanidade quando cumpre sua função de representante de Deus. Porém, a sociedade que busca o desejo de autonomia e bem-estar, nem sempre valoriza a vida e a morte como responsabilidade de Deus, buscando meios de usurpar a posição do criador e sustentador da vida todos os homens, mostrando certos preconceitos que dificultam o enxergar Deus no homem.

Porém, não podemos negligenciar o sofrimento e provação presentes na vida daqueles que desejam a eutanásia ou suicídio. A dor é real e contínua em suas vidas. Por isso a importância de uma teologia bíblica sobre o sofrimento na vida das pessoas.

Sendo a humanidade caída, é natural que o convívio nesse mundo seja em meio a dor e sofrimento (Rm 3.10–12), devido o pecado. Porém, também notamos nas Escrituras o propósito de Deus em purificar e amadurecer o seu povo em meio ao sofrimento (Hc 3.17–19; Rm 5.3–5; Tg 1.2–4). Logo, ainda que a dor e sofrimento sejam enormes, devemos confiar na soberania de Deus, que age na formação de cada filho Seu (Rm 8.28–29).

Sendo assim, o desejo e ato de encerrar a vida devido ao sofrimento, dor ou qualquer outra situação de descontamento são atitudes que podem revelar nosso descontentamento com Deus. O modo como morremos e o modo como vivemos são ambos testemunhos da nossa fé. Encontramos oportunidades de demonstrar nossa dependência de Deus e uns dos outros, exercitar nossa perseverança no meio da adversidade, e dar razão a nossa esperança.

Considerações finais

O tema é polêmico e discutido por várias ciências como a filosofia, a teologia e a ética; porém, do ponto de vista do cristianismo protestante, a Bíblia deixa claro o posicionamento divino ao afirmar que apenas Deus pode conceder a vida e tirá-la, não competindo ao homem legislar em seu favor. Quando o homem, seja por quais motivos, toma para si a posição de juiz sobre quem deve viver ou morrer, revela seu coração idólatra e distante do Criador.

A sociedade moderna julga ter direito ao controle de suas vidas, afirmando o que é melhor ou pior para a vida humana; porém, como no Éden, quando a humanidade em Adão escolheu pelo desejo de "ser igual a Deus", na expectativa de assumir autonomia, o mesmo erro se perpetua até hoje na humanidade. Desejosos de "controlarem" suas vidas, a humanidade, assim como no Éden, se distancia de Deus.

Seguindo a orientação de Paulo aos fiéis em Filipos: "Aguardo ansiosamente e espero que em nada serei envergonhado. Pelo contrário, com toda a determinação de sempre, também agora Cristo será engrandecido em meu corpo, quer pela vida quer pela morte; porque para mim o viver é Cristo e o morrer é lucro". (Fp 1.20–21). Devemos valorizar a vida, pois é o tempo que o Senhor determinou para cada um aqui na Terra.

Nesse cenário o Senhor nos deu a Sua igreja, que é fundamental para aqueles que estão sofrendo. A igreja local é o instrumento de Deus para ministrar uns aos outros (Hb 10.24–25), o cristão é exortado a viver a verdadeira religião, ou seja, cuidar dos órfãos e viúvas. Podemos e devemos como igreja participar ativamente nos casos de pessoas vítimas de abusos, mães solteiras e fetos malformados (Tg.1.27; 2.15–16). A adoção de crianças rejeitadas ou fruto de violência sexual deve ser estimulada em nossas igrejas. O olhar distante e a omissão de assistência àquele que sofre é tão pecaminoso quanto qualquer outro pecado. A assistência, por sua vez, é um ato de adoração assim como louvar, orar, evangelizar e cultuar ao Senhor.

Quanto a não temer a morte, devemos entender que a morte se trata da separação temporária do corpo e da alma (Ec 12.7). Portanto, a morte (separação do corpo e da alma) é algo é certo, pois envelhecemos com o tempo. Mesmo a ciência com toda sua tecnologia não conseguiu interromper o processo natural da humanidade, isto é, o envelhecimento que resulta na morte. Logo, o fim da vida chega quando a morte (separação da alma e do corpo) ocorre, e nada e ninguém pode restaurar essa condição. A morte é a libertação desse mundo de pecado e dor. Porém, cabe ao cristão confiar e servir, desde o início até o fim de nossas vidas. Por isso, temos o propósito de lhe agradar, quer estejamos no corpo quer o deixemos (2 Co 5.9).

8

UMA VISÃO BÍBLICA DO ENVELHECER

Murilo R. Melo

Em 2030, a população mundial acima dos 60 anos de idade chegará a 1,4 bilhão de pessoas. Para colocar isso em contexto, é o equivalente à metade da população mundial de 1955. O número de pessoas acima dos 80 anos de idade deve triplicar nos próximos 30 anos, chegando a 486 milhões de pessoas em 2050. Além do aumento populacional, temos um ainda mais acentuado envelhecimento da população mundial. Entender quem é o idoso biblicamente está cada vez mais importante, assim como definir respostas saudáveis a esse fenômeno mundial.

A Bíblia e os dois lados do envelhecer

A Bíblia é muito realista sobre o envelhecer, não apenas falando para a cultura da época (ou épocas, já que foi escrita durante c.1500 anos) mas também para nós. Por um lado, vemos uma ênfase quanto ao respeito aos idosos e consideração à sua sabedoria (Gn 15.15; Êx 20.12; Jó 12.12). Por outro, a fraqueza e vulnerabilidade da idade avançada (Ec 12.1–7). Essa ambivalência sobre o envelhecimento também está presente na saúde. A Organização Mundial da Saúde (OMS), define saúde como o completo bem-estar físico, mental e social, e não apenas a ausência de doenças. Entretanto, a OMS também define envelhecimento como o acúmulo de lesões moleculares e celulares ao longo do tempo causando declínio gradual na condição física e mental, um risco de doenças aumentado e, ao fim, morte. Envelhecer não é saúde, mas não é doença. Como assim?

A Bíblia começa com a história de Adão e Eva, criados à imagem de Deus para exercer domínio sobre o resto da criação de acordo com a vontade de Deus. Mas esse casal comeu do fruto do conhecimento do bem e do mal, decidindo por eles mesmos o que era bom e mal, de modo desvinculado do bem supremo, o próprio Deus criador. Parte da punição aos nossos primeiros pais foi a morte física (retornar ao pó em Gn 3.19), que acomete todos nós. É nesse contexto que entendemos as bênçãos da idade prolongada às pessoas fiéis a Deus e com um estilo de vida que comprove essa fidelidade (Pr 16.31; 28.12).

Em nossos dias, essa expectativa é distante e fica difícil percebermos uma dificuldade dos judeus da época de Jesus: como o Messias, sendo justo e fiel a Deus, poderia morrer jovem? Com todo o Novo Testamento à nossa disposição, muitas vezes pulamos esse "problema". Mas no Antigo Testamento já vemos a resposta profética no Salmo 89. Este salmo celebra a aliança que Deus fez com a linhagem de Davi (vv. 1–4), especialmente com um de seus descendentes que teria uma relação filial com Deus (vv. 24–28). Entretanto, no versículo 38, o salmista muda de direção, acusando Deus de violar sua aliança, derrubando cada argumento da promessa anterior (vv. 19–37). Isso acontece para o salmista numa situação de desastre. Mas suas palavras acabam acusando Israel, quando adotamos Jesus como o Messias: *"Abreviaste os dias da sua mocidade e o cobriste de ignomínia"* (v. 45). Parece até que Isaías comentava sobre esse Salmo, quando ele profetiza "Certamente, ele tomou sobre si as nossas enfermidades e as nossas dores levou sobre si; e nós o reputávamos por aflito, ferido de Deus e oprimido. Mas ele foi traspassado pelas nossas transgressões e moído pelas nossas iniqüidades; o castigo que nos traz a paz estava sobre ele, e pelas suas pisaduras fomos sarados" (Is 53.4–5).

O apóstolo Paulo esclarece que de modo análogo ao fato da morte ter vindo por um único homem, Adão, a vida também vem por um único homem, Jesus Cristo. Apenas após Jesus derrotar todos seus inimigos no mundo físico e espiritual, a morte será derrotada (1 Co 15.22–26). Essa derrota da morte está ligada a um milagre que é nossa esperança: teremos um corpo glorificado, espiritual e não-perecível, como o de Jesus (vv. 35–58). Note o eco de Gênesis 1.26, mais uma vez, seremos formados à imagem e semelhança de Deus! Jesus, sendo plenamente Deus e plenamente humano, é quem prepara o caminho para que experimentemos isso. Até esse dia, lidaremos com o envelhecimento e a morte. Discutindo essa nova condição, Agostinho diz que não devemos perguntar a Deus "Por que me fez assim?", mas nos tornarmos filhos de Deus pela sua graça ao crermos em Jesus (*Questões* 68.3). Em outra passagem, Agostinho comenta que apenas então poderemos gozar da verdadeira, perfeita e eterna saúde mantida pela força divina, e sempre jovens pela incorruptibilidade eterna (*Carta 130, Para Proba*).

Assim, quando vemos a narrativa bíblica como um todo, existe uma clara mudança de promessas de vida longa para promessas de vida eterna. Essa amplificação de significado está vinculada a crer em Jesus Cristo (1 Jo 5.13), e até mesmo coloca nossa vida presente, terrena, em contraposição a nossa vida eterna (Jo 12.25). Essa mudança de foco espelha Jesus, que deu sua vida por nós para que possamos dar nossas vidas por outros (1 Jo 3.16; Fp 3.10–11). A vida eterna tanto é sem fim quanto qualitativamente melhor, pois contemplamos Deus e gozamos da sua presença (Jo 17.3).

A Igreja primitiva e os dois lados do envelhecer

A estrutura da igreja é pouco descrita na Bíblia, assim temos denominações com diferentes formas de governo. O ponto de governança mais claramente descrito é a liderança. Entretanto, apesar de muito ter sido escrito sobre isso, raramente se lê que os dois ofícios bíblicos são formados em relação ao envelhecimento, cada um focado num aspecto do envelhecer.

Apesar da maioria das igrejas usar o termo "pastor," essa é a palavra em grego menos utilizada para esse ofício (o substantivo *poimēn* é usado apenas uma vez e o verbo correspondente duas vezes). A relação dos pastores com o Bom Pastor, Jesus, é provavelmente a razão dessa popularidade (mais claramente vista em 1 Pe 5.4). Outro termo usado para pastores é traduzido frequentemente como "bispo" (*episkopos*). Entretanto, o termo mais utilizado é ancião (ou presbítero, numa transliteração do grego *presbyteros),* também usado para se referir à idade (Lc 15.25) mas isso ocorria numa cultura de reverência e submissão aos mais velhos (1 Pe 5.5). A igreja usou o termo presbítero numa continuidade com a prática judaica (At 4.5), mas também associando as ideias de ensino e sabedoria que são relacionadas com o aspecto dos idosos serem experientes, com muito a oferecer aos mais novos.

O outro ofício da igreja é o de diáconos (também uma transliteração do grego, *diakonos).* Essa palavra é usada para se referir à atividade de serviço (Lc 17.18), que é a característica desse ofício. O ofício de diaconia começa em Atos 6, quando existe uma queixa quanto ao serviço de servir alimentação às viúvas helênicas. Uma das características lindas desse ofício é sua função de socorrer aos necessitados, quebrando barreiras humanas de divisão dentro do corpo de Cristo. O ofício de diaconia serve os estrangeiros, aqueles diferentes de nós, mas também as mulheres idosas, que frequentemente são esquecidas, negligenciadas. Assim, o ofício de presbítero enfatiza a sabedoria que vem com a idade/experiência, enquanto o de diácono enfatiza a vulnerabilidade e dependência de outros.

Alguns problemas do envelhecimento que vemos na Bíblia e hoje

Na geriatria, falamos dos 7 Ds e 7 Is do idoso. Os 7 Ds são demência, déficits de visão e audição, deficiência nutricional, distúrbios digestivos, depressão, desequilíbrio (quedas) e desprovidos financeiramente. Os 7 Is são imobilidade, incontinência, infecção, insônia, impotência, imunodeficiência, e iatrogenia (problemas causados pelo cuidado à saúde).

A Bíblia mostra alguns desses problemas de forma marcante, retratando como muitas vezes estão relacionados entre si. Poucas histórias são tão emblemáticas quanto a de Isaque. Em Gênesis 27, vemos que Isaque tinha um déficit de visão (v.1), audição (já que não confiava na sua habilidade de distinguir os filhos pelo tom de voz, v.18–22), e provavelmente algum grau de demência (por mais peludo que Esaú fosse, muito dificilmente seria tão peludo quanto um cabrito). No contexto da passagem, a cegueira de Isaque também funciona ao nível espiritual por sua escolha de Esaú por sua comida gostosa, ignorando o que Deus disse.[1] Essa facilidade em enganar o idoso continua nos nossos dias. Em 2021, 92.371 idosos norte-americanos foram vítimas de fraudes resultando em perdas de US$1,7 bilhão. Essas fraudes ocorrem principalmente por pessoas se passando por outras, como por agentes do governo, de lotéricas, etc.[2]

O rei Davi, que na sua juventude era um grande guerreiro e amante, não conseguia se esquentar na velhice. Seus servos encontraram a bela sunamita Abisague para cuidar de Davi e dormir aconchegada a ele para o esquentar. Mas Davi não teve relações sexuais com ela, sugerindo impotência e uma saúde precária (1 Rs 1.1–4). A impotência sexual de Davi é análoga à sua impotência política em não haver nomeado um herdeiro.[3] Hoje em dia, temos medicamentos para impotência sexual, mas a idade causa outros tipos de impotência, como de acompanhar a tecnologia, de locomoção, entre outros. A questão do uso de tecnologia na igreja durante a pandemia gerou oportunidade de ensinar os idosos muitas dessas ferramentas, de modo que pudessem participar dos cultos e outras atividades.

Outro exemplo bíblico é o de Berzilai quando viaja cerca de cinquenta kilômetros para receber Davi como novo rei de Israel, aos oitenta anos de idade (2 Sm 19.32–40). Berzilai havia sustentado Davi, que agora quer retribuir a generosidade e fidelidade do amigo, convidando-o para mudar para Jerusalém onde Davi lhe sustentaria. Berzilai declina o convite, por várias razões relacionadas à sua idade avançada: declínio cognitivo (v.35, capacidade de discernir o bem e o mal), declínio gustativo e

---

1 Kenneth Matthews, *Genesis 11:27–50:26*. Vol. 1B. The New American Commentary (Nashville: Broadman & Holman, 2005).

2 Dados do Conselho Nacional de Envelhecimento dos EUA, citando um estudo do FBI. https://ncoa.org/article/top-5-financial-scams-targeting-older-adults e https://www.ic3.gov/Media/PDF/AnnualReport/2021_IC3ElderFraudReport.pdf

3 Jesse C. Long, *1 & 2 Kings*. College Press NIV Commentary (Joplin, MO: College Press, 2002).

auditivo, sendo um fardo para Davi. Sua justificativa final, entretanto, é a mais interessante para nós, pois ele quer retornar à sua cidade e morrer lá. O idoso tem maior dificuldade em se adaptar a novos ambientes. Perder seus amigos, sua posição elevada na sua cidade, onde era reconhecido, era pesado demais para Berzilai. Quando me mudei para os EUA, para estudar no Dallas Theological Seminary, conversei com minha mãe que o melhor para ela seria continuar no Brasil, falando na sua língua, com seus amigos, atividades nas sociedades médicas, mantendo-se produtiva. A igreja tem grandes oportunidades em cultivar relacionamentos entre idosos e com idosos e outras gerações (Tt 2.3–4), enriquecendo nosso entendimento e gerando acolhimento.

O apóstolo Paulo instruiu Timóteo a honrar as viúvas em necessidade, mas fez um alerta que as viúvas que tivessem filhos ou netos deveriam ser cuidadas pela família (1 Tm 5.3–6). No v.4, somos chamados a aprender pela experiência a praticar piedade para com os da família. Esse verbo "exercer piedade" (*eusebeō*) quer dizer mostrar profundo respeito, devoção a alguém, num sistema de reciprocidade a quem mais lhe beneficiou (uma divindade ou alguém mais velho, nesse caso). Eu tive o privilégio de crescer numa casa com meus pais, minha avó e minha bisavó. Apesar do relacionamento não ser sempre fácil, esse exemplo dos meus pais foi bastante marcante.

Depois de jantar, Jesus foi se preparar para seus momentos finais, sua prisão, tortura e morte. No jardim de Getsêmani, Jesus pediu a seus amigos "A minha alma está profundamente triste até a morte; ficai aqui e vigiai comigo" (Mt 26.38). Apesar dessa passagem não ter nada a ver com o envelhecimento, vemos nela uma atitude de Jesus que é muito importante na nossa discussão. Jesus, sendo Deus todo-poderoso, pediu ajuda, pediu companhia. Se por um lado, o mais jovem deve honra e auxílio, por outro o idoso precisa fazer suas necessidades conhecidas, assim como Jesus. Nos EUA, existe uma relutância grande em pedir ajuda, já que culturalmente a independência é muito forte. Na nossa cultura brasileira, é comum ouvirmos de uma idosa, "Não quero atrapalhar". Jesus nos mostra que devemos pedir ajuda pois nossas fraquezas dão oportunidade a outros de exercitarem sua fé.

Eclesiastes 12 e nossas fraquezas ao envelhecer

O livro de Eclesiastes é um ótimo aperitivo para o Evangelho. Neste livro, o Pregador lida com as vicissitudes da vida, a natureza temporária dos nossos prazeres e conquistas. Em Jesus, somos saciados, preenchidos de uma paz que excede o entendimento. Em relação ao envelhecer, temos muito a aprender nesse livro. Vamos focar no capítulo 12, nos lembrando do que acabamos de ver: nossas fraquezas são bênçãos para os outros, oportunidades para eles crescerem na fé demonstrada no serviço ao próximo. Mas também são bênçãos para nós, pois na nossa fraqueza é que somos fortes, pois buscamos e confiamos no Senhor (2 Co 12.7–10). Vamos ver detalhadamente este capítulo.

"Lembra-te do teu Criador nos dias da tua mocidade, antes que venham os maus dias, e cheguem os anos dos quais dirás: Não tenho neles prazer; antes que se escureçam o sol, a lua e as estrelas do esplendor da tua vida, e tornem a vir as nuvens depois do aguaceiro" (Ec 12.1–2).

A perda de visão é comum em idosos, mas um dado alarmante é que aproximadamente um em cada dez idosos apresenta um distúrbio visual severo (ou até cegueira completa) que poderia ser evitado. No mundo, temos 15 milhões de adultos acima dos 50 anos cegos por catarata quando poderiam ver se fossem operados. Número ainda maior (86 milhões) corresponde a pessoas com cegueira funcional por erro refrativo subcorrigido (i.e., com óculos adequados, poderiam ver bem).[4]

---

4 GBD 2019 Blindness and Vision Impairment Collaborators; Vision Loss Expert Group of the Global Burden of Disease Study. Causes of Blindness and Vision Impairment in 2020 and Trends over 30 years, and Prevalence of Avoidable Blindness in Relation to VISION 2020: the Right to Sight: an Analysis for the Global Burden of Disease Study. Lancet Glob Health. 2021 Feb;9(2):e144-e160. doi: 10.1016/S2214-109X(20)30489-7

"no dia em que tremerem os guardas da casa, os teus braços, e se curvarem os homens outrora fortes, as tuas pernas, e cessarem os teus moedores da boca, por já serem poucos, e se escurecerem os teus olhos nas janelas;" (Ec 12.3)

O Centro de Controle de Doenças dos EUA (CDC) calcula que em 2030, sete idosos morrerão por quedas a cada hora. Aproximadamente 30% dos idosos apresentam dificuldade de locomoção. Um em cada cinco, necessita de algum equipamento de auxílio (como bengalas, que necessitam dos braços—veja o começo do v.3). Outros fatores para quedas são mencionados nesse versículo, a falta de visão e a falta de cálcio/vitamina D. Assim, é muito importante prevenir quedas de idosos com exercícios, alimentação com suplemento de vitamina D3, e avaliação da visão. Alterações estruturais também ajudam, como não ter tapetes leves que podem ficar ondulados, presença de corrimão em escadas e nos banheiros, e piso anti-derrapante especialmente em áreas que podem ficar molhadas, como banheiros.[5]

"e os teus lábios, quais portas da rua, se fecharem; no dia em que não puderes falar em alta voz, te levantares à voz das aves, e todas as harmonias, filhas da música, te diminuírem;" (Ec 12.4)

A perda da audição ocorre em um a cada dez adultos entre 50 e 59 anos (11%), aumentando para 40% acima dos 65 anos, e chegando a 80% entre os com mais de 85 anos de idade. Uma minoria utiliza aparelhos de audição, que poderiam melhorar muito sua comunicação. A palavra de Deus deve ser ouvida quando possível. Devemos ajudar os idosos de nossas igrejas a ouvirem bem. O Pregador continua, com a dificuldade de dormir que acomete um a cada três idosos. A má qualidade de sono aumenta o risco de quedas, de depressão e até mesmo de demência.

---

5 Tricco AC, Thomas SM, Veroniki AA, Hamid JS, Cogo E, Strifler L, Khan PA, Robson R, Sibley KM, MacDonald H, Riva JJ, Thavorn K, Wilson C, Holroyd-Leduc J, Kerr GD, Feldman F, Majumdar SR, Jaglal SB, Hui W, Straus SE. Comparisons of Interventions for Preventing Falls in Older Adults: A Systematic Review and Meta-analysis. JAMA. 2017 Nov 7;318(17):1687-1699. doi: 10.1001/jama.2017.15006. Erratum in: JAMA. 2021 Apr 27;325(16):1682.

"como também quando temeres o que é alto, e te espantares no caminho, e te embranqueceres, como floresce a amendoeira, e o gafanhoto te for um peso, e te perecer o apetite; porque vais à casa eterna, e os pranteadores andem rodeando pela praça;" (Ec 12.5)

Quase metade (42%) dos idosos apresentam alguma limitação funcional em atividades de vida diária, sendo que um quarto (26%) apresenta dificuldade em duas ou mais dessas atividades. A sarcopenia é o processo de perda de massa muscular que é característico do envelhecimento, mas pode ser retardado com exercícios (musculação bem orientada).

Uma das curiosidades poéticas dessa passagem é a democratização do envelhecimento, atingindo ambos os sexos e todas as classes sociais (Tabela 1).

Metáfora	Referente (biológico) da metáfora	Expressão em hebraico aponta para
Guardas da casa	Braços / mãos	Servo (masculino)
Homens fortes	Pernas	Senhores donos das terras
moedores	Dentes	Serva moendo grãos
As que olham pela janela	Olhos	Senhora (dona da casa)

Diante desse cenário, o Pregador chega à conclusão que o melhor é temer a Deus e seguir seus preceitos, pois ele nos julgará (vv. 13–14). A situação da humanidade aqui na terra é difícil. Não fomos criados para a mortalidade, mas para aquilo que perdemos em Gênesis 3: deleite eterno na presença de Deus. Aguardamos a vinda de Jesus, quando não haverá mais lágrimas, nem morte. Maranata!

9

A FÉ CRISTÃ DIANTE DO TRANSUMANISMO

Filipe Ferreira Soares

O apóstolo Paulo ao escrever à igreja de Filipos nos apresenta a visão de vida que todo cristão deveria pretender: "porque para mim o viver é Cristo e o morrer é lucro" (Fp 1.21). Uma vida em abundância aqui, mas vivenciada com anseios pela eternidade com Deus. Pensar assim, além de ser um exercício na esfera espiritual, encara a oposição da cosmovisão do presente século: a busca pela vida eterna nessa carne. Eis que falamos de transumanismo. Este apresenta-se como opção a solucionar um dos maiores dilemas do homem: a morte. Como o próprio nome sugere, é considerado uma ponte filosófica entre o humanismo e o pós-humanismo. O primeiro, a origem, o segundo, o objetivo. Apesar do aspecto fictício, a proposta está relacionada à construção de uma humanidade evoluída, rompendo limites e alcançando a perfeição. O humanismo "*situando-se explicitamente na tradição do humanismo clássico, o do Iluminismo europeu*"[1], propõe a doutrina filosófica que coloca o homem como centro do universo. Com a ascensão da racionalidade e a anulação de questões místico-espirituais, ele se contrapõe ao sobrenatural. Com o transumanismo buscando o homem pós-humano, as questões metafísicas perdem sua voz, a menos que se espiritualizem as máquinas. O estudioso transumanista Max More, filósofo futurista inglês, apresenta

---

1 Luc Ferry, *A revolução transumanista* (Barueri, SP: Manole, 2016), xl.

as relações entre as filosofias: humanista e transumanista. Nesse sentido, defende que "*o transumanismo compartilha muitos elementos do humanismo, incluindo um respeito pela razão e pela ciência, um compromisso com o progresso e uma valorização do humano (ou transumano) nesta vida, em vez de em alguma "vida após a morte" sobrenatural"*[2].

A religião enfrenta hoje, mais do que nunca, oposição declarada no mundo da ciência e da tecnologia. Ela remete o homem a uma esfera espiritualizada, distanciando-o da razão. Ao analisar Karl Marx e Friedrich Engels, More propõe que eles "…viam a religião como parte de uma ideologia que racionalizou o posição da classe dominante, ensinando aos sujeitos as virtudes da mansidão, humildade, obediência, não resistência e não retaliação"[3]. A extensão da vida aqui vai na contramão das propostas religiosas. A passividade para com a morte deve ser anulada. Por que não prolongar ou eternizar esse corpo materializado, elevando-o cada vez mais à perfeição?

Diante disso, o pensamento transumanista coloca-nos numa revolução quanto a valores e objetivos sociais. Isso implica em mudanças em diversas áreas. Segundo Luc Ferry o transumanismo abrange um amplo projeto de melhoria da humanidade atual em todos os aspectos: físico, intelectual, emocional e moral, graças aos progressos das ciências e, particularmente, das biotecnologias.[4] Do mesmo modo, More reforça o progresso do tema olhando as "possibilidades de nossas vidas resultantes de várias ciências e tecnologias, como neurociência e neurofarmacologia, extensão de vida, nanotecnologia, ultra inteligência artificial e habitação espacial, combinada com uma filosofia racional e sistema de valor"[5].

---

2 Max More, "Transhumanism: Towards a Futurist Philosophy," 1996, 1. https://web.archive.org/web/20051029125153/http://www.maxmore.com/transhum.htm.

3 More, *Transhumanism*, 2.

4 Luc Ferry, *A revolução transumanista* (Barueri, SP: Manole, 2016), 1.

5 More, *Transhumanism*, 2.

As propostas transumanistas

Identificado como H+, o transumanismo propõe a construção do homem além do homem. Uma filosofia que entende que o ser humano não é o fim da evolução, mas uma fase precoce. Ela busca o progresso da vida inteligente, onde um dia poderá prescindir do corpo, superando limites através de tecnologias já citadas acima. Assim, chegaríamos no pós-humanos, ou seja, seres com uma melhor condição genética, aperfeiçoada aumentando a duração da vida (ou atingindo a imortalidade), aperfeiçoamento dos limites dos sentidos e desenvolvimento de tecnologias para construção de máquinas pensantes.

A sistematização dos pensamentos transumanistas teve suas origens em F. M. Estfandiary. Ele introduziu o termo em 1989 e propõe o homem como a primeira categoria evolutiva e o estilo de vida presente hoje em nossa sociedade como um apontamento do que está por vir. O uso de próteses, cirurgias robotizadas, telecomunicações, uma visão de grandes cidades, reprodução mediada, ausência de crenças religiosas e a rejeição dos valores tradicionais da família já representam o homem do futuro.[6]

O transumanismo moderno foi apresentado um ano depois por Max More no ensaio "Transhumanism: Toward a Futurist Philosophy". Em março de 2002 o *"Manifesto Transumanista"* (documento assinado por ele e por Nick Bostrom) propôs em diversas esferas, elementos da potencialização do ser humano por meio da tecnologia e da ciência.

Percebemos com isso que há muitos anos vivemos de uma certa forma o transumanismo. A ciência e a tecnologia fazem parte de nossa rotina. Os smartphones, por exemplo, refletem em muito as propostas transumanas quanto à facilitação da vida com o auxílio da tecnologia e hoje, principalmente nas grandes cidades, dificilmente alguém não o tenha em seu dia a dia. As cirurgias cada vez mais robotizadas, os casais que fazem uso de reproduções assistidas (seja por dificuldades físicas ou por estética/

---

6 Nick Bostrom, *"The Transhumanist FAQ"*, 2003, p7, https://www.nickbostrom.com/views/transhumanist.pdf

escolhas quanto ao bebê) são demonstrações do quanto o transumanismo já está entre nós.

No entanto, o movimento transumanista de hoje caminha na direção de uma terceira revolução industrial conhecida entre os futuristas pela sigla NBIC—i.e., Nanotecnologia, Biotecnologia, Informática e Cognitivismo (ou inteligência artificial). Luc Ferry propõe pensarmos no transumanismo em duas vertentes: transumanismo biológico em que torna o humano mais humano e o trans/pós-humanismo com a proposta tecnológica híbrida "homem/máquina" unindo a robótica e a inteligência artificial ainda mais que a biologia[7]. Este segundo tem como um de seus ativistas Ray Kurzweil, diretor da Universidade da Singularidade, relacionada com o Google. Ele assegura que em algum tempo o homem biológico será superado pelas máquinas. Elas teriam autonomia com volição, sentimentos e, segundo Kurzweil, até espiritualidade. Seguindo esse pensamento, não falamos mais de aperfeiçoamento do humano, mas substituição deste pelo homem cibernético, o que para muitos seria uma ameaça à humanidade.

Se analisarmos a humanidade, sua auto degradação e destruição de seu meio ambiente o transumanismo apresenta-se como salvação a um planeta fadado à ruina. Conforme Stephen Lilley,

"Os transumanistas oferecem uma visão esperançosa em um momento em que as coisas poderiam ser melhores. Enfrentamos guerras intermináveis, escassez de alimentos e água, aquecimento global, instabilidade econômica, violência sem sentido, e muitos de nós temos pouca fé que as instituições sociais atuais possam lidar com esses problemas"[8].

---

7 Luc Ferry, *A revolução transumanista* (Barueri, SP: Manole, 2016), 6.
8 Stephen Lilley, *Transhumanism and Society: The Social Debate over Human Enhancement* (New York: Springer, 2013), 2 (tradução minha).

A ética e o transumanismo

Uma das temáticas abordadas nessa relação é o desenvolvimento das capacidades cerebrais. O famoso Elon Musk tem trabalhado em chips para desenvolvimento de capacidades cognitivas. Através da sociedade neurotecnológica (Neuralink) implantou um chip em um macaco tornando esse capaz de executar comandos em jogos eletrônicos. A revista *MIT Technology Review* publicou em 2021 um artigo referenciando um jovem americano, Nathan Copeland, paraplégico, desafiando a Neorolink a uma partida virtual contra o macaco.[9]

Todas estas questões abrem nossos olhos a aspectos mais profundos do que o posso/não posso. Ao enfrentarmos uma situação específica, a ética nos obriga a avaliarmos nossa permissibilidade no fazer, nossa volição diante da opção e nosso dever para com o todo. Não podemos anular o fato de que o transumanismo ultrapassa diversas barreiras da ética político/social/familiar que rege nossa cultura social.

Como um homem eterno viveria em uma sociedade limitada ao tempo? Através da cura pela ciência o dinheiro compraria a eternidade. Pensemos num conflito ético relacionado à genômica: o homem com recursos em suas mãos adquire tratamentos personalizados, pois o mapeamento genético aponta falhas que geram doenças; quem possuir o bastante viverá para sempre. Um mapeamento genético nas mãos de uma seguradora poderia gerar conflito de interesses, levando diversas pessoas a nunca conseguirem um seguro de vida. Num outro aspecto, a eugenia que, por exemplo, um dia propôs a supremacia branca pode ganhar novas formas: discriminação baseada na ciência-seleção dos mais fortes. Nada muda; a raça humana em diversos momentos da história cria seus preconceitos e ideais de raça pura ou aperfeiçoada. Com o transumanismo estaríamos caminhando numa direção similar, não totalitária ou exterminadora, mas condicionante e seletiva. Se com a edição genética o aperfeiçoamento é possível, mas por um preço, o problema ético social

---

9 Revista eletrônica *MIT Technology Review* (7 de junho de 2021): https://mittechreview.com.br/um--homem-paralisado-esta-desafiando-o-macaco-da-empresa-neuralink-a-uma-partida-mental-de-pong/.

fica latente: os mais ricos terão genomas mais fortes. A disparidade eco-
nômico/social só tende a aumentar.

Indo além do dinheiro, poderíamos falar sobre as propostas hedonis-
tas que o transumanismo carrega. A ciência traria a qualidade de vida
perfeita: sono, vitaminas, farmacoterapia, ciência a meu serviço, desejos
satisfeitos. Nessa visão de mundo, tudo está para me servir. Sendo assim,
alguém que deseje filhos com qualidades ou estética específicas pode pro-
gramar os filhos *ideais*.

Mas quem disse que essa perfeição será a requerida por eles um dia no
futuro, quando puderem opinar? E a subjetivação? Dentro das questões
paternais ainda, outro dilema pai/filho poderia surgir: se o pai é eterno,
não existe transmissão de vida em diversos aspectos: o que é dele, nunca
será dos filhos. Isso geraria um problema na relação paternal: por que
investir em educação do outro se o dinheiro precisa ser controlado para
minha eternidade, por exemplo? Olhando desta perspectiva, o homem
entra em xeque diante do objetivo pós-humano, pois sua singularidade e
subjetivação perdem a naturalidade.

Outro dilema ético está relacionado ao tema *felicidade*. Um homem
que possui tudo terá felicidade? Segundo Freud, "podemos dizer que
a intenção de que o homem seja feliz não se acha no plano da Criação. Aquilo a que chamamos felicidade, no sentido mais estrito, vem
da satisfação repentina de necessidades altamente represadas".[10] Assim,
a felicidade viria de desejos supridos. Se o futuro promete anulação de
necessidades caminhamos a uma sociedade infeliz? Luiz Borges, escritor
futurista argentino, num conto sobre a imortalidade diz: *"Conversei com
filósofos que sentiram que prolongar a vida do homem era prolongar sua agonia e multiplicar o número de suas mortes"*[11]. A fábula do dragão-tirano de
Nick Bostrom sempre usada como referência por transumanistas apresenta um dragão (a morte) que diariamente devora diversos humanos.
Os que ainda não foram devorados ficam numa jaula sofrendo (vida),
aguardando esse momento. Por que não matar o dragão então?

---

10 Sigmund Freud, *O mal-estar na civilização* (São Paulo: Ed. Schwarz, 2010), 21.
11 Luiz Borges, *O Aleph* (São Paulo: Companhia das Letras, 2008), 12.

Com a morte física ainda intransponível, outras opções são buscadas. Musk propõe **a imortalidade transferindo informações do cérebro para o computador**. Nesse projeto a ideia seria separar o cérebro do corpo abrindo espaço para uma vida digital e "eterna". Seria possível separar corpo e alma? Esse tema é recorrente na agenda transumanista e diante dessa discussão, alguns questionam se deveríamos, como sociedade, abraçar esses valores.

Transumanismo e a Bíblia

Deus está aberto, melhorando e se adaptando conforme a criação o faz. ...devemos arriscar como Deus arrisca, e uma IA [Inteligência Artificial] fora de controle certamente nos mostraria que não estamos no controle, mas devemos estar abertos. Essa postura difere significativamente do que estou argumentando: devemos resistir às liturgias de controle não porque Deus é aberto e arriscado, mas porque Deus está no controle e nós não. Na verdade, exagerar a capacidade que a IA ou AGI pode ter de "assumir" é outra postura que pode diminuir a soberania de Deus.[12]

Diante do exposto existe alguma conciliação com a cosmovisão bíblica? Há quem se empenhe por fazê-lo, todavia ferindo princípios divinos deixados nas Escrituras.

Sendo assim, apresentamos uma resposta cristã tendo como pressuposto a visão antropológica que entende o homem criado à imagem de Deus, todavia corrompido pelo pecado (Gn 1–3). Considera-se também a autoridade das Escrituras em sua literalidade, inspiração e autoridade (Hb 4.12 e 2 Tm 3.16–17). O mundo desde a sua criação caminha em degeneração causada pelo pecado original que destinou o homem à morte (Rm 6.23).

De uma perspectiva da escatologia parte-se da convicção de que Deus tem o futuro planejado para a humanidade, definindo o tempo e propó-

---

12 Jacob Shatzer, *Transhumanism and the Image of God* (Downers Grove: InterVarsity Press, 2019), 124.

sito para cada geração. Sabe-se da apostasia dos últimos dias (1 Tm 4.1) e a cada dia mais presencia-se o distanciamento do homem para com Deus. Todo esse tema envolve obviamente a questão do futuro. Seus grandes precursores são intelectuais de universidades de primeira linha como Oxford, Stanford, Massachusetts Institute of Technology (MIT), e Harvard. Eles oferecem "uma visão secularizada do futuro, [e] uma escatologia alternativa... A Bíblia promete o mesmo por meio de Cristo. Essas duas visões não são compatíveis e uma colisão cultural será inevitável"[13]. Aqui já fica latente o debate que se abre entre Transumanismo e Cristianismo.

Transumanistas são majoritariamente ateístas ou agnósticos. Logo, a visão de Deus e tudo relacionado a Ele é nula. O entendimento antiteísta de que o homem pode estar no controle e definir seu rumo entra em conflito com a soberania divina apresentada pelas Escrituras (veja Sl 139.13–16; Dn 7.27). Neste aspecto, questões relacionadas a parte imaterial do homem e seu destino nos levam ao dilema: há como conciliar Cristianismo e Transumanismo? Pont Xavier, escritor espanhol, ao escrever uma ficção futurista baseada em valores transumanistas, inicia o livro com os questionamentos: *de onde viemos? quem somos? para onde vamos?*[14] Não há como falar de transumanismo sem entender a objetivação da vida. Os que propõe uma conciliação entre transumanismo e cristianismo entram em colapso dentro de suas teorias. Como exemplo, Frank Tipler (que chama-se cristão), físico-matemático norte-americano, propõe o uso de tecnologia para ressureição dos mortos[15]. A tentativa de conciliação parece gerar um desastre maior. Sendo assim, o transumanismo apresenta sua fé devotada na ciência e suas possibilidades.

A morte não tem sua origem nas limitações genéticas; o pecado, que gerou a morte é o motivo de tais imperfeições. Os apontamentos nos defeitos do DNA humano não anulam sua real origem: o pecado (Rm 6.23). Independente do quanto os transumanistas desejem que a imortalidade

---

13 Chris Putnam, "O transumanismo e suas implicações religiosas, políticas e sociais." *Forcing Change*, 2012). Vl. 6, 4ª ed, 2012. https://www.espada.eti.br/fc-4-2012.asp.

14 Pont Xavier. *Transhumanos* (Girona: VITI Agência Creativa, 2020), 26.

15 Frank Tipler. *A física da imortalidade: cosmologia moderna, Deus e a ressurreição dos mortos.* (Lisboa: Bizâncio, 2003), 45.

venha a ser realidade, a possibilidade não anulará a morte (Hb 9.27). Esse estado pertence a Cristo (Ap 20.14). A Bíblia traz ao cristão princípios atemporais e perfeitos, definidos por estatutos divinos (2 Tm 3.16).

Não podemos negar, mesmo como cristãos, que muito do que o transumanismo propõe trouxe, traz e trará progresso a uma melhor qualidade de vida. A graça comum, dons de Deus dados a todos os homens (Mt 5:45) presente nas diversas esferas da sociedade, se revela na ciência e na tecnologia trazendo benefícios. O problema surge quando diante da capacidade doada por Deus homens mortais pensam poder usurpar um lugar que somente é devido a Ele. Friedrich Nietzsche falou sobre a morte de Deus. Viveríamos uma segunda etapa desse processo?

Deus é Aquele que dá e tira a vida (Jó 1.21, 1 Sm 2.6). Segundo Ray Kurzweil e Yuval Noah Harari, apóstolos do transumanismo, a nanotecnologia levará o homem à imortalidade.[16] Sabemos que o sopro divino da vida em Adão fez a matéria criada com código genético surgir do barro (Gn 2.7). Não há como separar material do imaterial. O sopro da vida impulsionado por Deus foi sobre o barro, "tornando o homem alma vivente". Não há como transferir o dom da vida à uma máquina.

O transumanismo assume a evolução como verdade, anulando a verdade histórica de Gênesis 1 e 2. O transumanismo promete moldar a humanidade e sua evolução por meio da tecnologia. Sabemos que a humanidade é definida por Deus. Onde a linha extrapola? Partindo das Escrituras, quando uma escatologia é preterida por aqueles que são criaturas mortais, condenadas ao juízo divino (Rm 2.16, Hb 4.13 e 9.27). Assim como na Torre de Babel, muitos entendidos deste século, cegos pelo príncipe deste mundo (2 Co 2.4), pensam ter o poder em suas mãos. Nada foge ao controle do Todo Soberano e temos um futuro planejado (Pv 15.3, Is 46.10). Não sabemos até onde o olhar divino permitirá o progresso nas questões da ciência e da tecnologia, mas sabemos que Deus não muda (Tg 1.17), que os dias do homem estão determinados antes

---

16 Veja Ray Kurzweil, *The Age of Spiritual Machines* (New York: Viking, 1999) e *Singularity Is Near* (New York: Viking, 2005); e Yuval Noah Harari, *Homo Deus: a Brief History of Tomorrow* (London: Random House, 2017).

mesmo deste vir a existir (Sl 139.13–16) e que Deus tem um plano literal para o destino da humanidade descrito em sua Palavra: vida eterna para os que receberam a vida em Cristo e tormento eterno aos incrédulos (Mt 25.46). Triste se torna pensar que muitos grandes intelectuais que planejam a vida eterna nessa terra já vivem a morte em seu interior.

Tratando de questões genéticas, há muito a ser debatido. O mapeamento genômico auxilia no tratamento precoce de doenças. "Até doenças resultantes da conjugação de vários genes, como aterosclerose, asma, diabetes, câncer, distúrbios psiquiátricos e doenças do coração poderão ser compreendidas e tratadas por meio de terapias genéticas."[17] Em fim, o homem é convidado a depender de Deus e confiar em sua soberania na criação.

Conclusão

Diante de um mundo tecnológico, o cristão não tem para onde fugir. O próprio Jesus disse: *"Não rogo que os tires do mundo, mas que os protejas do maligno"* (Jo 17.15). Devemos clamar por sabedoria para decidirmos como igreja a forma coerente com as Escrituras. Para isso, devemos estar atualizados e termos em nosso meio pessoas cristãs que se empenhem a ser referência nos campos da ciência e tecnologia. Assim, nossa voz se tornará efetiva. Caminhamos no campo da fé. Há lugar para a ciência, mas quando essa se propõe a explicar, não a decidir por seus meios ou caminhar por seus objetivos. Os transumanistas têm outras respostas às questões centrais da existência, outras metas de vida. Podemos aproveitar dos benefícios do caminho sem nos conformamos com o destino. Devemos ouvir, mas articular a fé cristã com respeito e intrepidez. O cristão não foi chamado a buscar a imortalidade. Ele já tem a eternidade!

---

17 Veja *Chromosome Medicina Genômica.* https://chromosome.com.br/materias/mapeamento-genetico--detecta-doencas-mas-deve-ser-feito-junto-com-aconselhamento-profissional/.

PARTE 3

DOUTRINA BÍBLICA SOBRE O INDIVÍDUO EM SEUS RELACIONAMENTOS HUMANOS

HOMEM E MULHER: O IDEAL (GN 1-2), A DISTORÇÃO (GN 3), E VISÃO CRISTÃ PARA HOJE

Cidrac Ferreira Fontes

O objetivo central desse capítulo é apresentar o ideal de Deus para o homem e a mulher com base em Gênesis 1.26-27 e refinado em Gênesis 2.4-25. Outro objetivo é mostrar que os textos bíblicos concernentes à visão cristã para hoje, apontam que em Cristo, os relacionamentos saudáveis e puros podem ser desfrutados tanto na esfera do casamento como entre pessoas solteiras.

Geralmente quando lemos Gênesis 2.4–25, refletimos na razão do autor repetir a criação do homem e da mulher descrita em Gênesis 1. Gênesis 1.26-27 fornece uma lente, a da igualdade ontológica do homem e da mulher; no entanto, o capítulo 2 oferece outra lente, não contraditória, mas em certa medida em tensão com 1.26-27. Em Gênesis 2, parece que o objetivo é apresentar mais uma ordem funcional do homem e da mulher. Segundo Desmond Alexander, enquanto o primeiro relato (Gn 1.1–2.3), apresenta o quadro cósmico da atividade divina, o segundo tem um foco mais terreno (Gn 2.4-25).[1] Embora os dois relatos da criação da humanidade difiram em estilo, eles se complementam pela ênfase no relacionamento especial entre o Senhor Deus e o primeiro casal. Em Gênesis 2, o autor apresenta detalhes da criação do homem e

---

1 T. Desmond Alexander, *Do paraíso à terra prometida*, (São Paulo: Shedd publicações, 2010), 61.

da mulher; o homem é criado primeiro e a ele é dado a ordem de não comer da árvore do conhecimento do bem e do mal, e então Deus criou Eva. Somos informados pelo texto sagrado que o homem e a mulher não foram criados pelo poder da *palavra falada,* como foram todos os outros elementos criados por YHWH. O texto diz que Adão foi modelado por Deus e o fôlego de vida foi soprado nas suas narinas. A partir daí o homem foi feito alma vivente e foi colocado no jardim como o vice regente do Criador. Em Gênesis 2, também somos notificados que o estado de solidão do homem não representava o padrão ideal de Deus. Podemos ler no v.18, que Deus ao contemplar o homem disse: *não é bom que o homem esteja só.* Essa afirmação de Deus nos conduz a uma reflexão sobre relacionamentos verdadeiros e autênticos, como o ideal de Deus para o homem e mulher.

Em Gênesis 3, o autor mostra a distorção do plano original e suas consequências. Segundo Andreas Köstenberger, homens e mulheres deveriam viver a diversidade de gênero na unidade, mas a queda destruiu essa perspectiva. A dominação masculina e feminina são alguns dos extremos resultantes das relações de gênero fragmentadas. Somente aqueles redimidos em Cristo podem recuperar e desfrutar do ideal de Deus.[2] Essa restauração do *ideal* de Deus é descrita e expandida no Novo Testamento como um padrão para uma vida cristã.

O Ideal (Gênesis 1-2)

Timothy Keller levanta uma questão sobre o estado de solidão de Adão: "Como era possível que Adão estivesse numa condição que não era boa se estava num mundo perfeito e tinha um relacionamento perfeito com Deus? A resposta está na declaração em Gênesis 1.26: *façamos o homem a nossa imagem.*[3] Nesse texto, encontramos pela primeira vez Deus usando o termo no plural para referir à criação do homem e da mulher,

---

2 Andreas J. Köstenberger, 10 Things You Should Know about the Bible's Teaching on Men and Women, https://www.crossway.org/articles/10-things-you-should-know-about-the-bibles-teaching-on-men-and-women/

3 Timothy Keller, O significado do casamento, (São Paulo: Vida Nova, 2012), 134-135.

todos os textos anteriores que fazem alusão à criação apresentam-se na terceira pessoa do singular. A grande maioria dos Pais da igreja interpretam a expressão "Façamos" (Gn 1.26) como se referindo ao Deus Trino.

Isso parece um paradoxo e pode confundir algumas pessoas, uma vez que aprendemos que somente em Deus encontramos pleno descanso e paz para nossa alma. Todavia, quando examinamos esse texto à luz de outros textos, especificamente no Novo Testamento, concluímos que Deus nos criou com capacidade e necessidade de relacionamentos. A fonte desse relacionamento é o próprio Deus Trino. No livro *A Trindade, a igreja e a realidade social,* os editores Scott Horrell e Murilo Melo, mencionam que os relacionamento entre as pessoas da Trindade, é refletido, de alguma forma, quando os seres humanos, em seus relacionamentos pessoais, trocam experiências de comunicação, respeito, amor e apoio mútuo.[4] Horrell ainda amplia esse estudo:

> No Deus Triúno há comunicação, comunhão e amor — logo há plenitude e riqueza de relacionamentos pessoais — entre o Pai, o Filho e o Espírito Santo. Em nosso século muitos declaram que os relacionamentos humanos são vazios, que o amor é apenas produto de hormônios biológicos, e que a linguagem é sem significado, impossibilitando a comunicação com uma outra pessoa. No meio destas afirmações anti-humanitárias, a fé cristã proclama que a comunicação, a comunhão e o amor (incluindo o ato físico) — atos profundamente humanos — assumem um significado profundo quando entendemos que o homem foi criado por um Deus infinitamente pessoal.[5]

Podemos ler em Gênesis 1.26, que sozinho o homem apresentaria certas dificuldades para expressar alguns aspectos da *imago dei* (diversidade, comunhão, relacionamentos). Wayne Grudem diz que a "criação de duas pessoas distintas, homem e mulher, contribui para sermos à imagem de

---

4 J. Scott Horrell e Murilo R. Melo, A Trindade, a igreja e realidade social, (Porto Alegre: Chamada, 2021), 73.

5 J. Scott Horrell, *Uma cosmovisão Trinitária*, Teologia Brasileira 23, 2013, 86.

Deus, e isto reflete em certo grau a pluralidade de pessoas dentro da Trindade. Assim como havia comunhão, comunicação e compartilhamento na Trindade antes da criação, também Deus criou Adão e Eva de forma que ambos pudessem compartilhar esse amor no relacionamento."[6]. Entretanto esse padrão ideal é revelado somente em Gênesis 2, onde o texto mostra que o papel do homem e da mulher era para que ambos se tornassem uma só carne. Por outro lado, uma razão da criação ordena que ambos fossem vice-regentes da terra e se multiplicassem.

Certamente a ideia de unidade, amor e comunhão entre Adão e Eva sobrepõe aos limites do casamento e cobre todos relacionamentos pessoais. O relacionamento entre Adão e Eva em Gênesis 2, informa o padrão ideal de Deus para que os relacionamentos entres pessoas (casadas ou solteiras), sejam definidas por comunhão, comunicação, respeito e amor. Provavelmente, essa ideia de Adão e Eva como referência de relacionamentos "para casados e não casados" é esclarecedor para àqueles que optaram pelo solteirismo. Isso implica que as pessoas solteiras, podem desenvolver profundos e puros relacionamentos pessoais à luz de uma identidade restaurada em Cristo. Köstenberger diz que as pessoas nessa condição podem ainda desfrutar de mais tempo para a oração e necessidades de outras pessoas.[7] Em outras palavras, os solteiros podem dedicar mais tempo à comunidade e convívio com irmãos.

Segundo David Merkh, outra razão é que o homem sozinho teria dificuldade como vice-regente, para cuidar e cultivar do jardim.[8] A distinção de papéis é clara em Gênesis 2, e o homem e a mulher a exercem em amor. Da mesma forma, essa funcionalidade é esperada em todos segmentos da sociedade, família, liderança e igreja. Sozinho, além de Adão não poder comunicar, amar e compartilhar, ele não teria outro ser que o ajudaria a cumprir a missão dada por Deus. Então Deus decide fazer a mulher, *far-lhe-ei uma auxiliadora idônea* (Gn 2.18). Nos chama

---

6 Wayne Gruden, Teologia sistemática, 2 ed. (São Paulo: Vida Nova, 2010), 374.

7 Andreas J. Köstenberger, *Deus, casamento e família: reconstruindo o fundamento bíblico,* (São Paulo: Vida Nova, 2012), 181.

8 David Merkh, *Lar, família & casamento,* (São Paulo: Hagnos, 2019), 54.

atenção o termo que Deus usa para falar da qualificação da mulher. O hebraico usa a palavra *'ezer*, que significa auxílio, ajuda, apoio, defesa e proteção, o que não refere subordinação necessariamente, uma vez que essa expressão também é usada com relação a Deus (Êx 18.4; Sl 27.9).

A distorção (Gênesis 3)

Em Gênesis 3, após Eva seguir a serpente e Adão seguir Eva, e ambos comerem o fruto do bem e do mal, identificando o que é bom e mal sem referência ao bem supremo que é Deus, eles se acusam e finalmente são amaldiçoados. Esse pecado original e sua consequência (maldição) geram distorções em diversas esferas da vida tanto do homem quanto da mulher. No tópico anterior, observamos que o plano original de Deus para o homem e a mulher é que ambos desfrutassem de um relacionamento puro e verdadeiro.

O ideal de Deus que foi distorcido é o *relacionamento*. O homem antes da queda compartilhava com sua mulher o serviço em amor e doação. Após o pecado, o padrão de Deus era que Adão continuasse com sua mulher, porém a queda resultaria em severas consequências nos relacionamentos entre o homem e a mulher. A distorção causada pela desobediência, afetou outras áreas do homem e da mulher, mas a quebra da harmonia relacional é a que mais trouxe dor e consequências ao convívio[9]. A mulher que outrora, deveria auxiliá-lo nas diversas atribuições e apoiá-lo em amor, agora resistiria à liderança de Adão, que já não exercia uma autoridade alinhada com o propósito original de Deus. Gênesis 3. 16 diz que ele te dominará, o verbo hebraico traz a ideia de *dominar, reger com mão de ferro*. Assim o texto está afirmando que o homem teria uma autoridade abusiva, violenta e tirana sobre sua mulher. Segundo John Piper, o pecado ao entrar no mundo arruinou a harmonia do casamento não por ter trazido à existência a liderança e a submissão, mas porque transformou a liderança humilde e amorosa do homem em dominação

---

9 As outras áreas afetadas pela queda são: a mulher continuaria a dar luz a filhos, mas passaria a ter dores físicas, o homem continuaria extraindo o fruto da terra, mas a terra estaria cheia de ervas daninhas e espinhos, isso geraria suor e fatiga para que o homem pudesse obter seu alimento diário.

hostil de uns e na indiferença indolente de outros.[10] A liderança masculina e a submissão não foram criado pelo pecado, mas o pecado distorceu e corrompeu o significado desses termos, de forma que hoje esses termos podem representar *autoritarismo e subserviência*. Ainda segundo Köstenberger, a harmonia amorosa é substituída por um padrão de conflito no qual a mulher procuraria exercer controle sobre o marido. Ele reagiria afirmando sua autoridade, tentando dominá-la.[11] Essas consequências podem ser observadas nos capítulos subsequentes de Gênesis 4-5.

Da mesma forma que a unidade de Adão e Eva apontava para um padrão puro de comunhão e relacionamento esperado por Deus entre as pessoas, a quebra de relacionamentos entre Adão e Eva respingou em todos seres humanos duras consequências. A partir de Adão e Eva a semente da discórdia e relacionamentos feridos foi disseminada na sociedade. É fácil perceber o quanto o ser humano tornou-se distante da *imago dei*, basta uma leitura no capítulo subsequente à queda, para verificar a crise instalada nos relacionamentos pessoais: Caim e Abel (Gn 4.1-10); Lameque (Gn 4.23–24); sequência de mortes (Gn 5); maldade na terra e dilúvio (Gn 6–9); Torre de Babel—embora benção ou maldição não sejam explicitamente mencionadas na história da torre de babel, evidencia-se pela conclusão que a que a criação de línguas impediu os seres humanos a viverem em harmonia (Gn 11.1–9).[12]

A visão cristã para hoje

O padrão cristão para os dias atuais é encontrado em Cristo. Em Mateus 12.46-50, Jesus usa o exemplo de ser pertencente à sua "família", a todos que desejam ser seus seguidores. Esse texto mostra um convite de Cristo para que seus seguidores desfrutem de um relacionamento fraternal na comunidade. É importante reafirmar que entre os seguidores, havia várias mulheres conforme Lucas 8.1–3 que afirma: "Depois disso

---

10 John Piper, *Casamento temporário, uma parábola de permanência*, 2 ed. (São Paulo: Cultura Cristã, 2013), 72.

11 Andreas Köstenberger, *Deus, casamento e família*, 32.

12 T. Desmond Alexander, *Do paraíso à terra prometida*, 64.

Jesus ia passando pelas cidades e povoados proclamando as boas novas do Reino de Deus. Os Doze estavam com ele, e também algumas mulheres que haviam sido curadas de espíritos malignos e doenças: Maria, chamada Madalena, de quem haviam saído sete demônios; Joana, mulher de Cuza, administrador da casa de Herodes; Susana e muitas outras. Essas mulheres ajudavam a sustentá-los com os seus bens". Esse convite de Jesus às mulheres mostra exatamente o reflexo de Gênesis 1.26, ou seja, não há diferenças ontológicas entre homem e mulher. Após a implantação da Igreja em Pentecoste, essa ideia (família e relacionamentos) é expandida por todo Novo Testamento e provavelmente Paulo seja o principal impulsionador dessa mensagem. Através de Paulo somos informados que *em Cristo* podemos ter nossos relacionamentos pessoais restaurados. Horrell diz que não nos surpreende o fato de uma ampla porcentagem de imperativos no Novo Testamento não serem acerca do nosso relacionamento com Deus ou com o mundo, mas sim relacionamentos pessoais dentro da igreja.[13] Paulo usa diversos mandamentos recíprocos com a finalidade de advertir a igreja a desenvolver relacionamento. Esses mandamentos sempre vêm precedidos pela expressão *uns aos outros,* e são direcionados aos relacionamentos pessoais (casados ou não casados).

Por outro lado, em Efésios e Colossenses, Paulo restringe alguns textos para falar sobre relacionamento familiar. Ele exemplifica o padrão de Cristo como um exemplo saudável de liderança masculina redimida. Essa liderança não é manipuladora ou autoritária, mas sim uma liderança que aponta para o modelo de Cristo. Segundo Keller, na pessoa e obra de Jesus Cristo começamos a ver a restauração da unidade e do amor que havia entre os sexos no princípio. Jesus ressalta a igualdade das mulheres como portadoras, junto com os homens, da imagem de Deus e do mandado da criação, e também redime os papéis designados para o homem e a mulher ao desempenha-los como servo-líder e como *ezer-subordinado.*[14]

Para Paulo, somente o Cristo encarnado pode ser o padrão de uma liderança que reflita o plano ideal de Deus para o homem e a mulher

---

13 J. Scott Horrell, The Trinity, the *Imago Dei*, and the Nature of the Local Church, 20.

14 Timothy Keller, *O significado do casamento*, 208.

descrito em Gênesis 2. Paulo pede aos maridos que amem suas esposas como Cristo ama sua igreja e diz ainda que assim como Cristo é o cabeça da igreja, o marido é o cabeça da mulher (Ef 5.25). Todavia, este capítulo não trata apenas de marido e mulher, mas também de relacionamentos com diferenças de gênero, tanto na igreja como na sociedade. A partir de uma vida cheia do Espírito Santo é possível desenvolver relacionamentos saudáveis em todas as esferas da vida comum.

Conclusão

A visão cristã para o casamento nos dias atuais deve ter como alvo um retorno a Gênesis 1–2. Foi isso que Jesus disse ao ser interpelado por religiosos acerca do divórcio, esse grupo usava Moisés para respaldar a carta de divórcio, mas Jesus recua até Gênesis 2 para mostrar que ali está descrito o tipo de relacionamento ideal de Deus para o casamento. Da mesma forma, o retorno aos relacionamentos saudáveis entre pessoas é possível somente através da encarnação de Cristo. Paulo disse em Efésios 2.14–17: "Pois ele é a nossa paz, o qual de ambos fez um e destruiu a barreira, o muro da inimizade, anulando em seu corpo a lei dos mandamentos expressa em ordenanças. O objetivo dele era criar em si mesmo, dos dois, um novo homem, fazendo a paz, e reconciliar com Deus os dois em um corpo, por meio da cruz, pela qual ele destruiu a inimizade. Ele veio e anunciou paz a vocês que estavam longe e paz aos que estavam perto". Essa *paz* representa o Evangelho que além de nos reconciliar com Deus, nos reconcilia com nossos irmãos. Paulo descreve o quanto precisamos estar cuidadosos com isso sendo sensíveis à voz do Espírito Santo. Lamentavelmente algumas comunidades cristãs têm se tornado uma verdadeira arena de discórdia, busca pelo poder e intrigas. Uma das principais razões que tem proporcionado a evasão de muitos irmãos na igreja, tem sido a ausência de relacionamentos saudáveis e de um ministério de reconciliação à luz do Evangelho.

Quando um homem ou uma mulher é cheio do Espírito Santo (Ef 5.18), e desfruta de uma abundante relação com a Palavra de Deus (Cl 3.16), eles são capazes de perdoar uns aos outros, suportar em amor uns outros, carregar os fardos uns dos outros, edificar uns aos outros, cuidar uns dos outros, ensinar uns aos outros, orar uns pelos outros, confessar culpas e pecados uns aos outros. A amizade de Paulo com Priscila e Áquila, é uma grande demonstração de amor e doação, podemos ler em Romanos 16. 3–4, o quanto o casal Priscila e Áquila amavam e se doaram à uma amizade pura e redimida por Cristo.

SEXO: IMPORTÂNCIA, PROPÓSITOS, PRAZERES E LIMITES

Marcelo Dias

A sexualidade sempre foi um campo onde grandes divergências surgiram. Tanto culturas como indivíduos disputaram grandes diferenças de opinião. O propósito da sexualidade foi entendido como procriação, prazer, culto à divindade, etc., ou uma união desses propósitos.

Diferente da cultura Israelita, que era monoteísta, as culturas indiana, persa, grega, romana, etc. demonstraram grande variedade no propósito da sexualidade. No mundo grego antigo, por exemplo, muitos entendiam a sexualidade a partir de uma pluralidade de propósitos. Demóstenes (IV a.C.), apresenta o pensamento cultural grego sobre a sexualidade quando indica haver três tipos de mulheres: "Amantes que temos por prazer, concubinas para o cuidado diário de nossa pessoa, mas esposas para nos gerar filhos legítimos e para serem fiéis guardiãs de nossa casa"[1].

Timothy Keller[2] afirma que há três conceitos sobre o sexo. "O primeiro conceito vê o sexo como um impulso inevitável", e, portanto, um desejo como qualquer outro e que deve ser satisfeito. O segundo conceito é que o "sexo é considerado parte de nossa natureza física e infe-

---

1 Demosthenes, "Orationes (Greek)" ed. W. Rennie (Medford, MA: Oxonii. e Typographeo Clarendoniano, 1931). Dem., 59 122.
2 Timothy Keller, *O significado do casamento.* (São Paulo: Vida Nova, 2012), p. 265

rior, distinta de nossa natureza racional, superior e mais 'espiritual'". O terceiro conceito associa o sexo como "expressão da própria identidade" que, segundo essa visão, pode ser uma questão de escolha. Assim, muitos entendem que a "função principal do sexo é a satisfação e a realização pessoal, cabendo a cada um definir como deseja buscá-la.".

No Brasil, até boa parte do século XX, embora já houvessem diferenças de opinião, de maneira geral entendia-se a sexualidade como um prazer a ser desfrutado dentro do casamento. Essa convicção provavelmente tem suas raízes na influência da cultura israelita sobre o catolicismo difundido por todo país desde sua colonização. Uma série de fatores socioculturais, no entanto, tem ampliado tanto a aceitação quanto a prática da sexualidade no Brasil para além dos limites do casamento. A própria definição de casamento e identidade de gênero tem sido alvo de grande debate diante das proporções que a sexualidade atingiu. Nesse sentido, a heterossexualidade tem sido uma dentre várias[3] práticas e desejos sexuais discutidos na atualidade. Ao longo de todo debate, têm sido apresentadas várias premissas como fundamento para a discussão. A cultura, o conceito de gênero, a prerrogativa da individualidade nas decisões pessoais, a religião etc. tornam os debates calorosos e, muitas vezes, agressivos.

Nesse capítulo, a sexualidade será abordada numa perspectiva bíblico-teológica, observando como as Escrituras, e principalmente o livro de Gênesis, demonstram as intenções do Criador para o ser humano, o qual, foi criado à Sua imagem.

A sexualidade na perspectiva bíblica

O livro de Gênesis aborda uma visão ampla da sexualidade. Ele revela princípios para orientar o que o sexo deve ou não deve ser na vida dos seres humanos. Assim, a partir de Gênesis se desenvolve toda a visão bíblica de sexualidade dentro das Escrituras; sua importância, seus propósitos e seus limites.

---

3 Além da heterossexualidade e homossexualidade, alguns dos chamados tipos de orientações sexuais são a bissexualidade (inclinação ao sexo tanto com homens quanto com mulheres) e a pansexualidade (inclinação ao sexo com todos os "gêneros" que, segundo essa visão, não se limitam a homem e mulher).

Desde o início da existência humana, a sexualidade foi criada e ordenada por Deus (Gn 1.28; 9.1, 7). Além de necessário para cumprir o plano de encher a Terra com a imagem de Deus, o sexo também é bom, como tudo que Deus criou (Gn 1.27–28). O propósito da sexualidade, no entanto, não se restringe à multiplicação dos seres humanos, mas também ilustra o profundo grau de conhecimento mútuo e relacionamento íntimo observado na Trindade (Gn 1.26[4]). Deus criou o casamento para que homem e mulher vivam em unidade e amor, apesar de sua individualidade. Tal relacionamento reflete o amor mútuo e o intenso prazer que há no desfrute do pertencimento mútuo e da presença de um ao lado do outro. E embora seja expresso de forma diferente da Trindade, por meio do sexo, um casal pode experimentar parcialmente na Terra aspectos que se deleitará plenamente na presença eterna do Deus Trino[5].

Além de prazer e da procriação, o sexo exerce um papel importante no processo de tornar o casal cada vez mais íntimo. A entrega mútua e confiante do casal promove um relacionamento mais íntimo e um profundo conhecimento um do outro, como acontecia antes da queda (Gn 2.25). Ao trilhar esse caminho, o casal compreende e experimenta com maior amplitude o amor expresso entre Pai, Filho e Espírito.

O prazer sexual dentro do casamento é orientado ao longo das Escrituras Sagradas. Os escritos de Salomão revelam o prazer e o romantismo que há no sexo (Ct 4.3–15 etc.; Pv 5.18–19). Paulo afirma que tanto o marido quanto a esposa devem buscar o prazer um do outro na sexualidade (1 Co 7.3-4, 33-34).

Além disso, a sexualidade faz parte da complementaridade do casal. O homem não tinha uma correspondente[6] para ele, assim como tinham to-

---

4 É de particular nota que o único verbo identificado na primeira pessoa do plural em Gêneses 1 e 2 é "façamos". Uma conversa entre as pessoas da Trindade e que sugere fortemente o relacionamento entre elas. Esse relacionamento é demonstrado com maior amplitude no Novo Testamento (cf. Mt 12.28; Mc 1.12; Lc 1.35, 2.25; Jo 15.26; 16.15; 17.23, 24, 26; At 1.8, 10.38; Rm 8.26-27; 1Co 2.10-12 etc.). Um livro excelente sobre o relacionamento intratrinitário é *"Deleitando-se na Trindade: uma Introdução à fé Cristã"* de Michael Reeves. Editora Monergismo, 2014.

5 Timothy Keller, *O significado do casamento.* (São Paulo: Vida Nova, 2012), p. 285 e David J. Merkh, *Lar, família & casamento.* (São Paulo: Hagnos, 2019), 784.

6 A palavra *'nāgad'* nesse contexto traz a ideia de correspondência, ser como algo ou alguém (cf. LXX ὅμοιος αὐτῷ = semelhante a ele).

dos os animais que Deus havia criado (Gn 2.18, 20, 23-25). Faltava-lhe complementaridade em todas as áreas. Portanto, Eva seria uma correspondente para Adão também na sexualidade.

Os limites de Deus para o sexo também podem ser observados desde o princípio da criação. O casamento é o âmbito onde o sexo é abençoado e aprovado por Deus. A linguagem usada em Gênesis 2.24 sugere fortemente essa verdade. As palavras 'deixar - *ʿāzab*', 'unir-se–*dābaq*' e a frase 'uma só carne–*bāśār ʾeḥād*' juntas comunicam a realização de uma aliança na qual há mútuo compromisso de lealdade. E, apesar de o texto afirmar que o homem é quem deixa pai e mãe, a estrutura paralelística sugere que as ações 'deixar pai e mãe' e unir-se' devem ser atribuídas também à mulher. É também significativo notar que todas as demais ocorrências da frase "...se tornarão uma só carne", com exceção 1 Coríntios 6.16[7], ocorrem juntamente com as duas primeiras afirmações do texto, isto é, "deixar pai e mãe" e "unir-se a sua mulher" (cf. Mt 19.5; Mc 10.7-8; Ef 5.31). Deus criou um homem e uma mulher (Gn 1.27). Ele os criou em uma exata correspondência. Foram criados um macho 'zākār' e uma fêmea 'nĕqēbâ'. Tais expressões foram atribuídas tanto para seres humanos (Gn 5.2) quanto para animais (Gn 6.19; 7.8-9) e indicam que há somente dois tipos de gêneros humanos, homem ou mulher, tal como Deus os criou[8]. Assim, o sexo deve ser desfrutado apenas por um homem e uma mulher, num contexto de aliança mútua e dentro do casamento (cf. 1Co 7.2, 9). A implicação clara, que pode ser também observada ao longo das Escrituras, é que a criação do ser humano e sua participação na imagem de Deus indicam a importância, os propósitos e os limites do sexo.

O homem e a mulher foram criados para serem representantes da imagem de Deus sobre a Terra (Gn 1.28), e Deus é glorificado por Suas criaturas à medida que elas vivem de acordo com Seus propósitos e res-

---

7 Observe que, nesse texto, Paulo sugere que a frase 'uma só carne' significa relacionamento sexual, no entanto, sem constituir um casamento, por não haver a presença dos demais elementos da aliança, isto é, 'deixar pai e mãe' e 'unir-se'.

8 A questão sobre nascimento de pessoas com dois órgãos genitais deve ser considerada uma anomalia, assim como são consideradas anomalias quando se referem a outros órgãos do corpo.

peitam Seus limites para a sexualidade. Qualquer uso da sexualidade que não reflita esses aspectos, inclusive dentro do casamento, deixa de cumprir Seus propósitos e ofende o Criador. Portanto, a homossexualidade deve ser evitada por não expressar a diversidade que há entre homem e mulher[9], além disso, o sexo por vias não naturais ignora a instrumentalidade estabelecida na criação (Rm 1.26-27), mesmo que seja dentro do casamento[10]. Os relacionamentos sexuais não monogâmicos o ofendem por desprezarem o fato que Deus criou *um homem* e *uma mulher*, a zooerastia, isto é, a relação sexual entre seres humanos e animais, não é aceita por ignorar a especificidade de cada ser criado[11]. A fornicação, que se trata de relacionamentos sexuais fora do casamento, é desaprovada por não haver uma aliança nos termos estabelecidos por Deus. A pornografia e a masturbação também são perversões da imagem de Deus por deixarem de expressar o amor mútuo e promoverem tanto o egocentrismo quanto a autossatisfação sexual, o que destoa completamente do propósito altruísta do sexo (cf. 1Co 7.3-4, 33-34).

Ao perverter as orientações do Criador com relação ao sexo, as criaturas não somente deixam de expressar Sua glória, como também desagradam a Deus e colherão os frutos de suas escolhas (Gn 19.4-7 e 24; Nm 25.1-9; 1Co 5.1-5; 10.8; 1 Ts 4.3-8; Hb 13.4; Ap 2.14-16).

A igreja de Cristo dentro de uma sociedade sexualmente pluralista

Com o avanço da tecnologia e a facilidade de se conectar à internet por meio de computadores e smartphones, a propagação de informações sexuais tem se tornado gigantesca. Imagens e filmes sensuais e de sexo explícito, que há duas décadas eram escassos e de difícil acesso, são rápida e facilmente encontrados. Somado a isso, muitos sites disponibilizam pro-

---

9 Veja David J. Merkh, *Lar, família & casamento*. (São Paulo: Hagnos, 2019), 784.

10 Uma boa argumentação sobre essa questão é encontrada em https://kevincarson.com/2019/03/09/what-does-the-bible-say-about-anal-sex/.

11 É interessante notar como Gn 2.18 e 20 sugerem que o sexo deve ser feito entre suas próprias espécies, o que é também observado na ordem de Deus para Noé levar um casal de cada animal para a arca (Gn 6.19-20; 7.15-16).

pagandas insinuantes que são visualizadas com apenas um click. Além do mais, a pandemia iniciada no início de 2020 fez o acesso à internet crescer exponencialmente e, com ele, a pornografia. Esse cenário tem sido uma grande armadilha para o cristão despreparado ou para aquele que sofre com essa tentação. Cristãos têm cedido à pornografia e consequentemente entram em caminhos de uma sexualidade deturpada e diversificada, totalmente à parte dos padrões de Deus. Isso acontece independentemente do tempo de vida cristã ou até da maturidade espiritual.

Essa avalanche de informações sexuais deturpadas tem contribuído negativamente para afastar adolescentes, jovens e adultos de uma vida cuja santidade reflete o caráter de Deus. Cristãos solteiros e casados que lutam contra pensamentos sexuais dos mais diversos têm cometido adultério, fornicação, relação sexual com pessoas do mesmo gênero. Esse resultado avassalador dentro da igreja também é fruto de uma pluralidade de conceitos sobre a sexualidade à parte das Escrituras. Tais conceitos são defendidos com grande veemência e propagados extensa e rapidamente pela internet. Nesse sentido, a estatística apresentada por Nancy Pearcey é assustadora. Ela diz que "cerca de dois terços dos homens cristãos assistem pornografia pelo menos uma vez por mês, a mesma taxa de homens que não afirmam ser cristãos ". Além disso, "54 por cento dos pastores disseram que viram pornografia" em 2017[12].

Contribuindo para esse resultado, estão três fatores importantes. O primeiro é a privatização do próprio corpo (cf. 1 Co 6.13-15) e do conceito de certo e errado, verdade e mentira. Esses conceitos são cada vez mais particulares e conferem às pessoas a sensação de independência para atribuir juízo de valores a qualquer questão que quiserem. Por essa razão, Deus acaba se tornando um coadjuvante na história de vida de cada indivíduo, que faz suas próprias escolhas à parte do seu Criador.

O segundo fator é a pressão da sociedade para uma aceitação mútua e indiscriminada de apoiar qualquer comportamento, independentemente de concordância pessoal, contanto que não seja criminoso. E isso acon-

---

12 Nancy R. Pearcey, *Love Thy Body: Answering Hard Questions about Life and Sexuality*. (Grand Rapids: Baker Books, 2018), 10-11.

tece em nome do "ser politicamente correto", o que prefiro chamar de "lei da conveniência" ou "temor do que podem pensar sobre mim". Assim, práticas sexuais antes mais veladas e rejeitadas pela própria sociedade têm se expandido abertamente e enfraquecido o coração de cristãos em sua luta interior contra esses pecados.

O terceiro fator é o grande poder que os sentimentos adquiriram acima das decisões pessoais. Independentemente do certo ou errado, conceito esse que já foi enfraquecido, a satisfação pessoal, a "felicidade", "o que faz sentir bem" são as prioridades e os anseios de cada indivíduo. Não importa mais se Deus disse algo, mesmo porque "Deus é questionável" (cf. diálogo entre Eva e a serpente em Gn 3). Não importa mais se alguém tem um entendimento diferente. O que importa é se os sentimentos pessoais são satisfeitos, pois "eles estão certos e determinam as ações e a maneira como se deve pensar sobre a verdade". Essa mentalidade tem influenciado a igreja. Muitos afirmam que "Deus quer que sejamos felizes", mas definem felicidade de forma humanista e não a partir das Escrituras. Infelizmente muitos cristãos entendem que felicidade é um sentimento de satisfação pessoal desconectado do certo e do errado, da verdade e da mentira.

Virtualmente ou não, a igreja tem sofrido grande influência desses pensamentos e das ofertas de uma sexualidade corrompida. No entanto, a própria igreja pode responder com amor, modelo e firmeza à uma sociedade entorpecida por uma sexualidade deturpada. Sim, o corpo de Cristo precisa discipular, acompanhar e amar. Precisa demonstrar aos próprios cristãos que seguir os propósitos e limites de Deus para a sexualidade é o instrumento poderoso para alcançar e transformar pessoas com o evangelho de Cristo. Para tanto, a igreja deve desenvolver um sistema consistente e profundo de ensino das Escrituras. Ela necessita se estruturar de forma que seus membros mais maduros discipulem[13] os mais novos na fé. À medida que uma igreja investe intensamente na maturidade de seus membros, suas famílias desfrutam de uma vida sexual projetada

---

13 O conceito de discipulado aqui vai muito além da realização de estudos periódicos com alguém. É a transmissão de vida por meio da convivência contínua e influente, tendo como base a Palavra de Deus.

e aprovada pelo Criador e demonstram à sociedade o quanto é bom e satisfatório viver dessa forma. Assim, muitas pessoas perceberão quão vazia é a sexualidade que não espelha a imagem de Deus[14]. Procedendo dessa forma, muitos casais entenderão o que significa desfrutar de intimidade e do conhecimento mútuos no casamento. Eles experimentarão a liberdade de se expor um ao outro sem barreiras ou críticas, mas com amor e aceitação genuínos. Jovens serão impactados pelo ensino da verdade e o amor que os guiarão mais maduros para o casamento. Então, compreenderão que o sexo não é um fim em si mesmo, mas um elemento importante do casamento e que contribui para seu propósito mais amplo, refletir o amor de Deus a todos que estão ao seu redor.

Igrejas cujos membros são maduros, suas famílias fundamentadas nas Escrituras e seus casamentos são modelos amorosos certamente influenciarão a sociedade ao seu redor. Demonstrarão, direcionarão e instigarão nos não cristãos o desejo por uma família guiada pelos padrões de Deus.

Conclusão

A sexualidade, vista na perspectiva daquele que a criou, não é um fim em si mesma, pelo contrário, ela tem vários propósitos que convergem para um propósito central, experimentar e refletir o amor mútuo entre Pai, Filho e Espírito. Esse propósito foi pretendido pelo Deus trino e claramente demonstrado na criação do homem e da mulher por serem feitos à Sua imagem. No entanto, o pecado e as influências pecaminosas de uns para com os outros têm manchado também a sexualidade, o que é visto ao longo de toda a Escritura[15]. Cristo, todavia, proporcionou a redenção por meio de seu sacrifício na cruz e, assim, disponibilizou, para todo que nele crê, a possibilidade de restauração do homem à sua imagem (2Co 3.18; Rm 8.29; Cl 3.9-10; 1Jo 3.1-3), e isso inclui a sexualida-

---

14 Uma vez que o sexo é e deve ser algo muito privado, a vida sexual de um casal cristão maduro será percebida apenas por meio do reflexo que ela tem dentro de seu casamento e família.

15 Gn 19.4-5, 30-38; 38.12ss; 39.7ss; Êx 20.14; Lv 18.19-23; 19.29; 20.13; Dt 22.13-30; Jz 19.16-25; 2Sm 11; 1Re 14:24; 15:12; 2Re 23:7; Jr 13.26-27; Mt 5.27-28; 21.31-32; Rm 1.24-27; 1Co 5.1-13; 6.12-20 etc.

de (2Sm 12.13, Sl 51; Jo 8.10-11, etc.) [16]. Por essa razão, a igreja, como modelo de sexualidade redimida, refletirá a imagem do Deus e será um modelo poderoso para impactar a sociedade onde vive.

---

16 Embora haja uma disputa textual sobre Jo 7.53-8.11, esse autor entende que tal porção faz parte das Escrituras.

FAMÍLIA FIRMADA NA BÍBLIA

Gary Parker

"Eu cresci numa família disfuncional" é uma frase frequentemente ouvida nos consultórios de psicólogos e nos gabinetes pastorais. "Uma família disfuncional é toda família que não é capaz de prover o necessário para que os filhos cresçam saudáveis (tanto física quanto emocionalmente) e felizes."[1] Por esta definição pode-se entender que a função da família é: simplesmente prover necessidades e promover felicidade. Por mais que tais funções sejam importantes, são insuficientes. A função da família firmada na Bíblia é mais profunda.

Neste capítulo focaremos na importância da família segundo as Escrituras. O objetivo é observar a realidade da família na cultura atual e então comparar isso com o ideal que a Bíblia apresenta. A intenção é alertar o leitor sobre os perigos que assolam a família e oferecer uma alternativa bíblica para nortear a família. Finalmente, vamos oferecer orientações para ajudar a igreja a ter famílias engajadas na missão de Deus.

A família cultural

O Apóstolo Pedro adverte a igreja: "Portanto, amados, sabendo disso, guardem-se para que não sejam levados pelo erro dos que não têm princípios morais, nem percam a sua firmeza e caiam," (2 Pe 3.17).[2] Satanás, o

---

1 "O que é uma família disfuncional e como ela pode afetar os filhos?–Melhor Com Saúde," https://melhorcomsaude.com.br/familia-disfuncional/.

2 Todas a citações das Escrituras na Nova Versão Internacional.

inimigo da família, deseja ver pessoas sendo aflitas e egoístas no contexto da família. Em algumas famílias filhos sofrem abusos enquanto em outras, os filhos são adorados. Algumas famílias abandonam seus membros idosos, enquanto outras vivem em total dependência deles ao em vez de depender de Deus. Estes extremos acabam prejudicando a família.

Família Aflita

"Segundo o IBGE, cerca de 12 milhões de mães chefiam lares sozinhas. Destas, mais de 57% vivem abaixo da linha da pobreza."[3] Vinte quatro mil crianças vivem nas ruas. Violência, drogas e o alcoolismo são os motivos principais pelo qual as crianças saem do lar.[4] Jovens vivem numa fase difícil de transição entre a infância e a vida adulta. A causa mais comum da morte entre jovens é o suicídio, seguido por acidentes de trânsito e homicídio.[5] Pobreza, violência, e negligência podem ser realidades na cultural atual, mas há esperança. Famílias pobres podem demonstrar o caráter de Cristo num contexto em que seus membros sacrificam uns pelos outros. Vítimas de abuso podem refletir o perdão do Deus Pai. Até os propagadores de violência têm acesso à transformação sobrenatural do Espírito Santo.

A família na cultura de hoje é aflita com problemas emocionais também. "A depressão, a ansiedade e transtornos alimentares são particularmente comuns durante a adolescência."[6] Solidão e isolamento são problemas crônicos na juventude. Apesar de ter milhares de "amigos" nas redes sociais ainda se sentem sozinhos. Os adultos da família também são

---

3 "Dia dos pais pra quem? Com 80 mil crianças sem pai, abandono afetivo cresce," *Metrópoles*, modificado 8 de agosto, 2020, https://www.metropoles.com/brasil/dia-dos-pais-pra-quem-com-80-mil-criancas-sem-pai-abandono-afetivo-cresce.

4 "23,9 mil crianças vivem nas ruas em todo país," *Dourados Agora–Notícias de Dourados-MS e Região.*,, https://www.douradosagora.com.br/noticias/brasil/23-9-mil-criancas-vivem-nas-ruas-em-todo-pais.

5 Sharon Levy, "Introdução aos problemas em adolescentes–Problemas de saúde infantil," *Manual MSD Versão Saúde para a Família*, https://www.msdmanuals.com/pt/casa/problemas-de-sa%C3%BAde-infantil/problemas-em-adolescentes/introdu%C3%A7%C3%A30-aos-problemas-em-adolescentes.

6 Sharon Levy, "Considerações gerais sobre problemas psicossociais em adolescentes–Problemas de saúde infantil," *Manual MSD Versão Saúde para a Família*, https://www.msdmanuals.com/pt/casa/problemas-de-sa%C3%BAde-infantil/problemas-em-adolescentes/considera%C3%A7%C3%B5es-gerais-sobre-problemas-psicossociais-em-adolescentes.

aflitos com problemas emocionais. Pais cansados com trabalho constante que poucos reconhecem e em crise por ver filhos saindo do ninho. Avós enfrentam o senso de inutilidade e o medo de ver seus corpos enfraquecendo e de enfrentar a morte. A família também é aflita espiritualmente.

Relativismo é a marca da atualidade, onde cada indivíduo sente-se no direito de determinar a verdade para si mesmo. Quando uma cultura rejeita a autoridade de Deus, e até nega a existência de um padrão para distinguir entre o verdadeiro e o falso, os membros da cultura serão aflitos com as ciladas de Satanás e a corrupção do seu próprio coração. Isso tem sido solo fértil para afligir a família com divórcio, infidelidade, aborto, eutanásia, total liberdade sexual e outros males que contribuem para o declínio da família nuclear.[7] Tem acontecido nos dias de hoje o que ocorreu nos dias dos juízes em Israel onde "cada um fazia o que lhe parecia certo" (Jz 21.25). Autoridades como Deus, igreja e família têm sido abandonadas em favor do individualismo.

Família Egoísta

Algumas famílias são marcadas por "infantolatria" levando o filho para ser o centro do lar. "O processo de mudança nos conceitos de família iniciado no século 18 por Jean-Jacques Rousseau [filósofo suíço, um dos principais nomes do Iluminismo] chegou ao século 20 com a 'religião da maternidade', em que o bebê é um deus e a mãe, uma santa."[8] Crianças não são objetos que podem ser abusados; e nem são deuses para serem adorados.

Avós ocupam um lugar importante na família, mas podem ser benção ou desafio. "De um lado estão os avós que, diante da sua experiência, não estão de acordo com as ideias dos mais jovens. Do outro lado estão os pais, que não aceitam as intromissões dos avós na educação dos seus

---

7 John MacArthur, *Como educar os seus filhos segundo a Bíblia* (São Paulo: Cultura Cristã, 2001), 13.

8 "Infantolatria: as consequências de deixar a criança ser o centro da família," *Geledés*, 22 de janeiro, 2015, https://www.geledes.org.br/infantolatria-consequencias-de-deixar-crianca-ser-o-centro-da-familia/.2021, https://www.geledes.org.br/infantolatria-consequencias-de-deixar-crianca-ser-o-centro-da-familia/

filhos e sentem que a sua autoridade está sendo questionada."[9] Esta realidade é complicada quando os pais de uma nova família não têm a estabilidade financeira e dependem dos sogros, ou quando os avós passam necessidade e precisa morar com os filhos e netos. "A chegada do neto geralmente coincide com um período em que as pessoas de mais idade começam a se sentir solitárias. Nessa situação, elas tendem a "descontar" esse sentimento latente na forma de um amor excessivo às crianças."[10] Esta realidade está sendo complicada mais ainda pela tendência na cultura de poder "curtir" a vida antes de casar e ter filhos.

A busca pela felicidade individual e imediata é um exercício interminável e insaciável porque felicidade é circunstancial e passageira. Tedd Tripp, falando sobre objetivos não-bíblicos na família lamenta: "Os pais querem que os filhos tenham sucesso para que possam 'sair-se bem' e viverem vidas felizes e confortáveis."[11] Deus não chama seus filhos para serem confortáveis neste mundo. Pelo contrário, tem prometido sofrimento (Rm 3.3-4; Fp 1.29; 2 Tm 3.12; 1 Pe 2.21). Pais e avós não precisam usar máscaras de felicidade quando a família passa por problemas. Famílias devem demonstrar dependência do Senhor, sendo transparentes sobre os seus sofrimentos. O que Deus oferece para sua família é uma vida de alegria eterna e contentamento em meio ao sofrimento (Rm 8.18; Fp 4.10-20).

Em Filipenses capítulo três, Paulo faz um contraste entre as pessoas do mundo que: "o seu deus é o estômago e eles têm orgulho do que é vergonhoso; só pensam nas coisas terrenas" (v.19) e os filhos de Deus que têm sua cidadania nos céus (v.20). O prazer imediato do homem tem tornado a justificativa para práticas que, em gerações passadas, foram consideradas criminosas. Carl Trueman descreve esta cosmovisão como sendo uma "onde o bem-estar psicológico é considerado o propósito da

---

9 "Qual é o papel dos avós na família?" *A mente é maravilhosa*, https://amenteemaravilhosa.com.br/papel-dos-avos-na-familia/.

10 "9 Motivos pelos quais as avós não deveriam criar seus netos," *Incrível — Inspiração. Criatividade. Admiração.*, https://incrivel.club/svoboda-psihologiya/9-prichin-po-kotorym-babushki-ne-dolzhny-vospityvat-vashih-detej-953860/.2021, https://incrivel.club/svoboda-psihologiya/9-prichin-po-kotorym-babushki-ne-dolzhny-vospityvat-vashih-detej-953860/.

11 Tedd Tripp, *Pastoreando o coração da criança* (São José dos Campos, SP: Fiel, 1998), 56.

vida e onde a felicidade no momento presente é a prioridade absoluta."[12] A busca de felicidade pessoal tem sido usada como justificativa para praticar qualquer coisa que faz a pessoa sentir feliz desde que isso não causa infelicidade numa outra pessoa. Qualquer pessoa ou grupo que venha a criticar ou condenar a prática como pecaminosa é visto como opressor. Tedd Tripp afirma que somos um produto das experiências de vida que temos e como interagimos com estas experiências.[13] É impossível viver sem experimentar a cultura, mas como interagimos com as experiências determina se influenciamos a cultura ou somos influenciados por ela.

A família ideal

Não existe família ideal pois cada família é composta por pessoas pecaminosas. Porém, a Bíblia é fonte de orientação totalmente confiável e útil para aperfeiçoar a família (2 Ti 3.16-17). Mas, devemos ter cuidado para não impor nossa cultura à Bíblia. É importante focar nos princípios que se aplicam em todas as culturas.

Portadores da imagem de Deus

Cada membro da família é portador da imagem de Deus (Ge 1.27). Por isso, cada membro da família é valioso. Abuso ou aborto de filhos, negligência ou eutanásia de avós são comportamentos que ignoram esta verdade. Por mais que cada pessoa seja *imagem* de Deus, não deve ser considerado ou tratado como um *deus*. O homem foi criado para adorar Deus, não para ser adorado como Deus. Egocentrismo e crises surgem na família porque seus membros deixam de adorar Deus e começam a competir pela adoração um do outro.

Deus é Trindade. A família é o contexto em que o homem reflete e experimenta este aspecto de ser imagem de Deus da forma mais completa. David Merkh afirma: "Alguns atributos de Deus somente são mani-

---

12 Carl R. Trueman and Rod Dreher, *The Rise and Triumph of the Modern Self: Cultural Amnesia, Expressive Individualism, and the Road to Sexual Revolution* (Wheaton, IL: Crossway, 2020), 191. (tradução minha)

13 Tripp, *Pastoreando o coração da criança*, 22.

festados em comunidade. Ou seja, *unidade em diversidade no casamento reflete a glória da Trindade.*"[14] Mas, não é somente no casamento que a família reflete e experimenta este aspecto trinitário. Os títulos Pai e Filho na Trindade devem ser instrutivos no contexto familiar. O amor, lealdade, submissão, união, cooperação, igualdade, mutualidade, e diversidade que são perfeitamente manifestos na Trindade devem ser experimentados nos relacionamentos na família mesmo de uma forma imperfeita. Submissão e igualdade podem coexistir.

Membros da família de Deus

A prioridade para todos os membros de uma família é que sejam salvos do pecado pela fé em Jesus. A promessa do evangelho é que todos que creem serão conformados com a imagem de Cristo (Rm 8.29; Ef 1.5). Discipulado e disciplina são responsabilidades que a família precisa cumprir (Hb 12.4-11). Tedd Tripp ensina: "Pastorear envolve investir sua vida em seu filho, através de uma comunicação aberta e honesta que expõe o significado e o propósito da vida. [...] Valores e vitalidade espiritual não são simplesmente ensinados, mas assimilados."[15] Pais, avós e filhos precisam entender que todos necessitam deste pastoreio que envolve confrontar e corrigir os pecados uns do outros e instrução nos caminhos do Senhor. O papel dos pais não é só suprir necessidades e controlar comportamento. O papel dos avós não é paparicar netos. Os dois devem colaborar para ensinar, encorajar, e exemplificar como ser membros fiéis da família de Deus. Isso implica em pais e avós que reconhecem seus pecados e peçam perdão aos seus filhos e netos demonstrando que todos dependem da graça do Senhor Jesus.

A igreja é fundamental na vida da família como fonte de instrução, liderança, encorajamento, apoio, correção, discipulado, aconselhamento, e muitos outros benefícios que contribuem para a edificação e aperfeiçoamento (Ef 4.7-16). "Sozinhos ou simplesmente como membros de uma

14 David Merkh, *Comentário bíblico Lar, família & casamento* (São Paulo: Hagnos, 2019), 38.(ênfase no original).
15 Tripp, *Pastoreando o coração da criança*, 9.

'família cultural', não seremos capazes de atuar em favor da transformação da sociedade, ou mesmo de resistir às pressões que sofremos para nos adaptarmos ao caráter desumanizante da vida contemporânea."[16] Na igreja somos diversas gerações e famílias unidas em Cristo para proteger uns aos outros das influências do mundo e colaborar para alcançar o mundo com o Evangelho.

Comissionados na missão de Deus

Quando Deus formou o primeiro casal, Ele deu a ordem de multiplicar e encher a terra (Gn 1.27-28). John Piper aponta que a adoração foi o motivo da ordem. "O propósito de Deus ao fazer do casamento o lugar de ter filhos nunca foi apenas o de encher a terra com gente, mas o de enchê-la com adoradores do Deus verdadeiro."[17] O pecado substituiu a adoração por idolatria que infeccionou o coração do homem e, consequentemente, as nações do mundo. A missão de Deus é restaurar as famílias da terra ao seu propósito como adoradores.

"Pelo fato de que muitos pais hoje não cumprem seu dever no lar em virtude do efeito devastador do pecado que se espalhou ao redor do planeta, cabe a nós uma missão de resgate dos filhos dos outros, ou seja, de países e povos inteiros que não mais conhecem Deus."[18] A família ideal precisa se alinhar com a missão de Deus. Isso vai ser refletido nas suas finanças, profissões, tempo, oração e endereços. Cada membro da família precisa avaliar como se engajar na missão de Deus da forma mais impactante e encorajar os outros familiares a fazer o mesmo.

---

16 Jorge E. Maldonado, *Fundamentos bíblico-teológicos do casamento e da família* (Viçosa, MG: Editora Ultimato, 1996), 136.

17 John Piper, *Casamento temporário* (São Paulo: Cultura Cristã, 2019), 123.

18 Merkh, *Comentário bíblico Lar, família & casamento*, 42.

Família missional

Como a igreja pode ajudar as famílias a serem focadas na missão de Deus e não serem distraídas e destruídas pela sociedade? A igreja precisa ser firmada na Palavra de Deus e ensinar e incentivar as famílias a serem participantes na obra do Senhor. A igreja é composta de famílias longe do ideal de Deus, mas que dependem da sua graça. Paulo foi um missionário usado por Deus por reconhecer sua necessidade da graça (1 Tm 1.15). Famílias imperfeitas que apreciam a graça são instrumentos úteis na missão.

Treinamento da Família

"Os pais cristãos não precisam de novos programas embalados com papel de psicologia; eles precisam aplicar e obedecer consistentemente a alguns poucos princípios que estão claramente expostos na Palavra de Deus para os pais..."[19] A igreja tem um papel fundamental em treinar pais, avós, crianças e jovens. Muitas igrejas permitem que pais terceirizem o discipulado dos filhos. Então, a igreja se enche de programas e cultos onde os membros da família estão sendo divididos uns dos outros. Assim, tanto os pais quanto a igreja fingem que o discipulado está acontecendo, mas é uma ilusão. Precisamos de igrejas que reconhecem o sacerdócio dos santos (1 Pe 2.4-9; Ap 5.9-10). A igreja deve ser um local onde famílias se reúnem para ensinar, encorajar, e estimular uns aos outros no pastoreio do lar (Hb 10.23-25). Filhos devem ser preparados para obedecer aos pais enquanto dependentes e honrar os pais em todas a fases da vida incluindo o cuidado dos pais na velhice (Ef 6.1-2). Pais devem saber como evitar provocar seus filhos à ira e instruí-los no caminho do Senhor (Ef 6.4). Avós devem ajudar uns aos outros a ser aliados dos seus filhos na criação dos netos, assim passando o legado de fé e fidelidade para a próxima geração (Sl 112.1-9).

---

19 MacArthur, *Como educar os seus filhos segundo a Bíblia*, 18.

Envolvimento da Família

Jack Wyrtzen, fundador da organização Palavra da Vida, sempre falava: "É responsabilidade de cada geração ganhar SUA geração para Cristo."[20] A ordem de ser testemunho do Senhor se aplica para cada membro da família (At 1.8). O Espírito Santo foi enviado para capacitar os filhos de Deus para esta missão. Porém em vez de viver em função disso, temos avós curtindo aposentadoria, pais se matando para promover negócios e filhos focados em passar de ano na escola. São razões insuficientes para crentes viverem.

Avós podem atuar em muitos ministérios da igreja local e no campo missionário. Os orçamentos e agendas dos pais devem refletir o quanto o avanço do evangelho importa. Jovens seguros na sua identidade em Cristo que sabem comunicar e defender o evangelho poderiam impactar as faculdades. Crianças nos colégios e playgrounds devem ser pequenos missionários falando o que estão aprendendo no lar e na igreja sobre Jesus. A família missional deve ver sua casa como instrumento para avançar o reino através de hospitalidade e não apenas como um refúgio particular. Há tantas crianças necessitadas que as famílias da igreja possam socorrer com o amor de Cristo. Cada crente é filho adotivo de Deus (Ef 1.3-5). Podemos imitar o nosso Pai abrindo nossas casas e corações para ajudar e amar crianças em risco e as criando para serem a próxima geração de missionários.[21] A igreja primitiva transformou impérios amando seus próximos e anunciando a Palavra. Que nossa geração possa seguir nessa missão!

---

20 David Merkh and Mary-Ann Cox, *O legado dos avós: inspiração e ideias para um investimento eterno* (São Paulo, SP: Hagnos, 2011), 133.

21 O meu filho e esposa estão cuidando de uma criança em risco visando adoção. Ore conosco que a adoção desta dádiva de Deus para nossa família possa ser finalizada e que ele possa ser a quarta geração da nossa família a ser enviada para o campo missionário.

Conclusão

A função da família é refletir a imagem do Deus Triúno para que pessoas de todas as famílias da terra possam ter a alegria de adorar o Senhor Jesus. Isso somente será possível mediante a salvação oferecida pela fé na morte e ressurreição de Jesus. Ele adota todos que creem na família de Deus Pai e promete os conformar à Sua imagem. O Espírito Santo os batiza como membros da igreja e os capacitam para serem testemunhos em meio de um mundo confuso e caído. Infelizmente, a maioria das famílias da terra são disfuncionais, apenas buscando a felicidade individual e imediata. A família deve ser um ambiente alegre onde as necessidades são supridas com o propósito de ter seus membros refletindo Deus e avançando Seu reino. A igreja deve ser um lugar onde crianças, jovens, pais e avós são treinados e engajados para serem participantes na missão de ter discípulos adorando Deus entre todas as famílias da terra.

DEUS PAI E PATERNIDADE FAMILIAR: PARALELOS E PERIGOS

Ronnie Petterson Evaristo dos Santos

Pai é um termo que aparece nas Escrituras se referindo tanto a Deus como ao homem, onde cada um exerce sua função no contexto de paternidade. Então, o que difere o Pai Celeste do pai terreno? O que leva a função de pai ser exercitada diferentemente na grande maioria dos casos? Quando se refere a Deus, essa função é sublime, infinita, soberana e celeste; quanto ao homem, é finita e às vezes, relapsa. Alguns veem o termo Pai sendo representado por alguém confortador e acolhedor, enquanto outros, por uma representação de autoritarismo e da opressão, um mandatário que deve tão somente ser obedecido.

Essa situação mostra uma realidade encontrada na sociedade brasileira, que tem um conhecimento ofuscado de Deus como Pai devido às referências paternas existentes que emergem de maus exemplos de pais que maltratam, desprezam e até exploram seus filhos em benefício próprio.

A igreja tem um grande desafio em redirecionar seus membros para o entendimento claro e vívido de quem Deus é como Pai, como Aquele que cuida, se importa, ajuda, que vem em favor, se entrega, ama incondicionalmente e disciplina. Desta forma, percebe-se o contraste com a ação do pai humano, que muitas vezes age apenas egoisticamente ou com desprezo pelos próprios filhos.

A retomada não é fácil, pois muitos já criaram suas próprias imagens de Deus Pai, baseadas nos pais terrenos, não conseguindo assim distinguir a verdadeira imagem. Mas é possível levá-los a descobrir e vivenciar a paternidade amorosa e graciosa do Pai Celeste.

Portanto, este capítulo apresenta Deus como Pai amável e zeloso, e que é possível uma pessoa receber e experimentar o Seu amor, mesmo que não o tenha recebido de um pai terreno, também apresenta os perigos de pais negligentes e os paralelos de pais piedosos com o Deus Pai. O Senhor não apenas nos dar o modelo, mas ele mesmo é o modelo de Pai.

Deus Pai

Pai é um título designado para Deus, que delineia o relacionamento que ele tem com seu povo, Israel. Uma iniciativa plenamente dele, tão somente por amor de Pai, sem que esse povo merecesse. Esta relação é comparada com a relação de um pai terreno com um filho. Mas, por mais que um pai terreno ame seu filho, jamais será capaz de amá-lo com a mesma intensidade de Deus Pai.

Essa tratativa do amor de Deus por Israel, como de um Pai para com um filho, pode ser vista no texto de Êxodo 4.22: "Depois diga ao faraó que assim diz o Senhor: Israel é o meu primeiro filho, e eu já lhe disse que deixe o meu filho ir para prestar-me culto. Mas você não quis deixá-lo ir; por isso matarei o seu primeiro filho!" ; como também em outras referências bíblicas (Os 11.1; Dt 1.31; 8.5). Porém, isso sempre ocorreu no contexto coletivo e não individualmente.[1]

O termo Pai toma uma direção mais aprofundada com Jesus. Ele retoma a apreciação da palavra e a apresenta na forma mais íntima de um relacionamento pessoal. Jesus traz a denotação de Pai para Si, como também para os seus discípulos, quando expressa: "Meu Pai e Pai de vocês" (Jo 20.17; Jo 17.1; Mt 6.9). O que Jesus fez foi simplesmente expressar

---

1 No antigo testatemento, a única passagem que trata de um indivíduo sendo filho de Deus é o filho de Davi em 2 Sam 7:14, que é realizada parcialmente em Salomão e ultimamente em Jesus.

a realidade da sua relação com Deus, como seu Pai e, daqueles que se tornaram filhos adotivos.

Isso não era uma forma de ludibriar os seus discípulos, nem os demais ouvintes que criam nele, conforme escreveu Costa:

Foi surpreendente para o judeu o fato de Jesus referir-se ao Pai de uma forma nunca vista e jamais praticada. Devemos notar que Jesus, em suas orações, não usava de um artifício para criar impacto ou para presumir, diante de seus ouvintes, uma relação inexistente com o Pai; Jesus apenas revelou o fato do seu relacionamento íntimo e especial com o Pai.[2]

Portanto, a paternidade de Deus não foi algo que surgiu apenas a partir da adoção que ele realizou, mas sempre existiu. Desde os tempos eternos ele é Pai de Jesus. Assim, todo aquele que por meio de Jesus Cristo se tornou filho de Deus por adoção, pela autoridade e íntima relação com ele, criada no Filho, pode chamá-lo de *abba*, Pai.

De forma precisa, o amor do Pai se apresenta para os seus filhos e isso pode ser visto em 1 João 3.1, quando diz: "Vejam como é grande o amor que o Pai nos concedeu: sermos chamados filhos de Deus, o que de fato somos! ". O termo grego que inicia o versículo é um verbo no imperativo (vejam), onde o autor chama a atenção do seu público para tal atitude amorosa do Pai. Um grande amor, que não é simplesmente demonstrado, mas concedido por ele, onde a palavra grega traduzida por "grande", aparece com o significado "que tipo de" ou "que maneira de", trazendo a ideia de alguém que fica espantado, admirado, com tal ato de amor revelado e realizado por esse Pai gracioso[3].

Assim, o autor da carta (1 Jo), deixa evidente que a atitude de Deus como Pai não é mera descrição, mas uma obra deliberada do Seu amor imensurável. Era exatamente para esse alvo que João queria apontar, para o conceder do Seu grande amor, a ponto de nos chamar de filhos.

---

2 Hermisten Maia Pereira da Costa, *Efésios – O Deus bendito: um comentário bíblico, teológico e devocional.* (São Paulo: Cultura Cristã, 2011), 80.

3 J. Simon Kistemaker. *Comentário do Novo Testamento – Tiago e epístola de João.* (São Paulo: Cultura Cristã, 2006), 391.

Portanto, esse amor é garantido não por algo que o homem fez ou faça, mas pelo Pai de amor, que nos amou em Cristo antes da fundação do mundo (Ef 1.4-5), como escreveu R. LaRocca: "A paternidade de Deus Pai estende-se àqueles que são co-herdeiros em Cristo, o Filho de Deus. Assim, a ordem da paternidade de Deus pode ser expressa do mais específico ao mais geral desta forma: 'Pai do Deus Filho e Pai dos que estão unidos ao Filho'"[4].

Deste modo, o amor de Deus Pai também se estende aos seus filhos por meio da disciplina, não para expressar ira ou vingança sobre eles, mas para corrigi-los e colocá-los na direção certa, pois esta disciplina só ocorre com aqueles a quem Ele ama e trata como filhos verdadeiros (cf. Hb 12.6-11).

Paternidade familiar

O contexto brasileiro apresentado sobre paternidade familiar é bastante degradante e triste. Mediante o senso escolar de 2011, ficou demonstrado que cerca de 5,5 milhões de crianças não têm os nomes dos seus pais em suas certidões de nascimento, de acordo com o Conselho Nacional de Justiça[5]. O fato desses pais não assumirem a paternidade têm diversas razões, mas, as principais alegações são: a tentativa de escapar das obrigações financeiras, ter que assumir os gastos com a criação da criança; e a fuga da participação direta na vida do filho gerado por ele, além da não responsabilidade pelo desenvolvimento disciplinar.

No contexto bíblico, o patriarcado é a forma que identifica a família israelita e dá estruturação a sua funcionalidade, sendo assim indicado pelo termo hebraico *bêth āb,* que tem o significado de "a casa do pai". Em todo o texto bíblico fica evidente que o pai, sendo o chefe da família, tem a responsabilidade por manter a ordem da casa, com piedade, preocupando-se com a provisão e de forma prioritária, cuidar dos seus (cf.

---

4 Robert LaRocca "Deus o Pai," Em *sumário de Teologia Lexham*, B. Ellis, M. Ward, & J. Parks (Orgs.) (Bellingham, WA: Lexham Press, 2018), 39.

5 Katarina Bandeira. "A paternidade no Brasil". Disponível em https://www.unama.br/noticias/paternidade-no-brasil.

1 Tm 5.8). Também está na incumbência da paternidade a instrução e a disciplina dos filhos (Hb 12.7-11), com firmeza, mas em amor (Dt 6.4-7; Ef 6.4; Cl 3.21), de acordo com Sinclair Ferguson e David Wright:

> O chefe de família, no AT, exerce uma função quase sacerdotal. Antes do estabelecimento formal do sacerdócio levítico, ele era o responsável por oferecer sacrifícios a Deus em favor de si mesmo e sua família (Gn 8.20; 12.7,8; 22.2–9). Na Páscoa, observada no lar, o dever sacerdotal da oração era (e é até hoje) atribuído ao pai de família, a ele cabendo também explicar o significado daquela refeição celebrativa aos filhos (Êx 12.24–27)[6].

O pai deve ser um representante do Deus Pai, mesmo sem alcançar a perfeição, com base no caráter e atributos do Pai Celeste, como amor e piedade. Assim, no contexto familiar a existência da figura paterna é algo de extrema necessidade, não apenas a figura aparente, mas presente e ativa, onde sua paternidade aponte para o modelo maior de Pai, como está escrito em Efésios 3.14-15: "Por essa razão, ajoelho-me diante do Pai, do qual recebe o nome toda a família nos céus e na terra".

A paternidade familiar não é algo que o homem criou, mas algo que ele recebeu de Deus Pai, para exercer com maestria. Sendo assim, um pai que desempenha essa responsabilidade como excelência, não busca fazê-la com a intensão de ter suas obstinações satisfeitas, mas exerce seu papel auxiliando os filhos, mostrando qual a maneira sábia de agir (Pv 3.12), ele faz assim por obediência ao Pai e amor a seus filhos.

Em um mundo tão globalizado, a paternidade sofreu influências filosóficas e o relativismo é um das que mais causam danos. Isso tem levado a desestruturação familiar, onde o papel de pai não tem sido exercido conforme o padrão bíblico, mas de acordo com um padrão secular ou de outra religião. Isso implica em pais que não se dedicam aos filhos como deveriam (Ef 6.4) e filhos que não aprendem a seguir as Escrituras como regra de fé, conduta de obediência e honra (Ef 6.1-3). Com isso, eles

---

6 Sinclair B. Ferguson e David R. Wright. *Novo dicionário de teologia* (São Paulo: Hagnos, 2011), 424.

vivem baseados nesse relativismo, onde seus relacionamentos são fundamentados no que acham ou querem e não no que Deus diz.

Portanto, o exercício paterno deve ter como alvo maior, transmitir a imagem do Deus invisível por meio do pai visível. Mas infelizmente o que se vê habitualmente é o ser humano transmitindo a sua própria imagem, com atitudes indevidas de um pai que não está preocupado em obedecer ao Senhor. Ao invés de ser um protetor, torna-se agressor, onde deveria ser uma figura de amor, é uma figura de ódio. Essa é a realidade da paternidade familiar que ocorre na grande maioria dos lares. Mas, embora existam muitos perigos no meio da moderna dinâmica paternal, há também paralelos de pais que agem de forma amorosa e piedosa como Deus, pelo menos no contexto do Ocidente.

Paralelos e perigos

No Brasil e no mundo propagam-se ideais e pensamentos sobre a paternidade de Deus e do homem que se apresentam como verdades absolutas; tais argumentações alegam que quando o pai terreno não realiza corretamente a sua função, acaba por manchar o conhecimento e entendimento que os filhos possam ter a respeito de Deus como Pai, desfazendo o paralelo que possa existir, levando-os a enxergarem o Pai Celeste pelo mesmo ângulo que veem seus pais agindo, de forma descompromissada com eles. Assim, se faz necessário que seja desenvolvido o paralelo entre Deus Pai e o pai terreno, e os perigos da negligência da paternidade humana.

Como paralelo, o que pode ser visto são ações realizadas por pais que são obedientes e tementes ao Senhor, que agem para com seus filhos da mesma forma que o Pai Celeste, claro, sem Suas perfeições, que não são possíveis à paternidade humana. Esses pais têm atuação direta com cuidado, provisão, proteção, ensino e disciplina, que refletem a ação de Deus Pai na vida dos seus filhos diariamente.

Um exemplo a ser mencionado que reflete bem esse paralelo é o de Jó. Ele tinha uma ação ativa na vida dos seus filhos com instrução, intercessão e intervenção. Esse pai realizava atos que refletem ações do próprio

Deus Pai em benefício dos Seus filhos, Ele está sempre ativo. Jó realizava sacrifícios pelos filhos, algo muito claro da parte do Pai Celeste feito por meio de Jesus Cristo, este sendo o próprio sacrifício.

Quanto aos perigos, eles são reais, por conta de pais insensatos e obstinados em não obedecer a ordem de Deus com relação aos seus papéis designados nas Escrituras. Isso contribui para um não conhecimento e desconfiança dos filhos com relação a Deus como Pai, passando a olhá-lo apenas como um senhor ranzinza e autoritário que está no céu esperando que pequem para castigá-los.

Esses pais demonstram claramente falta de amor ao próximo (Mt 22.39), onde no contexto paterno são seus filhos, levando-os a pensarem que Deus age da mesma maneira, tendo assim, uma visão errônea a respeito do Pai Celeste. Desse modo, os filhos têm dificuldades de entender e aceitar que Deus opera diferentemente desse tipo de pai humano. Grande parte dos filhos pensam que por ter um pai que não vive de forma reta e amorosa, não pode ter um relacionamento de amor com o Deus Pai. Isso revela uma reprodução pérfida da imagem de Deus como Pai, onde a paternidade humana deveria ser o espelho mais vívido para isso.

A teoria que diz ser necessário que haja uma figura paterna para que alguém possa conhecer, compreender e receber os afetos do Deus Pai, é totalmente contrária às Escrituras, pois torna o pai terreno a figura primária na história da paternidade e não Deus, como diz David Powlison: "Esta ideia de pai-substituto não apenas despreza a Palavra e o Espírito, mas substitui uma imagem falsa de Deus por outra igualmente falsa. A imagem de um deus insatisfatório criada pela alma humana, supostamente devido à impiedade dos pais"[7].

De acordo com esse pensamento, se um filho não for amado como deveria pelo pai terreno, ela jamais saberá o que é o amor de Deus Pai em essência e prática. Porém, isso nunca foi e nunca será uma verdade na vida dos filhos de Deus, porque independentemente de como os pais na terra se comportem, o amor do Deus Pai pode ser conhecido

---

7 David Powlison. *E se você não foi amado por seu pai?* Coletânea de aconselhamento bíblico vol. 1 (Atibaia-SP: Seminário Bíblico Palavra da Vida, 2004), 84.

e vivido, não por causa das pessoas e seus atos pecaminosos, mas pelas misericórdias e graça desse grande Pai amoroso e bendito, que nos amou primeiro (1 Jo 4.19) e entregou Seu maior tesouro por pecadores como nós (Jo 3.16).

Portanto, apesar desses perigos serem reais na vida dos filhos, cujos pais são negligentes, é possível que eles encontrem e vivam a verdade a respeito do Deus Pai, como J. I. Packer descreve:

> O pensamento de nosso Criador tornar-se o nosso pai perfeito, ...é um pensamento que pode ter significado para todos, quer alguém diga: "Eu tive um pai maravilhoso e vejo que Deus é assim, só que melhor", ou: "Meu pai me decepcionou nisto, e nisto, e naquilo, mas Deus, louvado seja o seu nome, será muito diferente", ou até mesmo: "Eu nunca soube o que é ter um pai na terra, mas, graças a Deus, eu agora tenho um no céu"[8].

Portanto, há uma limitação no paralelismo dos pais, mesmo os crentes em Cristo, que por mais que busquem fazer o melhor, desejando ardentemente realizar obedientemente as instruções do Deus Pai, ainda continuam pecadores em um processo de santificação progressiva, sem que alcancem todos os atos designados por Ele, na condução de seus filhos.

Conclusão

Os pais que têm um desejo ardente de refletir os atos do Pai, os têm praticado com toda fidelidade possível que aponta para Deus, isso não apenas com palavras, mas com ações (1 Jo 3.18). Entretanto, percebe-se que pais desobedientes a Deus no que concerne a realizar seus deveres de cuidado, provisão, proteção e disciplina para com seus filhos, leva-os a um distanciamento da apropriada figura paterna, na terra e no céu, por conta da má representação vivida aqui.

Porém, o mais importante é que mesmo com essa situação de negligência ou maus tratos dos pais humanos, ninguém pode usar isso como

---

8 J. I. Packer. *O conhecimento de Deus.* (São Paulo: Cultura Cristã, 2014), 187.

desculpa ou barreiras para não se achegar a Deus como Pai. Independentemente de como o homem se comporte, Deus sempre apresenta os Seus atributos e caráter de Pai amoroso e bendito para com Seus filhos.

Portanto, a ideia de que alguém não pode conhecer o amor de Deus Pai porque não conheceu e não recebeu o amor do pai terreno é puramente falsa, pois o Pai Celeste dá provas do seu amor independentemente do que o homem faça ou deixe de fazer. É possível desfrutar da comunhão e ter um relacionamento íntimo com Ele, mesmo que não se tenha com um pai humano. Porque ele teve o maior gesto de amor por cada filho, ao entregar Seu Filho unigênito como substituto de pessoas imerecedoras.

A PESSOA SOLTEIRA, COMPLETA, REALIZADA, E EM PROCESSO

Paulo César Sant'Anna

Por que uma pessoa deve ficar solteira com tantas oportunidades de se casar? Esta pode ser uma indagação injusta por não considerar que a pessoa solteira no Novo Testamento se libertou de uma expectativa que havia no Antigo Testamento, em que se casar e gerar filhos era o ápice para se sentir completa e realizada. No pensamento de Peter Brown[1], a história do cristianismo mostra que há dignidade e completude para um solteiro que renuncia sua vida sexual. O monasticismo é um exemplo da renúncia sexual do solteiro e sua liberdade diante dos padrões antigos.

Segundo o IBGE, o PNAD (Pesquisa Nacional por Amostra de Domicílio), a população brasileira está dividida em 45,8% casados, 42,8% solteiros e 11% os grupos de divorciados e viúvos. Estes dados devem nos chamar atenção para esta parcela tão grande da população, considerando que nem todos os solteiros se casarão.

Alguns termos usados para uma pessoa que não está casada utilizados mais comumente são: solteiro, solteirice, celibatário, eunuco e *sozinhez*[2].

---

1 Peter Robert Lamont Brown, *Corpo e sociedade–O homem, a mulher e a renúncia sexual no início do cristianismo* (Rio de Janeiro: Zahar, 1990).

2 Termo usado inicialmente pelo escritor Paulo Mendes Campos e que tem sido utilizado para descrever pessoas que estão sós, sem um relacionamento de vínculo com outra pessoa. (https://www.portugues.com.br/literatura/paulo-mendes-campos.html).

Os contextos de uso destas palavras ganham significados diferentes como por exemplo: um divorciado pode se dizer solteiro para não passar pelo constrangimento ou discriminação que seu estado civil geralmente lhe impõe. O nosso foco aqui será na pessoa solteira, ou seja, aquela pessoa que nunca se casou.

A cultura fala

A cultura brasileira e latina, de modo geral, impregnou a ideia de que os homens são conquistadores e as mulheres sedutoras, logo, a sensualidade, o carnaval, a praia, e o sangue *caliente* parecem ser influências poderosas no pensamento e vivência dos habitantes na linha abaixo do Equador. Este contexto da sensualidade leva à precocidade do desenvolvimento da sexualidade que irá refletir na busca do (a) companheiro (a) para o desfrute de um relacionamento que poderá findar em casamento.

No Brasil, a cultura popular disseminada pela música reflete bem a aversão de alguém ter que ficar só, sem um (a) companheiro (a). Um exemplo pode ser visto na letra da música *À flor da pele* cantada pelo grupo Roupa Nova (2004) onde se ouve o refrão: *ninguém merece solidão, fala pro teu coração*, a letra rejeita a solidão do ser humano e mostra a expectativa de se ter alguém. Como um mantra, a visão da música tenta incutir que considerar a solteirice não é bom para as carências, afeições e emoções do coração. Se isto é o que podemos concluir, então, a sensualidade, o romance ou a química da pele ganham carta branca para se extravasar e preencher os desejos do coração.

O conceito humanista ensina que precisamos ter nossas *necessidades supridas*, disseminando a ideia de que o homem deve buscar satisfação e prazer. Nesse caso, o ser humano vive em relação a si mesmo em busca da felicidade própria. Com esta visão, uma pessoa solteira não poderá atingir felicidade plena, pois a felicidade e realização só têm sentido se for casada ou se relacionar com outra pessoa, *preferencialmente sexualmente*. Este pensamento destoa do pensamento bíblico como menciona Nancy De Moss: "A verdade é que a felicidade não é encontrada no (ou fora do) casamento; ela não é encontrada em nenhum relacionamento humano. Verdadeiro gozo somente pode ser encontrado através de Cristo".[3]

Na comunidade cristã, a ideia não é muito diferente, uma pessoa casada é vista com mais autoridade e primazia sobre o solteiro. Ter uma esposa, gerar filhos, por vezes, parecem ser o ápice da experiência humana. A igreja tem desafios para lidar com os solteiros que estão em nosso meio, se este for o pensamento dominante.

Quando o assunto é ministério, há ainda mais dificuldades para a aceitação de um solteiro ministrando quando a audiência é composta por maioria de pessoas casadas. De modo geral, o ministério do solteiro fica limitado ao departamento infantil ou trabalho com jovens e adolescentes. A igreja brasileira estigmatiza os solteiros independentemente dos seus dons, vocação e capacidades.

Quando se considera a idade de uma pessoa solteira, há grande pressão sobre ela. Seja porque decidiu investir nos estudos ou carreira, ou então porque tem que lidar com questões econômicas relacionadas aos altos custos do casamento, prolongando assim o tempo da solteirice.

O comportamento que reflete esta pressão cristã foi revelado numa situação inusitada com uma missionária, solteira por volta dos 40 anos de idade e que servia num campo pioneiro no Brasil. Ao participar de uma conferência missionária denominacional, a missionária era constantemente rotulada de *encalhada*, brincadeiras deste tipo eram comuns. Na oportunidade que ela teve de apresentar o seu relatório missionário, ela se dirigiu aos ouvintes dizendo estar cansada de ser rotulada de encalhada e fez a seguinte colocação: "Eu não sou encalhada, estou livre para servir a Cristo. Talvez encalhados estejam alguns de vocês que me rotulam, por terem um péssimo casamento e não poderem sair dele". Este exemplo mostra como as pessoas podem exagerar no trato com um solteiro, ferindo e intimidando com constrangimento.

Pessoas solteiras muitas vezes sofrem caladas, a não ser a exceção das mais corajosas que tentam soltar a sua voz revelando a frustração que

---

3 Nancy Leigh DeMoss, *Lies Women Believe and the Truth that Sets Them Free* (Chicago: Moody, 2001), 139. (tradução livre).

acontece no ambiente cristão. Uma boa exortação de David Merkh é: "Casados, cuidado para não presumir que seus amigos solteiros sejam 'pobrezinhos'; que todos vivam esperando o dia que finalmente poderão se casar e ser 'inteiros'; que sejam desesperados, encalhados, não desejáveis ou algo de errado com eles".[4]

O entendimento bíblico correto de quem é o homem em relação a solteirice se torna essencial para um tratamento e acolhimento adequado no contexto cristão. As Escrituras tratam deste assunto e alicerçam uma compreensão sadia da solteirice e sua aplicação no meio cristão, de modo que podemos colher bons frutos através dos relacionamentos abençoadores dentro da família de Deus.

A palavra de Deus define o solteiro

O texto de Gênesis 1.27 deixa muito claro que homem e mulher foram criados à imagem de Deus. A imagem de Deus no homem nos distingue como seres humanos de todo o restante da criação, assim os atributos comunicáveis de Deus representam esta imagem. Sendo assim, qualquer indivíduo é pessoalmente portador da imagem de Deus. Isto inclui todos os seres humanos, não importa o seu estado civil ou sexo, assim nada altera o fato de carregarmos a imagem de Deus. Neste sentido, somos definidos por Deus, em relação a Ele, pois fomos criados para refletir a sua glória. Sabemos que o pecado danificou a imagem de Deus no homem, bem como nossa capacidade de refletir sua glória, mas em Cristo Jesus tudo é restaurado, nos tornamos novas criaturas como relata 2 Coríntios 5.17.

O casamento pode gerar certa segurança, estabilidade social e realização ao ser humano, mas o ser solteiro busca todos estes elementos em Cristo. Entendendo a plenitude humana, Timothy Keller cita o seguinte exemplo: "Mas Jesus Cristo, o fundador do cristianismo, e Paulo, um de seus principais teólogos, permaneceram solteiros a vida toda. Adultos

---

4 David J. Merkh, *Comentário bíblico Lar, família & casamento: fundamentos, desafios e estudo bíblico-teológico prático para líderes, conselheiros e casais* (São Paulo: Hagnos, 2019), 508.

solteiros não podem ser vistos como seres humanos menos inteiros e realizados do que os casados, pois Jesus Cristo, um homem solteiro, foi o homem perfeito (Hb 4.15; 1 Pe 2.22)".[5] Na dinâmica da vida cristã, o relacionamento e intimidade com Deus é que determinam quão nítida é a imagem de Deus na vida da pessoa. Esta é uma responsabilidade pessoal, pois todas as coisas já nos foram doadas para uma vida piedosa que nos torna participantes da natureza divina como nos ensina 2 Pedro 1.3,4.

A solteirice voluntária e involuntária

O texto áureo sobre o tema da solteirice está em 1Coríntios capítulo 7. Para o entendimento do texto sobre o que Paulo diz: "Gostaria que todos os homens fossem como eu; mas cada um tem o seu próprio dom da parte de Deus; um de um modo, outro de outro" (1 Co 7.7). Na expressão *como eu*, Paulo está se referindo a alguém não casado. No entendimento que Paulo está argumentando a solteirice, podemos considerar pelo menos três observações sobre o texto: a perseguição presente (1 Co 7.26), a volta iminente de Cristo (1 Co 7.29,31), o investimento no reino de Deus (1 Co 7.32-35).

Dada a questão temporal e histórica do texto, podemos continuar aplicando os princípios ensinados por Paulo em nossos dias. O princípio de uma vida de consagração ao Senhor é ressaltado na passagem. Desta forma, também podemos entender que o propósito do casamento não deve ser apenas uma fuga para as tentações sexuais como ele parece sugerir em 1ª Coríntios 7.9. Uma pessoa deve se casar com convicção de que a aliança do casamento pode glorificar a Deus, assim também, uma pessoa deve permanecer solteira com esta mesma convicção.

Solteirice é um dom

A cultura do apelo sexual pode trazer sérios desafios para um solteiro. Talvez a ideia de que um indivíduo é *pleno* ou *realizado* somente quando desfruta da intimidade sexual parece não deixar alternativa para um

---

5 Timothy Keller, *O significado do casamento* (São Paulo: Vida Nova, 2012), 235.

solteiro que não esteja em vias de se casar. No entanto, todo cristão deve aprender a ter domínio próprio em relação as suas paixões e desejos sexuais, até mesmo um casado. A fuga para uma realização pessoal não pode ser um álibi para um solteiro desobedecer a Deus nesta área vivendo em promiscuidade, fornicação ou envolvimento homossexual.

O texto de 1ª Coríntios 7.7 deixa claro que a solteirice é um dom. Sam Allberry afirma: "Se recusamos a ideia de ser solteiro um dom, não é porque Deus não nos entendeu, mas porque não o entendemos".[6] A palavra dom nessa passagem, é o mesmo dom dado pelo Espírito para a edificação da Igreja. Os dons são dados pelo Espírito Santo, mas precisam ser desenvolvidos na vida no cristão. Desta forma, os solteiros são capacitados a viverem na dependência do Senhor, mesmo aqueles que em algum momento sonharam em se casar.

No meio da comunidade cristã podemos encontrar solteiros frustrados com Deus, que gostariam de se casar, mas não encontraram o (a) companheiro (a) que preencha as qualificações e requisitos buscados. É possível um solteiro entrar numa escalada de frustação revoltante, onde ao final Deus sempre será o culpado. Já aconselhei jovens com mais de trinta anos, solteiros, desejosos de se casarem, mas sem esta perspectiva estar próxima de se concretizar. A questão sempre é: *por que Deus não me dá um cônjuge?* Bons desejos podem se transformar em ídolos no nosso coração e é isto que ensina Robert D. Jones em seu artigo intitulado "Como os bons desejos transformam-se em maus desejos".[7] O desejo de se casar é lícito, mas se deixar este desejo dominar o coração, ele vai se transformar num ídolo. Neste sentido, é como se dissesse que a vida só tem sentido se formos casados. Podemos dizer que o casamento é uma coisa muito boa, mas o significado maior da vida é que fomos criados para o louvor da glória de Deus.

A Palavra de Deus nos adverte em Tiago 4.1-3 que os desejos que controlam nosso coração revelam a autogratificação que buscamos. Pre-

---

6 Sam Allberry, *7 Myths About Singleness* (Wheaton, IL: Crossway, 2019), 37. (tradução livre)

7 Robert D. Jones, *Como bons desejos transformam-se em maus desejos*, Coletânea de aconselhamento bíblico vol. 6 (Atibaia, SP: SBPV).

cisamos submeter todos os nossos sonhos, planos e desejos ao Senhor, como diz Tiago 4.15. As Escrituras nos ensinam a submissão à vontade de Deus (Rm 12.1,2), em obediência, com o propósito de agradá-lo (Sl 37.4,5). Desta forma o Senhor trará a satisfação para o nosso coração, quer da maneira que imaginemos, quer de um modo inesperado. Portanto, qualquer pessoa pode ser verdadeiramente realizada e completa se buscar fazer a vontade de Deus com temor.

Solteirice é problema?

Ser solteiro não é um problema. Mesmo com certos exageros da prática da igreja, que precisam ser revistos, a solteirice não é vista como problema. No entanto, Christina Hitchcock parece querer enfatizar tanto a solteirice que seus argumentos soam ataques ao casamento. Um exemplo é quando ela cita o *movimento do mandato do casamento* abrangendo vários escritores que defendem o casamento como plano de Deus para o ser humano. Ela diz: "As crenças básicas do movimento são que o casamento é a norma para todas as pessoas (não apenas para os cristãos) e que apenas aqueles que receberam o "dom de ser solteiro" podem legitimamente optar por sair do casamento".[8] Como vimos acima, solteirice de fato é um dom de Deus, uma capacitação dada para alguns que poderão ser grande benção no seu reino.

Por outro lado, temos que entender o fato bíblico do mandato da criação em Gênesis que inclui o casamento, gerar filhos para espalhar a imagem de Deus, como afirma David Merkh: "O celibato não é norma para o ser humano, muito menos para a sociedade. A ordem divina de multiplicar-se e encher a terra (cf. Gn 1.28) nunca seria cumprida, a não ser que a maioria casasse e tivesse filhos".[9]

Podemos concluir aqui que, tanto o celibato quanto o casamento são dons de Deus. Se refletirmos e espalharmos a imagem de Deus na terra, cumpriremos o propósito para o qual fomos criados. O casado tem os

---

8 Christina S. Hitchcock, *The Significance of Singleness: A Theological Vision for the Future of the Church* (Grand Rapids: Baker, 2018), Edição do Kindle, pos. 411.

9 Merkh, *Comentário bíblico Lar, família & casamento*, 507.

meios próprios vivendo a unidade na diversidade para refletir a imagem de Deus, assim como o solteiro mostra seu profundo relacionamento e dependência de Deus para fazer o mesmo.

Um perigo à vista

A pessoa solteira, como qualquer outro ser humano, tem suas lutas contra as tentações e pecados. A homoafetividade que é a atração por uma pessoa do mesmo sexo, pode ser uma luta. Na carta de 1 Pedro 2.11 somos advertidos a nos abster dos desejos carnais. A luta por desejos homoafetivos precisa ser reconhecida como um desejo carnal, da mesma forma como alguém que luta com a lascívia ou um coração orgulhoso.

O problema, é que geralmente o julgamento da comunidade cristã precede os passos bíblicos Efésios 4.15 de falar a verdade em amor, ou de Gálatas 6.1,2 de carregar os fardos uns dos outros e corrigir o irmão com espírito de brandura. A *desconfiança* sobre a sexualidade de uma pessoa solteira que *passou da idade* de se casar é injusta e causa distanciamento no corpo de Cristo. Também é um perigo achar que a solução para o homoafetivo é simplesmente ter um casamento hetero.

No entanto, aquele que luta com a homoafetividade precisa encontrar crentes maduros que possam ajudá-lo nesta batalha. (Veja a abordagem para o cristão homoafetivo nesse volume por Lisânias Moura.)

A igreja e o solteiro

A Igreja do Senhor Jesus é conhecida como a família de Deus em Efésios 2.19. Para o solteiro o ambiente da família de Deus talvez ganhe muito mais significado do que para um casado. Tendo ou não família na Igreja, o solteiro pode desfrutar de comunhão com os membros da família de Deus, sendo acolhido e encorajado a viver para o reino com membros da mesma faixa etária, que compartilhem de interesses comuns e enfrentam os mesmos desafios de vida.

Ser parte da família de Deus, traz para os solteiros privilégios e res-ponsabilidades, assim como ocorre em toda família. Entendendo desta forma podemos afirmar que é uma via de duas mãos: a responsabilidade da igreja para com o solteiro e a responsabilidade do solteiro para com a Igreja.

Uma via de duas mãos

A primeira via nos remete ao amor cristão que deve permear os relacionamentos da família de Deus. Se assim agirmos, poderemos olhar para os solteiros com outros olhos e tratá-los com amor e dignidade. As pressões sobre os solteiros e brincadeiras inconvenientes não deveriam ser parte do nosso linguajar. Pelo contrário, a aproximação com real interesse em acolhê-los para encorajá-los e prover pastoreio deveriam ser o alvo.

A Igreja pode propositadamente pensar nos solteiros providenciando o ambiente onde a mutualidade poderá acontecer:

Acolhimento numa família: muitos solteiros que estão em fase de estudos, ou se engajando profissionalmente estão longe de seus lares e família. Olhar para esta situação na comunidade, qualquer família poderá se aproximar do solteiro e *adotá-lo* para que ele desfrute da amizade e ambiente familiar

Comunhão e ensino: nem sempre a igreja oferece em seus programas atividades ou temas que inclua os solteiros. Por isso, às vezes eles ficam desconcertados quando lhes parece que o ambiente adulto é formado somente de pessoas casadas. Por isso, será necessário pensar nos solteiros quando se planejar retiros, reuniões, escola dominical (não somente classe de jovens ou adolescentes).

O pastoreio do solteiro: aconselhamento e discipulado devem existir como parte do programa da Igreja para a realidade do contexto do solteiro. Homens e mulheres de Deus preparados para este ministério poderão fazer mentoreamento dos solteiros. Geralmente os pequenos grupos são excelentes ferramentas para trazer o solteiro para dentro da família que é a Igreja.

A liderança da Igreja deve vislumbrar os solteiros para a vocação ministerial como Sam Allberry sugere: "Em igrejas com mais de um pastor, ter pelo menos um solteiro também pode ser vantajoso"[10], e explica o motivo: "É bom que os membros da igreja vejam exemplos diante deles de solteiro com foco no evangelho, bem como de casamento com foco no evangelho. É uma forma de demonstrar o que Paulo disse sobre o casamento e a condição de solteiro serem dádivas honrosas de Deus."[11]

A segunda via, parte do solteiro em relação a Igreja, para isto será necessário um comprometimento com a fé. O engajamento na vida da igreja em prol do reino de Deus é fundamental, pois somos parte do sacerdócio real como ensina 1 Pedro 2.9. Muitas vezes o solteiro é subutilizado no serviço do reino. Sem um encorajamento será muito difícil para ele tentar cruzar as barreiras *às vezes invisíveis* que lhes foram impostas. Hoje existem muitas oportunidades para que o solteiro realize seu ministério no corpo de Cristo e auxilie a Igreja a cumprir o seu papel na propagação do evangelho e na adoração de Cristo.

O engajamento no serviço cristão, o apelo para servir através dos dons e talentos abre uma gama de possibilidades em diversas áreas ministeriais da igreja: ensino, aconselhamento, talentos musicais, administração, discipulado, viagens missionárias e tantas outras oportunidades de acordo com a realidade da comunidade.

Conclusão

O sábio Salomão nos ensinou em Eclesiastes que há tempo para todo propósito debaixo do céu. Em nossos dias não temos paciência para discernir a vontade de Deus e aguardar o tempo certo, logo, precocemente somos estimulados a desenvolver sentimentos e expectativas em conformidade com o humanismo. Em Cantares de Salomão, uma palavra para quem é solteiro e em processo: "Mulheres de Jerusalém, eu as faço jurar pelas gazelas e pelas corças do campo: não despertem nem provoquem o amor enquanto ele não o quiser" (Ct 2.7). Deste modo precisamos reconhecer a soberania de Deus em nossa história pessoal, e que é ele

---

10 Allberry, 100.
11 Allberry, 100.

que a seu tempo vai conduzir nossos passos, seja para serví-lo solteiro ou casado, sem forçar a barra das expectativas do próprio coração ou das cobranças alheias.

O CARÁTER HUMANO OU A PESSOALIDADE NAS ARTES

Sandra Glahn e Jazmine Sánchez Linares

O primeiro verbo mencionado na Bíblia é "criou". O livro de Gênesis abre com Deus falando vida à matéria e estabelecendo ordem no caos. Deus, como artífice, esculpe a coroa de sua criação: *adam*. Em sua própria imagem, o Todo-Poderoso criou *adam* como macho e fêmea. Como o autor de Gênesis escreve, "Assim Deus criou o homem à sua imagem, na imagem de Deus ele os criou: macho e fêmea ele os criou (Gn 1.27, NVI).

Deus criou em mais de uma forma. Ele falou *ex nihilo*, fazendo algo do nada, mas também esculpindo o primeiro ser humano a partir do pó da terra, formando um corpo físico antes de soprar Seu próprio sopro de vida nas narinas daquele que formara.

A antropologia bíblica celebra a pessoa daqueles seres humanos feitos à imagem do seu Deus criador. Esta é a primeira identidade humana. E como uma expressão desta identidade, seres humanos, como seu Criador, criam. E colocam sua própria essência naquilo que produzem.

A despeito dos seres humanos reconhecerem ou não seu Criador no seu criar/ processo criativo, estes que carregam a imagem de Deus participam no "fazer" numa variedade de formas. Estas vão desde as sombras das peças de Wayang kulit[1], da Indonésia, até as máscaras de Bwa feitas de tábuas de madeira[2] e até as pinturas das cavernas do Parque Nacional da Serra da Capivara, no Piauí.

Suas construções têm formas similares, muito embora cada uma dessas civilizações tenha existido há milhares de anos da outra. Algumas culturas, mesmo não tendo nenhum contato umas com as outras, compartilham tendências e similaridades de produção. Tanto egípcios quanto astecas construíram pirâmides como locais de devoção espiritual. Suas estruturas compartilham similaridade de formas, muito embora, uma destas civilizações tenha existido anos antes da outra. Estes povos, ainda que distintos e não relacionados entre si, operavam a partir de propósitos semelhantes e cada uma de suas criações únicas representavam algo característico de sua visão de mundo, cultura e visão a respeito da humanidade. Por exemplo, os astecas construíram degraus em suas pirâmides a fim de que aqueles que por eles subissem o fizessem em postura inclinada, denotando respeito.

A teologia da pessoa humana se expressa nas artes em bilhões de formas. Cada pessoa como uma criação única, a qual pertence a um grupo de pessoas com tradições, arquitetura, comidas, folclore e figuras de linguagem singulares. Para se explorar tudo isso levaria muitas gerações. Assim, neste ensaio iremos considerar somente uma amostra minúscula. Nosso foco será uma cidade a qual vistamos juntas: Orvieto, na Itália. Começaremos por observar como uma teologia da pessoa humana se expressa na catedral Duomo, de Orvieto.

Mas por que debruçar nosso olhar sobre locais associados ao catolicismo romano? Porque esta imagem é grandemente familiar aos leitores brasileiros. Embora os evangélicos tenham advindo do ramo do cristia-

---

1 Wayang kulit é uma peça de marionetes de sombras, originalmente encontradas nas culturas das ilhas de Java, Bali e Lombok, na Indonésia. O artista das marionetes das sombras, denominado *dalang*, manipula figuras de moldadas no couro entre uma fonte de luz (uma lamparina de óleo de coco ou de fonte elétrica) e a tela, trazendo vida às mesmas e apresentando narrativas inspiradas no bem *versus* o mal.

2 O Parque Nacional Serra da Capivara está localizado na região dos municípios de Canto do Buriti, Coronel José Dias, São João do Piauí e São Raimundo Nonato, no Piauí, área de mais antiga e maior concentração de sítios pré-históricos da América, sob a gestão do Fundação Museu do Homem Americano. Os registros arqueológicos naquela região apresentam pinturas de mais de doze mil anos.

nismo católico romano por razões práticas e teológicas, nossa teologia compartilha a mesma raiz sistêmica (por exemplo, a Trindade e as duas naturezas de Cristo). A grande tradição [católica, no sentido universal] tem sempre afirmado a dignidade humana como dádiva divina, mesmo à medida que os reformadores clarificaram de forma mais aprofundada a depravação humana e o perdão por meio da graça divina através da fé somente. Consequentemente, evangélicos ainda podem encontrar muito o que apreciar nas expressões artísticas que expressem uma visão elevada da dignidade humana original e a esperança em nosso estado eterno, assim como expresso nas Escrituras.

A catedral (Duomo), em Orvieto, Itália

A catedral em si

Por mais de mil anos as catedrais permaneceram como epicentros de centros urbanos que emergiam na Europa. Essas estruturas com propósitos diversos e de natureza multiuso eram uma combinação de prefeitura, abrigo durante grandes tempestades, e de uma torre com soar de sinos que indicavam nascimentos, falecimentos, casamentos e cultos religiosos. Os arquitetos de catedrais buscaram criar espaços esteticamente bonitos, onde o corpo de Cristo visível pudesse se reunir sob uma estrutura que contasse a história divina. Desenhadas com o objetivo de que fossem "*lugares lean*", onde os adoradores pudessem encontrar apenas uma fina camada separando terra e céu, as catedrais sempre ressaltaram para as pessoas diferentes aspectos de Deus. Sua vastidão visa inspirar assombro e admiração e relembrar aos seres humanos de sua mortalidade em face do infinito. Os exteriores apontavam para os céus. Entradas escuras se abrem para janelas de rosa e vitrais simbolizando os seres humanos adentrando o pecado e sendo envolvidos pela luz de Cristo. As suas naves evocam imagens do ventre de Maria abrigando o Deus encarnado, ou a arca de Noé, salvando os justos do dilúvio. A cruz nos lembra a redenção. Abóbadas e cúpulas cobrem o altar, um lugar onde se reconhecer o pecado e a submissão a Deus. Todos esses elementos e muitos mais são desenhados para transportar os adoradores desde o mundo material até o espiritual.

De forma muito especial os arquitetos e desenhistas de catedrais góticas deram significado a cada elemento de suas estruturas.[3] Nelas os adoradores encontram representações visuais de figuras de animais simbólicos, perfeitamente ilustradas tanto no entalhamento de madeiras como nas esculturas em pedra dos capitéis, baluartes e os topos dos contrafortes.

O autor de *"Heaven in Glass and Stone"* cita um historiador que apresenta a lógica por trás das catedrais: elas "foram feitas por pessoas para as quais o mundo inteiro: animais, plantas, insetos, gramas, mares e nuvens; eram manifestações simbólicas de um universo espiritual que não pode ser visto."[4]

Embora com processos de construção muitas vezes infestados pela corrupção, as catedrais foram erguidas para a glória de Deus e para o ensino de populações pré-alfabetizadas. Muitas Duomos ainda se erguem quinhentos anos após a invenção da imprensa, erigidas como enciclopédias visuais de história e teologia cristãs. E assim se ocorre com o caso da Duomo em Orvieto, com seus alicerces lançados em 13 de novembro de 1290. Erguida ao longo de mais três séculos, sua narrativa teológica fala da pessoa do ser humano, tanto através de sua arte exterior como a interior.

Os Frisos da fachada

Iniciada em 1320, a fachada frontal da catedral de Orvieto esteve em construção até o século XVII. O resultado do trabalho de trezentos anos é um recontar visual da história humana, desde a criação até o julgamento final. E esta narrativa é feita totalmente através dos frisos.

À medida que os adoradores se aproximam, eles veem lembretes de sua própria pessoalidade. Deus criou a humanidade, seres humanos são criaturas feitas por um Criador. Mas os seres humanos escolheram rebe-

---

3 Para uma análise completa deste assunto, veja :*How to Read a Church: A Guide to Symbols and Images in Churches and Cathedrals*, de Richard Taylor, (Hidden Spring Books, 2005), 246.

4 Barron, Robert. *Heaven in Stone and Glass: Experiencing the Spirituality of the Great Cathedrals*. (New York: Cross Road), 2000.

lar-se contra Deus. Ou seja, os seres humanos são decaídos. Ainda assim, o seu Criador enviou seu Filho para pagar o preço pelo pecado, assim, os seres humanos têm um Salvador que veio em carne, morreu fisicamente, foi sepultado fisicamente, ressuscitou corporalmente, e fisicamente ascendeu ao céu. E um dia irá retornar para julgar os vivos e os mortos. Por meio dos frisos de *O último julgamento* seres humanos imaginam o dia em que Deus irá exigir contas de cada pessoa individualmente, por ações realizadas ou das quais se omitiram. Ao contar a história humana, a arte expressa uma teologia da pessoa humana. Inicia com "quem nós somos" e comunica que a personificação física é boa.

"A ressurreição da carne", de Lucas Signorelli

Dentro da catedral, os adoradores refletem sobre seu destino. Representações visuais dos condenados são abundantes, mas também as representações dos que alcançaram um estado de graça. Um exemplo destas últimas é "A ressurreição da carne", de Lucas Signorelli, na capela de San Brizio. No início do século XVI, Signorelli, o qual já por décadas havia sido considerado um pintor mestre, foi comissionado a completar o desenho desta capela decorada por Fra Angelico. O trabalho de Signorelli, "A ressurreição da carne" é atualmente considerado por alguns historiadores da arte uma das representações mais vívidas da ressurreição corpórea já pintadas no ocidente.[5]

Signorelli tinha uma razão premente por querer dar um tratamento tão passional à ressurreição dos crentes em Cristo. Seu filho Antônio, um colega de pintura, havia sido morto em Cortona enquanto seu pai estava a pintar em Orvieto. Na dor de Signorelli por um filho tão amorosamente querido, a quem Vasari descreveu como "bonito de face e de forma", Signorelli "em meio à sua dor dispôs-se com grande força de caráter a pintar o quadro de seu filho".[6] Embora ninguém saiba qual face

---

5 Miles, Margaret, "The Revelatory Body: Signorelli's Resurrection of the Flesh at Orvieto," *Theological Education*, Volume XXXI, Number 1 (1994): 75.

6 De Giorgio Vasari's "Lives of the Most Eminent Painters, Sculptors, and Architects" (seleções) citado em "The High Renaissance and Mannerism" website, < http://all-art.org/early_renaissance/vasari_lives6.html >.

é a de Antônio, assume-se que sua imagem esteja incluída nesse fresco de esperança.

Signorelli havia sido influenciado filosoficamente por Agostinho, o qual descreveu a ressurreição do copo como sem peso, estando livre da força da gravidade terrestre, demonstrando afeição sem a urgência do desejo, e inconsciente das marcas da socialização dos gêneros. Nos seres humanos da ressurreição de Signorelli, o observador encontrará estas mesmas características enfatizadas (vide figuras 1,2 e 3).

Na sua "ressurreição da carne", Signorelli conseguiu remover as diferenças na socialização entre macho e fêmea com corpos que retêm suas diferenças sexuais. Ele desenhou postura, atitude e músculos de tal forma a fazer os dois sexos igualmente fortes e atuantes. No tocante a isto Signorelli foi além de Agostinho ao representar o corpo feminino como capaz de perfeição, uma observação profundamente teológica que se alinha com visão bíblica de sexualidade no aspecto teológico do caráter humano. A artista Katie Fisher explica:

> As Escrituras, juntamente com a história da igreja, afirmam que a visão cristã adequada do corpo é positiva. O ser humano nunca foi idealizado a viver à parte do corpo físico, e é na ressureição que os cristãos podem encontrar conforto em saber que nunca correrão o risco de que nosso aspecto imaterial e material sejam separados. Fica claro em João 5:28-29 que toda a humanidade passará pela ressurreição, alguns para a vida e outros para o julgamento. Frequentemente nas imagens do período medieval da ressurreição os condenados ao inferno são apresentados nus, enquanto os santos são apresentados vestidos, geralmente com vestimentas que indicam sua identidade. Tais descrições reforçam o elo entre nudez e vergonha, uma ideia articulada na narrativa pós-Queda em Gênesis. Ao invés de ressurgir dos mortos e se vestirem, a humanidade na versão de Signorelli está vestida do corpo humano. Christopher West em suas aulas intituladas "Nus, e sem sentirem vergonha" sugere que se aqueles ressuscitados para a vida de fato vestem roupas, estas serão peças que farão o papel revelar, assim como a luz reve-

la, ao invés de vestuário sob o qual os seres humanos escondem sua vergonha, porque não haverá vergonha e necessidade de se esconder".[7]

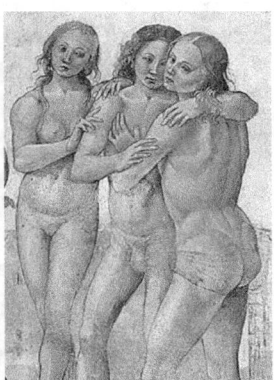

[1] Figuras alongadas sem peso
[2] Afeição sem lascívia
[3] Diferenças sexuais sem papéis sexuais rígidos

Pinturas de grandes figuras literárias

Parte do apelo de Agostinho para aqueles do período de Signorelli foi que eles experimentaram um interesse renovado nos "clássicos" e um desses autores foi o próprio Agostinho. Considerado a mais venerada fonte de sabedoria religiosa além da Bíblia, Agostinho cita Cícero, Sêneca, e outros escritores latinos famosos ao lado do apóstolo Paulo. E Signorelli parecia compartilhar sua apreciação por um olhar além da Escritura para validação da verdade bíblica. Observadores ainda podem ver sua apreciação expressa em algumas figuras literárias que Signorelli escolheu descrever.

Parte do comissionamento que aquele artista havia recebido foi pintar a base da capela. E naquela base ele representou tanto autores notáveis

---

7 Katie Fisher, "Luca Signorelli's Resurrection of the Flesh and Theology of the Body," trabalho não publicado apresentado in "Medieval Art and Spirituality, MW201, Dallas Theological Seminary, Orvieto, Itália, 1 de junho de 2019. Christopher West's audio CD series, "Naked Without Shame: A Crash Course in the Theology of the Body" foi produzido por *The Gift Foundation* in 2004 (2ª ed.).

quanto filósofos, celebrando o humanismo em sua melhor forma. Onde alguém pudesse esperar encontrar retratos dos grandes personagens da fé, tais quais Abraão, a virgem Maria ou mesmo Jesus, Signorelli pintou as faces de seis autores clássicos e um filósofo. Os autores: Ovídio, Horácio, Lucan (Marcos Annaneus Lucanus), Homério, Virgílio e Dante, bem como o filósofo Empédocles, aparecem ao nível do chão, no "nível terreno" da capela.

Junto àqueles quadros, Signorelli acrescentou ilustrações de doze poemas antigos e a *Divina Comédia*, de Dante. Ao apresentar aquelas pinturas e cenas Signorelli demonstra sua própria integração pessoal da fé Cristã e o melhor da cultura literária. E ao invés de pintar tais mentes clássicas como se olhando fixamente para o observador, Signorelli os têm olhado através da sala, testemunhando o julgamento final. De fato, Empédocles quebra a quarta parede para debruçar-se para além dos limites da base de seu pedestal para ver melhor o holocausto escatológico. Ao manter a temática do julgamento final, Signorelli inclui Dante e suas ilustrações do purgatório.

Ao observarmos a literatura da Idade Média, frequentemente somos impactados pelo fato do quão frequentemente as pessoas citam histórias bíblicas em pé de igualdade de valor em relação às narrativas clássicas, às vezes entrelaçando as mesmas com as Escrituras da mesma maneira que alguém poderia hoje citar Shakespeare ao lado de 1 Coríntios capítulo 15 num funeral. A escritora do início do século XV Cristina de Pisano, por exemplo, defendia que Deus tinha uma visão elevada das mulheres do que os homens da cultura ao seu redor. Ao afirmar isto, ela citava a nobre Cassandra, filha do rei de Troia e irmã de Heitor, bem ao lado da Rainha de Sabbá. Entre os estudiosos acadêmicos, dentre os quais os mestres pintores geralmente também se achavam, havia um reconhecimento de que certas narrativas perduravam por uma razão: elas reverberavam no coração humano porque continham elementos de verdades eternas.

Signorelli escolheu artistas que contaram a história humana de uma forma que se harmoniza com as Escrituras. Embora os frisos externos da catedral de Duomo comuniquem "quem a humanidade é", os afrescos da Capela centram-se em "para onde a humanidade está indo".

Representações do sofrimento de Cristo: o valor das pessoas

Um escultor e arquiteto experiente, Ippolito Scalza era um filho da Orvieto do século XVI. Documentos confirmam que em 1555, Scalza começou a trabalhar na catedral de Duomo, onde ele *serviu* como carpinteiro mestre (*capomaestro*) por cinquenta anos, Scalza recebeu comissões para produzir muitos trabalhos para a catedral, mas neste trabalho iremos nos centrar apenas dois deles: sua Pietá e "Ecce Homo", uma vez que estas obras seguem temas comuns na representação artística de Jesus Cristo.

A Pietà. A Pietá (a qual significa "dó" ou "compaixão") é uma convenção comum em arte sacra, usualmente em forma de escultura, a qual representa a virgem Maria segurando ou abraçando o corpo de seu filho morto. Às vezes a cena inclui outras figuras, como é o caso da "Pietá" de Scalza para a catedral de Orvieto.

Na versão de Scalza, criada em 1579, as personagens incluem Jesus Cristo, Maria sua mãe segurando seu corpo com a mão erguida em sinal de resignação e Nicodemos, segurando as ferramentas e a escada usadas para remover Cristo da cruz. Quando Scalza concluiu esta escultura, ela eclipsou os afrescos de Signorelli que decoravam as paredes e o teto da mesma capela. A "Pietá" como um tema recorrente lembra a humanidade de seu valor.

Quanto vale uma alma? Mais do que o mundo inteiro.

Ecce Homo, por Scalza. Na parte exterior da catedral de Orviedo, se usarmos binóculos poderemos ver os quatro primeiros doutores da igreja, homens em cada um dos cantos do quadrado que envolve a janela de rosa, Agostinho, Ambrósio, Gregório o Grande, e Jerônimo. Jerônimo foi o acadêmico líder em 382, quando o papa Damasco o comissionou para traduzir a Bíblia em Latim.

Ao ler o capítulo dezenove do evangelho de João, Jerônimo se deteve na cena na qual Pôncio Pilatos apresenta Jesus para uma multidão enraivecida. Nesta perícope, o Senhor está em pé envolto numa capa de púrpura, sangrando pelos açoites, coroado com espinhos e destinado à crucificação. E Jerônimo expressou em Latim as palavras de Pôncio Pilatos para a multidão: "Ecce homo", ou "Eis o homem!".

Centenas de anos depois, "Ecce homo" desenvolveu-se como um tema em arte sacra. Obras no modelo "Ecce homo", têm apresentado Jesus demonstrando uma expressão compassiva à medida que ele segura um cajado ou vara e olha para seus acusados. Ele se apresenta em pé, coroado com espinhos e sangrando na cabeça e nas costas. Frequentemente ele tem uma corda ao redor do pescoço e outra amarrando seus pulsos.

Na versão de "Ecce Homo" em mármore de Scalza, terminada em 1608 quando o artista estava no final de seus setenta anos, Cristo está de pé com os olhos fechados. E assim como o tema recorrente da "Pietá", a frequência do Ecce Homo, incluindo esta versão em Orvieto, também lembra à humanidade seu valor. Quanto vale uma alma? Vale a vida do Filho de Deus.

As portas da catedral

Mais recentemente, as portas quebradas de Duomo precisaram ser substituídas. Assim, em 1962, a Opera del Duomo comissionou o escultor e entalhador Italiano Emilio Greco a fazer três portas de bronze para fachada principal. Dois anos mais tarde, Greco as entregou concluídas. Mas uma controvérsia surgiu sobre se a catedral deveria ser considerada um monumento fechado. Após oito anos de debate, as portas foram finalmente aprovadas. A porta do meio, a única porta com arte representacional, ilustra as sete "Obras de misericórdia". As clássicas "sete obras de misericórdia" ou as "sete obras de misericórdia corporais" são os seguintes: sepultar os mortos, visitar os aprisionados, alimentar os famintos, abrigar os sem-teto, vestir os nus, visitar os doentes e refrescar o que tem sede. Para alcançar equilíbrio, o artista colocou lado a lado visitar os aprisionados com alimentar os famintos, de tal forma que a porta é dividida igualmente em dois painéis na largura e três painéis, no sentido, da altura.

Estes sete atos de misericórdia corporais são evidências de amor humano para com outros. O ponto central da maturidade humana é a semelhança com Cristo.

A Anunciação

A Anunciação é outro tema comum em arte sacra, um tema popular entre os mestres tais como Botticelli, da Vinci, Caravaggio, Fra Angelico, El Greco e milhares de outros. A composição da típica cena da anunciação apresenta elementos bem consistentes. Maria frequentemente está dentro de casa e o anjo, fora. Nas concepções medievais, Maria frequentemente é apresentada lendo um livro, demonstrando sua erudição. Nas versões medievais tardias e nas do início da renascença, raios de luz a iluminam. E às vezes uma pomba voa em sua direção, representando o Espírito Santo o qual viria sobre ela.

Os evangélicos às vezes interpretam representações da Anunciação como enfatizando sobremaneira a figura de Maria. Mas, tendo em mente que tal expressão artística era desenhada originalmente para comunicar ideias a populações pré-alfabetizadas, pode-se apreciar em tais representações um lembrete visual da humanidade de Jesus. A encarnação é um grande elemento dignificador da humanidade: Deus se veste a Si mesmo em carne humana, tornando-se "semelhante a um de nós", para tomar a forma de um servo (Fp 2.7).

Um mosaico na fachada da catedral de Orvieto apresenta a Anunciação. Mas de acordo com a Irmã Giovanna, Madre Superiora residente no Instituto de São Ludovico, um antigo monastério em Orvieto, a cena da Anunciação da catedral de Duomo não é a mais bela. Esta honra pertence ao afresco do próprio Instituto São Ludovico.

Agora nos seus quase setenta anos, a Irmã Giovanna relata [o período] quando ela era a única jovem freira ali. E sendo jovem entre tantas mulheres já idosas, ela sentia-se solitária e pouco útil. Em sua frustração, ela desceu ao fundo do ventre das cavernas Etruscas presentes sob o monastério, e acessíveis através de escadas internas. Ali, em seu Sheol pessoal, ela clamou a Deus.

Não muito depois disso, certa vez ela estava trabalhando na cozinha, no piso térreo. Naquela época (embora não mais exista), uma porta vinda da rua dava diretamente para a cozinha. E àquela porta ela ouviu uma batida. Ela a abriu, deparando-se com um casal britânico segurando um livro antigo. Eles apontaram para uma ilustração e perguntaram à irmã Giovanna sobre o afresco da anunciação que estava ali naquele cômodo onde ela se encontrava. Ela respondeu que ali não havia tal afresco, mas eles continuaram a apontar para o livro deles.

Mais tarde, naquela noite, a irmã Giovanna encontrou-se com a freira mais antiga dali e perguntou se ela já havia ouvido a respeito de tal coisa. A mulher a conduziu até um refrigerador encostado na parede. Ali atrás se encontrava um afresco de centenas de anos, incrustado em fuligem. E o prédio, disse-lhe ela, aninhava outros afrescos também. E, de repente, a irmã Giovanna se tornou a gerente líder de projeto de uma operação de restauração de afrescos medievais, a qual tem durado décadas.

A "cena da Anunciação mais bela de Orvieto", e muitas outras como ela, foi desenhada para lembrar a observadores pré-alfabetizados que Deus veio em carne, o maior elemento dignificador da humanidade em si.

Conclusão

Muito mais poderia ser dito das artes em Orvieto como expressão de caráter humano. O pátio em São Ludovico é um ambiente monástico típico, no qual um jardim ao centro nos lembra o jardim do Éden antes da Queda. Há ali as vinhas típicas da região, o sorvete de pistache, a massa com mel e a carne de javali, especialidades da região. Afinal, Deus de fato deu aos humanos 10,000 papilas gustativas. E há a riqueza cultural de longas conversas descontraídas após as refeições. Depois disso vem o ritual italiano da *la passeggiata, ou* "a caminhada", um passeio em grupo através da cidade onde todos, jovens e velhos, saúdam a um vizinho, seguram nas mãos de alguém a quem se ama, ou se assentam num banco com os amigos.

As artes, sejam aquelas poucas representações aqui apresentadas ou as múltiplas outras expressões da pessoalidade do ser humano, não concedem dignidade às pessoas. Ao invés disso, elas são a representação natural de criações de Deus com valor muito mais precioso do que mundos inteiros devido ao preço pago por elas. Tais expressões são as manifestações sociais da dignidade humana inerente a cada ser humano como portadores da imagem de Deus.

A foto de "Ecce Homo" e da "Pietá" (Catedral de Orvieto) e da "A Anunciação" (Instituto de São Ludovico, em Orvieto) são de autoria de Shala Graham, que gentilmente as forneceu para este livro. As demais fotos foram adquiridas de https://commons.wikimedia.org e são reproduções de obras de arte de domínio público.

PARTE 4.

RESPOSTAS EVANGÉLICAS ÀS TENSÕES SOCIAIS CONTEMPORÂNEAS

FEMINISMO: ABORDAGEM SOCIAL, ÉTICA E HISTÓRICA COM IMPLICAÇÕES PARA A IGREJA EVANGÉLICA BRASILEIRA

Ana Luísa Mello

Liderança significa atender as lacunas entre valores e realidades, e ajudar as pessoas a clarear suas necessidades e a trabalhar para suplantá-las. As tarefas mais difíceis e valiosas da liderança são desenhar estratégias para ajudar as pessoas a mudar suas atitudes, crenças, ou comportamentos. Liderança não é dar um mapa para o futuro que despreza os conflitos de valores (...). Liderança é motivar as pessoas para encarar as duras realidades e os conflitos profundamente enterrados.[1]

Nunca questões relativas a gênero foram tão discutidas, analisadas, distorcidas, atacadas e ou negadas como atualmente o têm sido no contexto social brasileiro. Ações de cunho político, militância em favor dos mais diversos grupos e seus projetos, a quase imposição teórica de matizes ideológicos *per se*, bem como pouca reflexão teológica cristã sobre tais temas e a escassez de literatura de qualidade em português a partir

---

1 Alice P Mathews, *Preaching That Speaks to Women*, (Grand Rapids: Baker Academic, 2003),133.

de uma perspectiva cristã reformada ou evangélica (e até mesmo na sua vertente *evangelical*), fazem de tais questões um desafio à teologia prática, onde conceitos e doutrinas descem da esfera teórica para o dia a dia das ruas dos bairros e regiões de diversos perfis socioeconômicos onde a igreja evangélica está presente. A inserção da igreja, entendida como a comunidade dos "chamado para fora" pelos méritos da obra redentora de Cristo[2], em seu contexto cultural e histórico, provoca ou deveria provocar diversas contribuições teológicas a esta análise.

Entretanto, a pouca formação educacional de qualidade da maioria de seus líderes, e a consequente limitação de análise hermenêutica e transposição para a realidade presente de princípios do texto bíblico, particularmente do Novo Testamento, bem como influências de teologias evangélicas de cunho sincrético, às quais, se conferem poderes espirituais às práticas sociais, não são capazes de transformar em mudança de mentes e mudança social tais realidades discernidas[3] e ou de correntes teológicas vindas de fora, com uma prontidão excessiva para a defesa de uma heterodoxia cristã, ainda que divorciada de maior conexão com a realidade social e carente de aprofundamento teológico, sendo mais afeita a uma fidelidade ortodoxa superficial, contribuem para o descrédito de abordagens evangélicas sobre o tema.

---

2 Esta afirmação contém implicações a partir da teologia cristã reformada e ou evangélica: a igreja, em diferentes contextos culturais, antes de ser uma instituição e agente social a partir de uma perspectiva sociológica, é uma entidade espiritual composta de pessoas que creem no Cristo ressurreto e d'Ele dependem para o viver cristão em sociedade e para o testemunho da mensagem libertadora de Cristo, a saber: a concretização dos propósitos eternos de Deus para a humanidade, através da reconexão com o Deus eterno e trino por meio da fé na eficácia da morte e ressurreição de Cristo para o perdão do distanciamento de Deus e da condição resultante (vida sem Seus valores), resultando em novidade e transformação de vida, propósito e transformação da sociedade a partir dos valores do reino de Deus aplicados a este presente contexto transitório, em jornada ativa rumo ao final da história através da segunda vinda de Cristo, quando a manifestação do reinado (já operante) de Jesus neste mundo e a vinda de novos céus e terra serão a culminação da restauração das primeiras coisas, conforme o relato da criação no livro de Gênesis caps. 1 a 3.

3 Ou seja, atua-se na esfera espiritual, mas essa atuação é limitada ao momento e às necessidades individuais, tão comum às práticas neopentecostais, sem desdobramentos espirituais e sociais duradouros, que beneficiem a outros ou que possam ir além do contexto da necessidade imediata.

Como se não bastassem tais obstáculos, padrões culturais brasileiros essencialmente misóginos[4] e a objetificação do corpo feminino com consequente resultados sociais violentos[5], seja através da mídia, de modelos (inclusive femininos) em diversos meios de comunicação, bem como um certo temor de perda de espaços de liderança masculina na sociedade e na igreja e competição por sustento financeiro, vale observar, aliados à escassez de lideranças femininas cristãs teológica e academicamente bem treinadas para lidar com assuntos de natureza social complexa, contribuem para o despreparo da igreja cristã evangélica no Brasil em refletir sobre desigualdades sociais pertinentes à mulher, às quais se estendem para dentro da igreja e podem ali, lamentavelmente, serem realimentadas.

A fim de contribuir para o entendimento das premissas históricas básicas do pensamento feminista e seu desenvolvimento histórico; e o conhecimento dos diversos matizes e ou linhas presentes no pensamento feminista contemporâneo, bem como apresentar para reflexão questões de ética cristã associadas a posições ditas ortodoxas e demonstrar a inconsistência entre discurso e prática cristã, bem como propor uma abordagem mais justa, verdadeira e realista da posição da mulher na sociedade e na igreja atuais, a partir de uma reflexão teológica cristã de natureza moderada e à luz dos valores da reforma protestante, é que empenhamos esforços neste pequeno estudo.[6]

---

4 Misoginia (do grego *misein*: odiar + *gyne*: mulher) pode ser definida como uma atitude preconceituosa, odiosa ou aversa para com mulheres. Culturalmente, e também no meio cristão, pode se manifestar numa visão da mulher como essencialmente inferior ao homem, como alguns pais da igreja assim entendiam (vide Tertuliano, João Crisóstomo, 305-340 DC), com consequentes desdobramentos práticos na limitação de papeis sociais.

5 De acordo com o IBGE, a cada quatro minutos uma mulher sofre violência doméstica de natureza física e psicológica no Brasil. A violência física teve um aumento do percentual de 2019 para 2020, de 59.8% para 64.1%, respectivamente. Em 2020 o Brasil registrou mais de 105 mil denúncias de violência contra a mulher, com uma média de mais de 290 denúncias por dia. Referência CNN Brasil.

6 Clarifique-se que, embora este trabalho possa tocar em questões afins, não se propõe a discutir questões teológicas de igualitarianismo e complementarianismo sobre o papel da mulher na igreja, entendidas como posições opostas sobre a liberdade, legitimidade e bases teológicas para mulheres no ensino e exercício de funções de liderança cristã, remunerada ou não, a partir de entendimentos e escolhas exegéticas distintos. Para tanto, vide a bibliografia abaixo, dos quais destacam-se Sarah, Sumner. *Men and Women in the Church Building Consensus on Christian Leadership* (Downers Grove IL: InterVarsity Press, 2003); Michelle Lee-Barnwall *"Neither Complementarian nor Egalitarian – A Kingdom Corrective to the Evangelical Gender Debate* (Grand Rapids: Baker, 2016). Para um contraponto mais conservador, vide Wayne Grudem, et al, *Recovering Biblical Manhood and Womanhood e Countering the Claims of Evangelical Feminism: Biblical Responses to the Key Questions.*

Equívoco de premissa

Tem sido relativamente comum ouvirmos afirmações pouco elabo-radas por parte de algumas de lideranças evangélicas no Brasil, inclusive de parte daquelas em posições de projeção, que expressam uma rejeição do feminismo enquanto movimento, em favor da defesa de um certo "conceito de feminino", muitas vezes não definido e, se definido, feito a partir de referenciais culturais os quais jamais se aplicariam a mulheres em contextos outros que não ocidentais e influenciados pelo pensamento greco-romano. Portanto, tais definições são, por natureza, limitadas e particulares e não universais, apontando para a questão maior do proble-ma da definição do que é o "ser feminino".

A questão que se apresenta é extremamente complexa e as tentativas de definição possuem facetas temporais, ou seja, refletem os questiona-mentos das mulheres de seu tempo à luz das questões sociais de sua época. A premissa básica da afirmação "feminina sim, feminista, não" revela o entendimento, equivocado, de que "posições feministas" devem ser re-jeitadas e que tais se opõem a um conceito de "feminilidade cristã", não definido, mas que pode remeter à ideia genérica e socialmente construída de feminilidade, bem como sejam inerentemente contrárias à mensagem do evangelho.

Por desconhecerem a história do feminismo como movimento e se limitarem apenas à crítica e rejeição de posições feministas tradicionais oriundas destes movimentos da década de 1960 e 1970, há uma rejeição compreensível do termo "feminismo", considerando-se que marcos do movimento feminista daquela época, como a liberdade de e o acesso ao aborto, sejam incompatíveis com a visão cristã evangélica (e, vale dizer, também católico-romana) de valor da vida humana e, portanto, contrá-rios à mesma.

Entretanto, desigualdades sociais ainda presentes entre homens e mulheres no contexto da sociedade brasileira oferecem demonstrações concretas de realidades contrárias ao reino de Deus em seus valores, bem como opostas à visão de homem e mulher como seres criados por Deus e *igualmente* refletidores da imagem divina e, portanto, dignos de igual

cuidado, igual acesso à educação e capacitação profissional, igual remuneração, igual expressão e participação política e igual acesso e exercício
de liderança.

Assim temos uma *contradição histórico-teológica*: se o evangelho de
Jesus inaugura a presença do reino de Deus na vida do indivíduo que a
Ele se rendeu, levando-o a abraçar os valores do reino de Deus expressos
na Bíblia, *por que tais valores não se traduzem em mudanças sociais efe-
tivas, como a resistência à escravidão ou o entendimento de que a mulher
tem direito ao trabalho remunerado em pé de igualdade com homens, bem
como o direito ao voto ou até mesmo o acesso por mulheres à educação em
nível profissional em todas as áreas do conhecimento, e não apenas àquelas
ditas mais "femininas"*?[7] Além disso, por que se reforça, no contexto de
igreja e através de culturas evangélicas, imagens parciais e sexistas sobre
a mulher, a partir de um discurso masculino, ao invés de, num exercício
de prática profética, tão reclamada pela igreja, denunciar-se a injustiça?
Este conflito ou contradição entre teologia, experiência e prática deve ser
considerado como ponto inicial para nossa reflexão.

Desenvolvimento

Muitas vezes se ouve que o Cristianismo primitivo de fato trouxe
mudanças sociais no status da mulher durante o período incipiente da
fé cristã sob domínio greco-romano. Segundo Ruth Tucker e Walter Lie-

---

7 Embora mulheres tenham exercido de forma limitada a liderança e participação de comércio e produção de bens agrários na História antiga – vide Provérbios 31 e Lídia no período neotestamentário–as
primeiras áreas profissionais formalmente abertas a mulheres no Ocidente depois da Idade Média foram
as de cuidado para com os outros, como de serviços domésticos, hospedagem e depois a partir do século
XIX com a enfermagem moderna. Contrário às outras religiões pagãs, a própria fé cristã, encorajava o
cuidado de doentes como expressão do caráter cristão, bem como prové-los de alimentação, manifes-
tando os valores e ensinamentos claros de Jesus (Mt 25.36,43; At 5.15 -16; 28.8; Hb 6.10). Isto havia
sido evidente desde os primórdios da igreja, durante a pandemia de varíola de 165-180 D.C. e também
durante um surto de sarampo por volta de 250 D.C. "Christian emphasis on practical charity gave rise
to the development of systematic nursing and hospitals after the end of the persecution of the early
church" (Catholic Encyclopedia; Hospitals. New advent.org (1910-06-01). Retrieved on 2013-07-28).
Vide também São Benedito de Núrsia (480-547 D.C.).

feld[8], a atitude dos pais da igreja[9] em relação às mulheres é melhor descrita como de *ambivalência*: se por um lado reconhecida como criação de Deus e seu bom presente aos homens, a mulher seria também a maldição do mundo. As mulheres eram consideradas fracas de caráter e de mente, mas também reconhecidas por terem demonstrado coragem destemida e realizado feitos prodigiosos na área do ensino.

Mas há suficientes dados históricos para demonstrar a participação ativa e extensa das mulheres no ministério desde a Igreja primitiva, tendo muitos ministérios de serviço de e por mulheres florescido nos primeiros seiscentos anos da fé cristã, como o ministério de ágape (cuidado para com outros) e o de ministério compromisso (martírio e nos ministérios das viúvas e das virgens). Entretanto, se, contudo, pode parecer que em determinados momentos as mulheres eram consideradas parte do corpo clerical da igreja, esta proeminência delas no serviço cristão, como demonstrado pelo apóstolo Paulo e seus pares na epístola de Paulo aos Romanos capítulo 16, não perdura nos registros da história da igreja.[10]

Na Idade Média, embora tenhamos uma atitude de defesa por parte de Lutero em relação às mulheres, precedida também de Erasmo, o qual se opôs à visão misógina reinante no período medieval, a história da Igreja também nos revela que, à medida que a formalização da fé cristã ocorre, mulheres, as quais sempre estiveram à frente de áreas de serviço dentro da igreja, gradualmente vão sendo substituídas por lideranças masculinas e ou tendo seus cargos na igreja removidos.[11] Se por um lado a era medieval abre a possibilidade das ordens religiosas femininas, como forma até de obtenção e desenvolvimento de educação formal, simulta-

---

8 Ruth A. Tucker, and Walter E. Liefeld. *Daughters of the Church – Women and Ministry from New Testament Times to the Present* (Grand Rapids, Michigan: Zondervan, 1987), 90.

9 Por pais da Igreja estamos nos referindo aos primeiros líderes da igreja cristã, no período que se estende desde o final do período apostólico per se, em 100 D.C., com a morte de João, último dos apóstolos, até o concílio de calcedônia em 451 D.C. : Clemente de Alexandria, Ignácio de Antioquia, Iraneus de Lyon, Polycarpo, Tertuliano, Orígenes, Cipriano de Cartágena Atanásio, Basílio de Cesareia, Gregório de Nanzianzeno, Gregório de Nissa, Jerônimo, e Agostinho de Hipona são os nomes mais conhecidos no Ocidente.

10 Ruth A. Tucker, and Walter E. Liefeld. *Daughters of the Church – Women and Ministry from New Testament Times to the Present* (Grand Rapids, Michigan: Zondervan, 1987), 91.

11 Por exemplo, a presença de diaconia feminina.

neamente encontramos uma gradual redução do espaço de serviço religioso da mulher dentro da igreja formalmente constituída.[12] Durante o período da reforma, podemos nos perguntar se esta desafiou a mudança de visão sobre a mulher na igreja e sociedade para liberá-la ou se intensificou a opressão já existente. Teriam as atitudes e visão dos reformadores sido diferentes daquelas dos católicos e dos líderes da reforma? Questionamentos contrários à visão medieval da inferioridade da mulher já estavam ocorrendo *antes* da reforma protestante por parte de humanistas da renascença, como Erasmo, o qual possuía uma visão mais elevada da mulher do que os teólogos medievais[13], apesar de sua discrição sobre o tema. Análises históricas indicam que *tanto reformadores quanto humanistas começaram a se distanciar de temas misóginos*, como "a mulher ter sido amaldiçoada pelo pecado de Eva, desviada e instável, pois feita de uma costela, bestial pois em parceria com serpentes, concupiscente e enganosa por causa de sua biologia."[14] Martinho Lutero enfatizava o propósito das mulheres como esposas e mães, em reação à visão católico-romana do casamento como algo inferior, a qual almejava atrair familiares para ordens religiosas. Lutero possuía alta consideração para com a mulher que cumpria suas funções domésticas, refletindo assim a cultura de seu tempo, com uma visão bem limitada, ainda que avançada em relação ao pensamento medieval.

---

12 Para uma melhor visão da influência das ordens religiosas femininas durante o período medieval, vide Tucker and Liefield, capítulo 4, p. 251, "*Medieval Catholicism: Nuns 'Heretics' and. Mystics*". Embora vistas como inferiores e capacitadas com entendimento espiritual menor do que os homens e incapazes de exercerem formas mais elevadas de ministério cristão, as mulheres tiveram uma grande influência no período medieval.

13 Vide Tucker e Liefeld, capítulo 5, 172.

14 Charmarie J. Blaisdell, "*Response to the Role and Status of Women in the Writings of John Calvin*", in Peter De Klerk, ed. Rennaissance, Reformation, Ressurgence (Grand Rapids: Calvin Theological Seminary, 1976), 21, citada por Tucker e Liefeld em *Daughters of the Church*, 172.

Escolas de pensamento feminista: Uma visão (muito) geral

A retrospectiva acima oferece as justificativas históricas pelas quais o movimento organizado de mulheres começa a tomar forma a partir do século XVIII. A fim de podermos nos posicionar em relação ao feminismo a partir de uma perspectiva cristã evangélica (ou *evangelical*), é imperativo conhecermos as *premissas* deste movimento em seus diferentes momentos, suas *principais reivindicações ao longo de sua história, pois elas nãos serão as mesmas através de diferentes escolas e contextos sociais* desde sua incipiência até o contexto pós-moderno. Pois, embora muitos se posicionem contrários ao mesmo em todos os seus aspectos, uma pesquisa histórica séria pode nos surpreender ao encontrarmos possíveis pontos de contato entre causas ditas "feministas" que se revelam sobrepostas a ou foram em si essencialmente cristãs.

Feminismo liberal[15]

O pensamento liberal é aquele que coloca a singularidade humana na capacidade racional do indivíduo. Assim, os pilares do pensamento feminista liberal são essencialmente que todos os seres humanos são racionais e livres, compartilham de direitos fundamentais e são iguais. Quando a razão é definida como a habilidade de compreender os princípios racionais da moralidade, autonomia individual é enfatizada. Quando aquela é definida como a habilidade de determinar os melhores meios para alcançar algum fim desejado, a satisfação pessoal é enfatizada. Nesse sentido, as grandes iniciativas sociais se deram na busca de proteção das liberdades civis. Liberais defendem pouca presença do governo na vida do indivíduo, mas *liberais defensores do bem-estar social* defendem a intervenção do governo nas áreas de saúde, aposentadoria, serviços sociais em geral,

---

15 Esta apresentação das diferentes escolas e ou correntes do pensamento feminista é devedora em grande parte à obra de Rosemarie Tong, filósofa feminista americana, especificamente a terceira edição (2009) de sua obra escrita em 1998, intitulada *Feminist Thought – A More Comprehensive Introduction* (Rosemarie Tong, *Feminist Thought – A More Comprehensive Introduction. (Boulder, CO: Westview Press, 2009. 417 páginas)*. Esta obra é essencial à compreensão das diversas escolas e suas ênfases, contradições e críticas, bem como suas expoentes e obras principais.

visando diminuir disparidades econômicas. A maioria das representantes do feminismo liberal são liberais defensores do bem-estar social.

Se no século XVIII o pensamento feminista liberal caracterizou-se por direitos iguais de acesso à educação (*Equal Education*) e desenvolvimento intelectual para fortalecimento da razão sobre as emoções, consideradas uma não virtude, no século XIX, especialmente devido à influência de John Stuart Mill e Harriet Taylor, irá se caracterizar pela busca de *Equal Liberty*, igualdade de liberdade, especialmente ao trabalho fora de casa, ainda que na visão Mills esta escolha por parte da mulher ocorrerá apenas depois que as crianças tenham crescido, pois a mulher liberada irá escolher criar os filhos primeiro e apenas depois exercer sua profissão.[16]

Estas duas ênfases de pensamento do feminismo liberal irão se expressar em ação na forma da *luta de mulheres pelo sufrágio universal* e na busca por *direitos iguais*, no século XIX. Quanto ao primeiro, a mudança de sistemas os quais alimentam sistemas de opressão somente poderiam ser alterados pelo voto feminino. Quanto à segunda, esta deu origem a diversos grupos de luta por direitos das mulheres, particularmente nos Estados Unidos, de ação legislativa. Ambos formam a primeira onda do movimento feminista americano.

O debate de tais movimentos organizados centrou-se majoritariamente na questão da discussão diference-sameness ao longo do século XX, a saber, se a igualdade de gênero é alcançada pela ênfase na unicidade da mulher como um gênero ou através sua diversidade como indivíduos; entre as similaridades entre mulheres e homens ou pelas diferenças entre eles. Nesse contexto surge em 1963 um dos clássicos do movimento, "The *Feminine Mystique*" por Betty Friedan, partir de uma perspectiva de uma mulher com educação formal, branca, de classe média, heterossexual. Quase vinte anos depois, Friedan escreve "*The Second Stage*", onde demonstra sua mudança de perspectiva sobre a questão diferença/semelhança. Ou seja, a estratégia para os anos 80 foi oposta à dos anos 60: ao invés de assumir

---

16 Esta visão de John Stuart Mill do século XIX parece prevalecer entre a maioria dos líderes cristãos na igreja brasileira no século XXI com relação ao trabalho feminino, a despeito das profundas mudanças sociais entre um século e outro.

um lado alpha (liderança hierárquica, autoritária, estritamente orientada por tarefas, baseada em racionalidade tecnológica e instrumental) que é *culturalmente* masculino, deve-se abraçar o estilo *beta* de pensar, que é *culturalmente* feminino. Ou seja, foi proposta a substituição de estratégias competitivas por iniciativas cooperativas.

As ênfases contemporâneas do feminismo liberal passam pela *liberação das mulheres de papéis de gênero opressivos, a saber, aqueles usados como justificativas para dar a mulheres um lugar menor ou nenhum lugar em espaços como na academia, nos espaços públicos e no mercado de trabalho.* O feminismo liberal defende que a sociedade é baseada no patriarcalismo e funde sexo com gênero, considerando como profissões apropriadas à mulher apenas aquelas associadas à personalidade feminina tradicional (enfermagem, ensino, cuidado de crianças e dos idosos). Identificam profundas desigualdades geradas por discriminação de gênero (discriminação *de jure* versus discriminação *de facto)* e uma sociedade estruturada de forma a favorecer homens e a desfavorecer mulheres, incluindo ganhos menores em termos de remuneração salarial.

Não há unanimidade entre feministas liberais sobre como lidar com tais questões. A feminista liberal clássica crê que a remoção de leis e políticas discriminatórias para capacitar as mulheres a competir em igualdade com os homens seria um objetivo, porém não possível de mudar as tendências a favorecimento de homens por homens. Já a feminista liberal de bem-estar social defende a quebra desses nichos masculinos que tendem a se perpetuar, através de ações afirmativas intencionais que propiciem equilíbrio de representação de gênero. Opressão sexual e sistemas que perpetuem opressão sexual são moralmente maus, por limitarem a capacidade das mulheres de determinar suas próprias vidas.

Feminismo radical cultural

O feminismo radical cultural se divide em dois grupos: **feministas radicais libertárias (FRL) e feministas radicais culturais (FRC)**, que apresentam diferentes propostas de como lutar contra o sexismo[17]. Embora feministas radicais libertárias e feministas radicais culturais *divirjam* tanto quanto a gênero como quanto a sexualidade, *tais grupos compartilham premissas comuns de que as mulheres foram, historicamente o primeiro grupo a sofrer opressão, sendo a opressão mais comum e presente em diferentes sociedades.* Esta é a mais difícil forma de opressão a ser removida, e não pode ser removida por meio de mudanças de ordem social. Ela causa maior sofrimento a suas vítimas, embora não seja reconhecida devido a preconceitos sexistas[18] dos opressores, e também de suas vítimas. Esta opressão das mulheres oferece um modelo conceitual para se compreender todas as formas de opressão. As feministas radicais reconhecem que o sexismo é a primeira e mais difundida forma de opressão humana, mas divergem sobre sua natureza e função e a maneira de eliminá-la. Elas concordam com as feministas radicais libertárias (a seguir) que a heterossexualidade é uma instituição imperfeita, porém que impor lesbianismo sobre as mulheres seria tão errado quanto o foi ao patriarcado ter imposto a heterossexualidade sobre elas.

Para as FRC, as relações sexuais heterossexuais são em geral caracterizadas por uma ideologia de objetificação sexual, onde os homens são os sujeitos/senhores e as mulheres são objetos/escravas, o que sustentaria a violência sexual contra as mulheres. Assim, a normalização da violência sexual masculina contra mulher deve ser rejeitada pelas feministas, as quais devem reconquistar o controle sobre a sexualidade feminina por meio de desenvolver uma preocupação com suas próprias prioridades sexuais, o que difere das prioridades sexuais masculinas, a saber: mais foco na intimidade e menos na performance. De acordo com este segmen-

---

17 A título de referência, várias autoras podem ser citadas nesta categoria, como Mary O'Brien, Marge Pierce, Ann Koedt, Gayle Rubin, Shulamith Firestone, Mary Daly, Kate Millett, Marilyn French, Ann Oakley, Adrienne Rich, Jean Bethke Elshtain, e muitas outras.

18 Sexismo aqui seria o preconceito ou discriminação fundamentado no sexo feminino.

to do feminismo, o relacionamento sexual ideal é entre parceiros iguais, completamente consensuais, que estão emocionalmente envolvidos e que não assumem papéis polarizados. Assim, para as FRL, homens tendo relações sexuais com mulheres não seria algo ruim em si para as mulheres, especialmente se os homens fizerem da satisfação sexual feminina algo tão importante quanto a sua própria. E as FRL consideram que os homens individualmente não são os principais inimigos das mulheres, *mas sim o sistema patriarcal, o produto de séculos de privilégios, prerrogativas e prioridades masculinos*. Em termos de reprodução, as FRC defendem que é do interesse da mulher procriar naturalmente pois o poder derradeiro da mulher reside precisamente em poder gestar uma nova vida. Remover este poder de uma mulher é remover sua carta de triunfo, deixando vulnerável ao poder dos homens. A mulher, portanto, não deve nunca a renunciar à maternidade biológica. Portanto, para as FRC a conexão gestacional é extremamente importante, devido ao compromisso com o bem-estar da criança. Já as feministas radicais libertárias se opõem à posição das FRC quanto a esta questão da maternidade em dois aspectos: a) se as mulheres desejam que os homens gastem tanto tempo no cuidado da criança quanto elas o fazem, então não deveriam constantemente lembrar aos homens a respeito da conexão feminina *especial* com crianças (fazê-lo implicaria em afirmar que as mulheres são mais capacitadas para as tarefas de criação de filhos que os homens); b) se as mulheres desejam proteger sua integridade física contra as forças de coerção pelo Estado, então não deveriam enfatizar a relação simbiótica da mãe com o feto, sob pena de uma maior controle pela sociedade das "más gestantes", para proteção do mesmo.[19]

Feminismo radical libertário

O feminismo radical libertário entende que a prática sexual heterossexual tanto quanto outras práticas sexuais são caracterizadas pela repressão e que feministas deveriam repudiar quaisquer analises teóricas, restrições

---

19 Para uma crítica conceitual e prática dessas duas escolas de pensamento feminista radical (libertário e cultural), vide Tong, *Feminist Thought*, 90-95.

legais ou julgamento moral que estigmatize minorias sexuais e que assim limitam a liberdade de todos e buscar reconquistar o controle de sua sexualidade através de defender todas as práticas que dão prazer e satisfação; e que o ideal sexual está entre parceiros sexuais totalmente consensuais que negociam para maximizar o prazer sexual um do outro por todos os meios que eles assim venham a escolher. As **feministas radicais libertárias** instam as mulheres a experimentarem com diferentes tipos de sexo e a não estarem limitadas a certas práticas sexuais. Na voz de uma de suas expoentes mais articuladas, Gayle Rubin, não haveria errado ou certo em quaisquer formas de prática sexual, o que não foi aceito de forma incólume e/ou unânime por outras vozes deste movimento, particularmente pelo **feminismo radical cultural,** o qual defendia que a heterossexualidade, conforme experienciada pela ótica do patriarcalismo, seria na verdade uma sexualidade masculina (irresponsável, direcionada, orientada pela genitália e potencialmente letal) e que, portanto, a única forma de prática sexual inequivocamente benéfica para a mulher seria o lesbianismo monogâmico.

Feminismo marxista e socialista[20]

Embora sejam duas escolas distintas do pensamento feminista, ambas partilham do conceito marxista de natureza humana, em que a existência social determina a consciência (ou que os modos de produção da vida material condicionam o processo da vida social, política e intelectual, com a consciência humana sendo determinada por seu modo de existência). As superestruturas, ou seja, ideias sociais, políticas e de cunho legal que derivam da vida material, realimentam os modos de produção, com a existência social determinando a consciência. Portanto, a consciência das mulheres de si mesmas está atrelada a seus papéis na família e no ambiente de trabalho, os quais as subordinam aos homens. Tais escolas defendem a necessidade de se analisar a relação entre o status de traba-

---

20 Ann Ferguson é uma das autoras expoente do feminismo socialista, de fundo marxista.

lho da mulher e sua autoimagem para compreensão da natureza de sua opressão.[21]

Entretanto, o advento de sociedades comunistas ou socialistas não resultou na socialização do trabalho doméstico, o qual ainda permaneceu essencialmente uma tarefa feminina. Assim, um grupo de feministas marxistas começou a defender que tanto a classe sexual das mulheres (o segundo sexo, feminino, que existe para servir ao primeiro sexo, masculino) como sua classe social desempenhavam um papel na opressão das mulheres. Tal grupo começou a referir-se a si mesmo como "feministas socialistas". Juliet Mitchell, nos anos 1970, defendeu que a posição e a função da mulher são definidas por seu papel na produção e na reprodução, os quais oprimem a mulher, através de uma cadeia de eventos: maternidade = filhos, com consequente ausência do mercado de trabalho e da vida pública = desigualdade sexual. Segundo ela, a ideologia patriarcal, a qual vê a mulher como amante, esposa e mãe, ao invés de trabalhadora, seria *quase* tão responsável pela posição da mulher na sociedade quanto a economia capitalista. As mulheres provavelmente iriam continuar a serem subordinadas aos homens até que as mentes de ambos fossem libertas da ideia de que as mulheres têm, de alguma forma, menos valor que os homens. Um aspecto crucial também trazido à tona por esta escola é o fato inegável da existência de distância salarial entre homens e mulheres. Esta disparidade está na concentração delas em empregos de baixa remuneração; alta porcentagem de mulheres que trabalham apenas meio período e discriminação salarial gritante.[22] A busca da razão pela qual mulheres recebem menos deve-se a que seus salários sejam considerados secundários na manutenção da família e, numa ótica patriarcal, simplesmente porque são *mulheres*.

---

21 Evelyn Reed é uma das autoras feministas marxistas clássicas mais conhecidas e Carol Lopate uma das autoras contemporâneas desta escola, assim como Juliet Mitchell, Alison Jaggar, Iris Marion Young, Heidi Hartmann, Sylvia Walby.

22 Tong, citando dados de 2004, menciona que mulheres trabalham em funções de serviço (ensino, enfermagem e cuidado de crianças), funções administrativas, trabalho agrícola (colheita de frutos), e trabalho industrial leve (produção de roupas, sapatos, brinquedos, e aparelhos eletrônicos), enquanto homens tendem a engajar em atividades industriais pesadas, transporte, gerenciamento, administração e políticas públicas. Tais disparidades apontam para uma feminização da pobreza.

Feminismo psicanalítico

O feminismo psicanalítico surge com uma mudança de foco da explicação da opressão da mulher, voltando-se das causas sociais (relações sociais, maternidade, estruturas econômicas capitalistas, patriarcado) para a psiquê feminina: os modos como as mulheres pensam sobre si mesmas como mulheres. Fazendo uso do aparato teórico freudiano e lacaniano, ela surge nos anos iniciais do século XX, em diferentes países, na trilha dos trabalhos daqueles dois autores.[23]

Essencialmente, as teorias de desenvolvimento psicossexual de Freud ofereceriam as bases para a opressão da mulher. De acordo com estas, a opressão da mulher deve-se ao seu desejo pelo órgão sexual masculino. Ou seja, a inferioridade moral feminina se deve à ausência de um pênis na menina: por não temer se castrada, as meninas não são tão motivadas como os meninos a se tornarem seguidores obedientes de regras.[24]

Teóricas feministas psicanalíticas como Dorothy Dinnerstein and Nancy Chodorow buscaram reinterpretar teoria de desenvolvimento psicossexual de Freud nos anos 1970 e 1980. Para elas, muitas das visões da sociedade sobre a inferioridade das mulheres e superioridade dos homens remontam ao fato das mulheres fazerem todo ou a maior parte do trabalho de criação dos filhos na sociedade. Se os homens exercessem um cuidado dos filhos tal qual as mulheres, meninos e meninas cresceriam de forma diferente. Os arranjos dos gêneros seriam desfavoráveis às mulheres e através do intercurso sexual, a mulher busca satisfazer o homem, e qualquer prazer que venha a ter é experimentado de forma vicária no prazer de dar satisfação a ele, e suas necessidades e desejos sexuais seguem não atendidos. Além disso, a opressão da mulher se deve precisamente ao seu monopólio da maternidade, e não reside na esfera social, nem nas diferenças de força física, biológica, nem no capital e nem mesmo nas leis da sociedade. Uma mulher, precisamente por ser mulher, irá permanecer menos autônoma desde que sua experiência de autodefinição seja

---

23 Aldred Adler, Karen Horney, Clara Thompson. Nancy Chodorow e Dorothy Dinnerstein aparecem como feministas psicanalíticas que reinterpretaram as teorias freudianas, nos anos 1970 e 1980.

24 Tong, *Feminist Thought*, 133.

entendida como o processo de rejeição maternal e, portanto, rejeição da mulher.

O pensamento teórico de Jacques Lacan, construído a partir do estruturalismo de Claude Lévi-Strauss, parte do conceito de "ordem simbólica", ou seja, da premissa de que toda sociedade é regulada por uma série interrelacionada de signos, papéis e rituais. Assim, para uma criança funcionar adequadamente na sociedade ela deve ser incorporada na ordem simbólica por meio da passagem por três estágios de desenvolvimento psicossexual: a fase pré-edipiana, chamada imaginária; a segunda fase, chamada de espelhamento e pela terceira, a fase edipiana propriamente dita, onde ocorre o estranhamento da criança em relação à mãe. Lacan irá afirmar que as mulheres são tanto excluídas da ordem simbólica como também reprimidas dentro da mesma, a qual lhes é imposta. Às mulheres são dadas as mesmas palavras que são dadas aos homens: palavras masculinas. E tais palavras masculinas não podem expressar o que as mulheres *sentem*, mas apenas o que os homens *pensam* que as mulheres sentem. Devido a esta falta de palavras femininas, as mulheres têm que ou balbuciar fora da ordem simbólica ou permanecer silentes dentro da mesma. Ou seja, uma existência reprimida. [25] [26]

---

25 *"When men look at women, they see not women, but reflections of the image and likeness of men."* Tong, Feminist Thought, 156.

26 Luce Irigaray, uma das expoentes do feminismo psicanalítico de perfil lacaniano irá desenvolver o pensamento daquele autor, mas irá se opor ao mesmo, no sentido de propor que é na fase imaginária que se pode encontrar *dentro* da mesma um imaginário macho/masculino e um imaginário fêmea/feminino. Assim, o discurso masculino nunca foi capaz de entender a mulher, ou o feminino, pois ele apenas reflete a visão masculina sobre o feminino. A partir das estruturas do pensamento de cunho patriarcal, portanto, não é possível pensar o feminino a partir de uma perspectiva feminina. Irigaray irá propor três ações: 1) mulheres deveriam criar uma *linguagem feminina*, que não será neutra em termos de gênero, pois a neutralidade é impossível segundo ela e moralmente mal representada, para assim permitir que as mulheres falem na voz ativa; 2) mulheres deveriam criar uma *sexualidade feminina*, que é essencialmente e corporalmente múltipla, difusa e plural fisicamente, através do autoerotismo e práticas lésbicas. E finalmente, mulheres deveriam tomar as imagens que os homens têm delas e *refleti-las de volta a eles de forma magnificada* e, assim, *desestabilizar a ordem simbólica*. Esta ambivalência entre ruptura de categorização e engajamento nas mesmas categorizações gerou muita oposição a este pensamento, devido à contradição intrínseca.

Feminismo centrado no cuidado de outros

Esta escola do pensamento feminista (*Care-Focused Feminism*) é mais recente e tem refletido nos últimos trinta anos sobre o fato das mulheres serem, primariamente, as cuidadoras na sociedade, e isto em nível mundial. Criação de filhos, cuidado de doentes e dos idosos são tarefas desempenhadas muito mais por mulheres do que por homens. As feministas de cuidado de outros (FCO) explicam a existência na sociedade de características, virtudes e valores associadas à mulher (como conexão, interdependência, comunidade, compartilhamento, emoção, corpo, confiança, ausência de hierarquia, natureza, proximidade, processo, alegria, paz e vida) em oposição às características, virtudes e valores associados ao homem (independência, autonomia, intelecto, vontade, hierarquia, circunspecção, dominação, cultura, transcendência, produto, ascetismo, guerra e morte), oferecendo várias explicações do porquê as sociedades rotulam certas características como femininas e outras como masculinas, desde diferentes biologias, diferentes caminhos de desenvolvimento psicossexual e outras formas através das quais as sociedades moldam de forma sistemática as identidades e os comportamentos distintos de homens e mulheres. Porém, quaisquer que sejam as explicações para as diferenças de contraste de identidade de gênero entre homens e mulheres, as FCOs consideram a capacidade de cuidado de outros pela mulher como uma força preciosa e singular, ao invés de ser vista como uma fraqueza. Apesar disto, o fato de que homens não se engajem frequentemente em práticas de cuidado pode contribuir para a opressão feminina.

Assim, as FCOs investem tempo na construção de uma *ética de cuidado* como complemento ou substituta da ética da justiça. Carol Gilligan, psicóloga, professora de psicologia aplicada e especialista em ética, é a expoente mais famosa desta vertente do feminismo. Ela estudou psicologia feminina e o desenvolvimento das meninas e observou que a ênfase dos homens na separação e autonomia os conduz a desenvolver um estilo de arrazoamento moral que coloca ênfase na justiça, igualdade e direitos[27].

---

27 Carol Gilligan, *In a Different Voice* (Cambridge MA: Harvard University Press, 1982).

Já as mulheres possuem um estilo de lógica moral fundamentada nas *conexões e nos relacionamentos*, o que as leva a um estilo de lógica moral que enfatiza o querer, necessidades e interesses de pessoas específicas. Gilligan defendeu que, pelo fato de que a maioria dos especialistas em teoria do desenvolvimento moral terem feito uso de normas *masculinas* ao invés de normas *humanas* para mensurar o desenvolvimento moral tanto de homens quanto de mulheres, tais especialistas concluíram equivocadamente que as mulheres são menos desenvolvidas moralmente que os homens. Esta avaliação extremamente negativa a motivou a trabalhar para provar que não eram as mulheres que deveriam ser mudadas, mas sim os padrões de avaliação do crescimento moral das mesmas. Ela defendeu que as mulheres não são menos moralmente desenvolvidas do que os homens ao fazer a crítica do modelo de Lawrence Kohlberg, seu professor e mentor em Harvard, composto de seis estágios, dos quais mulheres e meninas que foram testadas raramente passavam do terceiro, o que comprovaria a teoria de Freud de que as mulheres seriam inferiores moralmente.

Entretanto, as notas baixas obtidas por mulheres e meninas nos testes de Kohlberg não ofereciam um retrato correto, pois o teste havia sido mal concebido, tendo sido montado para mensurar o método *masculino* de lógica moral, como se este fosse o modelo padrão de avaliação da lógica moral humana. O resultado desta escala incorreta é que as mulheres que não arrazoavam como os homens obtinham uma pontuação baixa. Gilligan propôs o desenvolvimento de um teste que pudesse mensurar de forma acurada o desenvolvimento moral tanto de homens como de mulheres. Nem homens, nem mulheres deveriam ser vistos como o sexo moralmente inferior. Ela defendeu que a lógica moral de um deles não era em nada superior à do outro. Porém, não seria através de um ser moralmente andrógino que se atingiria o modelo de pensador moral ideal. Ela postulou em sua obra *In a Different Voice*[28] que o pensador moral ideal estaria mais inclinado a uma *ética de cuidado para com outro do que*

---

28 Gilligan, *In a Different Voice* (Cambridge, MA: Harvard University Press, 1993).

a uma ética de justiça.[29] Gilligan aponta que a hiper valorização do pensamento científico, objetivo e racional está ensinando os jovens a tomarem decisões apenas com suas mentes, mas não com suas mentes *e* corações.

Além daquela autora, Nel Noddings é outra expoente dentre as FCOs que identifica uma cultura que favorece uma ética "masculina" de justiça em detrimento de uma ética "feminina" de cuidado, a partir de diferentes linguagens morais. Moralidade não seria afirmar as necessidades dos outros através do processo de negação de nossas próprias necessidades, mas ao invés disso, afirmar nossos próprios interesses através do processo de afirmar as necessidades de outros. Assim, agir moralmente seria engajar-se no cuidado ético, no sentido de não natural, como de um filho para com sua mãe, mas que deriva deste como uma extensão deliberada, crítica e reflexiva do cuidado natural.

Além disso, Noddings afirma que a mulher suporta o mal mais do que o homem. Para ela a mulher entende o mal como algo concreto, enquanto o entendimento do mal pelo homem é abstrato: para a primeira, um evento mal é um evento prejudicial, algo que *fere alguém* em especial. Para o homem, um evento mal é um evento que quebra das regras, uma violação de um mandamento divino ou da lei de um país. Um tem uma ideia abstrata do mal; o outro, tem *a experiência do mal.*

Muitas são as críticas a esta escola, especialmente em torno da discussão do risco de se associar a mulher aos valores de cuidado do homem, sem a medida semelhante de reciprocidade por parte daquele. Além disso, *sentimentos subjetivos de empoderamento* não se traduzem necessariamente em *empoderamento objetivo de fato*, e os três estágios ou níveis de desenvolvimento moral apresentado pela autora podem, na visão de seu crítico mais contundente[30], serem apenas mecanismos de enfretamento por parte da mulher de um mundo estruturado de forma patriarcal contra ela própria.

---

29 Mulheres, portanto, deveriam fazer parte de grupos liderança em organizações de cunho social, especialmente a igreja, participando e tendo voz à mesa de decisão, não apenas presença. Muitas das *decisões ganhariam dimensões jamais pensadas por grupos decisórios exclusivamente masculinos.*

30 Bill Puka, PhD Univ. de Harvard, psicólogo, filósofo e professor universitário.

Feminismo multicultural, global e pós-colonial

A característica desta escola de pensamento feminista é que é formado por um grupo de feministas que reconhecem as dificuldades impostas por raça, etnicidade, classe social e identidade sexual para o pensamento feminista: mulheres são diferentes entre si, nem todas pensam de forma igual ou apreciam as mesmas coisas ou têm os mesmos objetivos.

Feministas multiculturais (FM) centram-se no fato de que há uma diferenciação e desigualdade entre mulheres, ainda que num mesmo país ou espaço geográfico. Esta visão vai ser expandida pelas **feministas pós--coloniais (FPC)**, que irão afirmar que cada mulher no mundo é diretamente afetada por ser membro de um país de primeiro mundo ocidental, do norte, desenvolvido ou ainda do sul ou do oriente, em desenvolvimento, terceiro mundo.

O feminismo multicultural nasce de uma reflexão pós-debate entre do feminismo dos anos 1960, 1970 e 1980, que enfatizava as diferenças de gênero entre homens e mulheres, também chamado de primeira onda do feminismo americano. Isto foi seguido da reflexão sobre a capacidade da mulher de, dadas as mesmas oportunidades que homens, de ser seu igual na sociedade, demonstrando as mesmas capacidades moral, física e intelectual e assim exercendo todas as funções que tradicionalmente têm sido exercidas apenas por homens. Para estas, vistas como integrantes da segunda onda do feminismo americano, o inimigo maior das mulheres era o *sexismo*, a saber, *a visão de que mulheres são incapazes de fazer o que os homens fazem e que, portanto, devem ser devidamente relegadas à esfera doméstica.*

Já nos anos 1980, a discussão muda de foco da diferenciação e da mesma capacidade (*difference versus sameness*) para a questão das mulheres marginalizadas, como as negras, sem educação formal, lésbicas, pobres e imigrantes. Esta mudança de foco dá origem a uma reflexão crítica das escolas de Feminismo principais, que era feito por e direcionado para mulheres brancas, heterossexuais, de classe média e com boa educação formal, ou seja, um feminismo de elite. Nessa época, estas críticas do feminismo defendiam que gênero não era necessariamente a causa principal da opressão de muitas mulheres. Para estas, não é o sexismo, mas sim o *racismo, etnocentrismo, heterossexismo, o preconceito de classe social ou de idade* que podem ser os maiores contribuidores dessa opressão e status inferior. Este movimento feminista multicultural continuou a se desenvolver até o final dos anos 1980, quando, a partir do início de 1990, encontra *oposição* por parte de alguns, os quais observavam na resistência à solidariedade e nos rótulos como afro-americano, latino ou hispânico, ou americano nativo um convite à divisão.

Na busca de provar que as mulheres são os iguais dos homens, as feministas de segunda onda não enfatizaram apenas *a igualdade (sameness) das mulheres com os homens, mas também a igualdade (sameness) das mulheres entre si*, ignorando as diferenças entre as mulheres e assim, contribuindo para sua opressão. Elizabeth Spelman é umas das vozes teóricas desse momento, a qual criticou duramente o feminismo da segunda onda, como se houvesse uma "mulher" universal, na qual se diluiriam todas as diferentes histórias de vida.[31]

Pode se questionar se feminismo global ou pós-colonial não seriam apenas uma categoria de feminismo multicultural.[32] Na busca de fazer o local, global e o global, local, no sentido de se ir além da ênfase na interconexão entre os vários tipos de opressão que cada mulher sofre na *vida*, o feminismo global e pós-colonial buscou mostrar a interconectividade dos vários tipos de opressão sofridos pela mulher em todo o mundo.

Feminismo ecológico (eco feminismo)

O feminismo ecológico centra-se no destaque da opressão para com o mundo não humano, a natureza, tanto quanto a opressão de humanos para com humanos. Segundo esta escola de pensamento feminista, as mulheres estão culturalmente ligadas à natureza e assim, haveria cone-

---

31 Além dela temos Audre Lorde e Patricia Hill Collins, Gloria Anzaldúa, Cherríe Moraga, Ofelia SHutte, Maria Lugones, Elaine Kim, Trinh T. Minh-há, Ronald Takaki, além de feministas nativo-americanas como Bonita Lawrence, Donna Hightower Langston e Anne Water.

32 Vide a excelente discussão sobre diversidade e comunalidade apresentada por Tong, em *Feminist Thought*, a partir da p. 217.

xões simbólicas, conceituais e linguísticas entre questões feministas e ecológicas. Surge a partir de 1962, com Rachel Carson, e afirma que até o século XVII havia um pensamento orgânico sobre a natureza, como uma mãe cuidadora ou uma fêmea bondosa, a qual provia generosamente de si para nós, seus filhos, o qual vai desaparecer depois da revolução científica, que vê a natureza como estrutura mecânica, o que justificaria os usos e abusos da mesma. Posicionando-se contra uma interpretação da tradição judeu-cristã de "dominar" a terra, a partir do texto de Gênesis 1:26, que seria antropomórfica, a qual deveria ser substituída por uma ética de meio ambiente denominada "biocêntrica" ou "ecocêntrica", que busca preservar a integridade, estabilidade e beleza da comunidade biótica.

Assim, eco feminismo seria uma variante nova da ética ecológica, que surge em 1974, através de Françoise d'Eubonne em sua obra 'Le Feminisme ou la mort", onde ela defende uma visão da conexão entre a opressão das mulheres e a opressão da natureza. Assim, as ideias centrais desta escola são que há importantes conexões entre a opressão de mulheres e a opressão da natureza; compreender a natureza dessas conexões é necessário para qualquer entendimento adequado da opressão da mulher e da natureza. E a teoria e prática feminista devem incluir uma perspectiva ecológica e soluções para problemas ecológicos devem incluir uma perspectiva feminista.

Feminismo pós-moderno e feminismos da terceira onda

O feminismo pós-moderno busca obliterar as diferenças entre masculino e feminino, sexo e gênero, macho e fêmea, buscando quebrar as matrizes conceituais que, segundo este, têm impedido as mulheres de definirem a si próprias em seus próprios termos, ao invés de termos definidos pelos homens.

Já o feminismo de terceira onda busca definir um feminismo do novo milênio, também repensando as categorias "mulher/mulheres". Para este, diferença é a marca ontológica deste mundo, bem como conflito e até mesmo contradição de si mesma, os quais propõem a questão de busca de novas identidades pelas mulheres e de discussão do "problema de gênero" conforme definida por Judith Butler.[33]

Este movimento possui autores como Hélène Cixous, Julia Kristeva, Jacques Derrida, e é caracterizado, dentre outras coisas, por uma oposição frontal aos ideais do iluminismo[34], ainda considerado como prevalente no dia a dia das pessoas. Postula, portanto, um estado de negação por parte das pessoas, uma vez que não existiriam poderes racionais, nem um eu estável, capazes de gerar conhecimento universal.

Uma brevíssima história do feminismo contemporâneo no Brasil

Diversos trabalhos e pesquisas têm sido produzidos em nível acadêmico sobre o feminismo no Brasil. Um deles é o trabalho de Céli Jardim Pinto[35], a qual faz uma apresentação geral do movimento feminista no

---

33 Judith P. Butler é filósofa, doutora em filosofia pela Universidade de Yale, e professora na Universidade da Califórnia em Berkeley e teórica feminista e autora da questão do gênero, uma das expoentes do feminismo pós-moderno, cujas principais áreas de estudo são gênero como construção social (*Social Constructionism*) e *performatividade* de gênero (*gender performativity*). Foi influenciada pelo pós-estruturalismo de Michael Foucault e pelo marxismo, especificamente através dos temas de hierarquia e poder. De forma resumida (e extremamente limitada), pode-se dizer que ela defende que o conceito de gênero advém de aspectos estruturais do ambiente social que são responsáveis por perpetuar certos papéis de gênero; e que o conceito de gênero advém de teorias discursivas as quais enfatizam a criação de significados através da língua e da cultura. Controversa para muitos, define gênero como uma construção cultural e social, um meio de descrever a distinção entre sexo biológico e aspectos socializados de feminilidade e masculinidade. Ou seja, gênero seria uma característica de situações sociais, tanto como resultado bem como racional de arranjos sociais, o qual legitima arranjos sociais. Portanto, desta perspectiva, gênero é externo ao indivíduo, consistindo em uma série de opiniões e avaliações por terceiros e de terceiros. Butler é lésbica não-binária (*NB, enby*), o que significa que aquelas pessoas que assim se denominam se identificam com um gênero o qual difere do sexo que lhes é atribuído, embora não necessariamente se considerem transgêneros. Butler esteve no Brasil duas vezes, em 2015 e em 2017, desta última para participar do seminário "os fins da democracia", evento promovido pela USP–Universidade de São Paulo, não sem ter tido sua presença objetada de forma agressiva e pública por representantes de partidos e ou movimentos conservadores.

34 Por iluminismo estamos nos referindo ao movimento intelectual e filosófico europeu do século XVII e XVIII, caracterizado pelo reinado da razão como fonte essencial do conhecimento e derivado do renascentismo e marcado pela defesa de que o conhecimento adquirido pela razão é objetivo, confiável e universal, e pela ciência como interpretação do uso correto da razão. *"Language, the tool we use to communicate the knowledge science produces, represents the real world that our rational minds observe."* Tong, *Feminist Thought – A More Comprehensive Introduction. (Boulder, CO: Westview Press, 2009)*, 273.

35 Céli Regina Jardim Pinto. *Uma história do feminismo no Brasil*. Coleção História do Povo Brasileiro (São Paulo: Fundação Perseu Abramo, 2003), 119.Céli Pinto é doutora em Ciência Política pela Universidade de Essex, e professora Titular aposentada da UFRGS – Universidade Federal do Rio Grande do Sul, onde atualmente como docente permanente no programa de pós-graduação em história.

Brasil, desde o final do século XIX até 1932 e depois a partir de 1968, onde apresenta as diversas tendências e o caráter difuso do movimento local. Assim, o movimento no Brasil vai desde o período chamado "bem-comportado", com expoentes como Bertha Lutz e o movimento sufragista, até meados de 1930, o qual buscava a essencialmente a inclusão da mulher na esfera da cidadania, até o seu lado "malcomportado", através de mulheres mais à esquerda, como líderes operárias e intelectuais, caracterizado pela defesa do direito à educação e a discussão de temas espinhosos para a época, como a sexualidade e o divórcio, bem como a dominação masculina. Nessa mesma época, a autora identifica uma terceira tendência, ligada às mulheres atuantes nos partidos comunista e anarquista, como Maria Lacerda de Moura.

A seguir a autora apresenta um certo hiato no movimento feminista per se, entendido como movimentos organizados que lutaram pela transformação da condição de dominação a qual as mulheres estavam submetidas, desde 1950 até 1970. Segundo ela, é no período da ditadura militar dos de 1970 que o feminismo renasce, tanto no país como no exílio, com um caráter mais "malcomportado", e abordando assuntos considerados tabus, como divórcio e sexualidade. O ápice deste renascimento é o Ano Internacional da Mulher em 1975, decretado pela Organização das Nações Unidas, o que fomentou encontros de caráter privado e informal, com apoio financeiro da própria ONU, dando origem ao Centro de Desenvolvimento da Mulher Brasileira. Nesse mesmo ano foi fundado o Movimento Feminino pela Anistia, por Terezinha Zerbini.[36]

Já Constância Lima Duarte em seu texto "Feminismo: uma história a ser contada"[37], identifica quatro momentos importantes do movimento feminista brasileiro. O primeiro seria do início do século XIX, quando

---

36 Terezinha Zerbini (* 16 de abril de 1928, + 14 de março de 2015) foi assistente social, advogada e ativista dos direitos humanos e fundadora do Movimento Feminino pela Anistia. Casada com um general, Euryale de Jesus Zerbini, um dos únicos quatro generais com comando de tropa a se opor ao golpe militar de 1964, o que gerou a cassação de seus direitos políticos e o ser forçosamente reformado. Terezinha Zerbini é um dos personagens mais proeminentes do período em que a luta armada estava refluindo e a busca por meios democráticos de acesso ao poder do Estado e a consequente participação no processo eleitoral emergiram de forma legalizada pelos opositores do regime militar.

37 Em *Algumas histórias sobre o feminismo no Brasil: lutas políticas e teóricas*, org. Heloísa Buarque de Hollanda. (Rio de Janeiro, Editora Bazar do Tempo, 2019), 27.

se destaca Nísia Floresta Brasileira Augusta, autora do livro "Direito das Mulheres e Injustiça dos Homens", de 1832, onde tratava do direto da mulher ao trabalho e à instrução.[38] O segundo momento ocorreria no final do século XIX, por volta de 1870, de cunho mais jornalístico, a partir do Rio de Janeiro, ainda capital da metrópole, que buscava ampliar as oportunidades de educação e o direito ao voto, destacando-se várias mulheres, dentre elas Francisca Senhorinha da Mota Diniz, Amélia Carolina da Silva Couto e especialmente Josefina Álvares de Azevedo (1851-1905). O terceiro momento já estaria no século XX, com Bertha Lutz como um de seus maiores expoentes, com movimentação intensa, tanto mais como menos organizadamente, no sentido da busca de cidadania (direito ao voto) e espaços de trabalho no comércio, repartições e indústrias, além das profissões mais tradicionalmente aceitas para as mulheres. O quarto momento estaria nos anos 1970, com alteração dos costumes (questões do aborto e prazer sexual) e a consolidação de reinvindicações em conquistas, além de oposição ao regime militar vigente e em favor da redemocratização do país. Foi nesse momento que a o planejamento familiar e o controle da natalidade passam a ser considerados como parte de políticas públicas. Rose Maria Muraro foi um dos nomes proeminentes desse período, e a visita de Betty Friedan[39] ao Brasil em 1975 causou grande comoção, bem como deu impulso ao movimento naquele momento.

---

38 Quer esta obra tenha, de fato, sido uma tradução livre de *Vindication of the Rights of Woman*, ou baseado nos escritos de Poulan de La Barre e nos artigos de Olympe de Gauges ("Declaração dos Direitos da Mulher e da Cidadã"), é considerado o texto fundante do feminismo brasileiro.

39 Betty Friedan (*04/Fev/1921 + 06/Fev/2006) foi uma líder do movimento feminista americano de linha liberal, e seu livro *The Feminine Mystique* (NY, W.W. Norton:1963, 239 p.) é considerada obra cerne da segunda onda do movimento feminista (liberal clássico) americano no século XX. Embora criticada por diferentes escolas feministas por ser, dentre outras coisas, um feminismo de mulheres classe média alta, educada, urbana e branca, e por defender a androginia como a melhor forma de interação social entre homens e mulheres, ainda assim Friedan teve um papel muito importante nas questões de definição de e aplicação concreta da liberdade e igualdade entre os sexos.

A PESSOA NO ESPELHO

A igreja evangélica brasileira e o feminismo

À luz das descrições gerais das diferentes escolas de pensamento feminista acima, com apresentação de suas ideias principais e algumas de suas expoentes, a questão que se coloca é *como* a igreja evangélica brasileira deve se posicionar com relação ao feminismo, e de que forma. Entretanto, ao apontarmos alguns caminhos é essencial que reconheçamos, como líderes cristãos, algumas verdades históricas inequívocas.

Primeiramente, o fato de que a sociedade, através de lideranças masculinas ao longo dos séculos, cerceou o papel da mulher na sociedade e, ao mesmo tempo, se opôs a e ou foi gradualmente tirando os espaços de serviço da mulher dentro das estruturas eclesiásticas ou dentro de estruturas formais[40] de serviço cristão, como sociedades benevolentes ou filantrópicas, e até mesmo o *Sunday School Movement.*[41]

Ligado a este fato está a questão de que a igreja de forma geral, a qual é teologicamente "a comunidade dos chamados para fora" em e por Cristo Jesus, se embora vibrante e plena do Espírito em seus primórdios ainda que inserida em um contexto politeísta greco-romano que lhe era oposto[42], ao longo dos séculos *tem gradualmente reproduzido interna e socialmente valores e práticas que são inerentemente contrários aos valores do*

---

40 Uma sugestão de leitura que demonstra, através de pesquisa histórica séria, tais fatos, se encontra na obra de Ruth A. Tucker, and Walter E. Liefeld. *Daughters of the Church – Women and Ministry from New Testament Times to the Present* (Grand Rapids, Michigan: Zondervan, 1987), particularmente em seu capítulo 7, *"Transatlantic Reform and. Revivalism: Social Workers and Lay Evangelists"*, 249.

41 O movimento da escola bíblica dominical foi iniciado por volta de 1780 em Gloucester, Inglaterra por um grupo de quatro mulheres e um homem, Robert Raikes, o qual ficou conhecido como o fundador do movimento (algo discutível, pois Hannah Ball já havia fundado algo semelhante em Nottingham naquela época). Porém, sem a maior parte de suas voluntárias mulheres este movimento jamais teria existido ou florescido. Começou como um movimento de ajuda humanitária, visando alfabetizar classes sociais mais pobres através ensino da Bíblia. Nem por isso deixou de ser um movimento controverso, pois várias lideranças eclesiásticas temiam o mesmo por estar nas mãos de mulheres, as quais temiam eventualmente virem a estar em seus púlpitos. Um exemplo de tal perseguição por lideranças eclesiásticas foi a oposição a Hanna More, uma das líderes deste movimento na Inglaterra, a qual, com suas irmãs e colegas alcançaram mais de vinte mil crianças através de suas escolas. E os primórdios do movimento nos EUA, através do *Female Sunday School Union*, teve em duas mulheres, Joanna Bethune e sua mãe Isabella Graham, as pioneiras de aulas para crianças pobres em 1803, depois da primeira ter visitado a Escócia e ali ter tido contato com este movimento. (em Tucker e Liefeld, particularmente em seu capítulo 7, *"Transatlantic Reform and. Revivalism: Social Workers and Lay Evangelists"*, 220).

42 Ao chamar Jesus de Kurios" e proclamá-lo Senhor dos Senhores, a comunidade cristã se colocava em oposição diametral ao culto ao imperador romano, o qual seria o único a ser denominado como tal.

reino de Deus, como a dominação dos mais fracos e desejo de poder, também no tocante à igualdade da mulher como ser criado à imagem e semelhança de Deus, vendo mudanças nos papéis sociais da mulher como uma ameaça ou até mesmo grande oposição.

Embora algumas mulheres tivessem proeminência e pudessem exercer atividades profissionais específicas remuneradas e socialmente bem aceitas na antiguidade, e mulheres cristãs tenham sido as primeiras a defender o voto feminino através do movimento sufragista[43], bem como os movimentos de temperança (*Temperance Union*), no final do século XIX, às mulheres foi negado o direito ao ensino profissional, à carreira e ao voto, tendo sido apenas muito recentemente alcançado, cerca de cem anos atrás na Europa e Estados Unidos, para mulheres brancas, já que no caso das mulheres negras isto lhes foi negado até 1965. Apenas muito mais recentemente na América Latina as mulheres tiveram acesso ao voto, no Brasil, as mulheres com renda o puderam fazer a partir de 1932 e em 1934 a lei tornou o voto obrigatório (para as mulheres com renda). Apenas em 1946 é que o voto feminino se tornou obrigatório, ou seja, há apenas 75 anos.

Consequentemente, à luz de tais *fatos* históricos, a questão que se coloca para a igreja evangélica hoje é *trina* em essência: *a diferenciação e apreciação* (atribuir o valor adequado) a mulheres como:

1. co-herdeiras em Cristo (identidade de eleição, portanto teológica em essência);

2. esposas ou não (identidade de escolha ou chamado: estado civil);

3. como agentes no reino de Deus na sociedade e na igreja (identidade de chamado como co-herdeiras do reino de Deus).

---

43 Os movimentos de temperança das mulheres (*Women's Temperance Movements*) do século XIX, foram idealizados e iniciados por mulheres, especialmente Frances Willard, e eram alinhados com valores religiosos, pois combatiam o consumo de álcool, o qual afetava o sustento de famílias e casamentos e o desempenho dos homens no trabalho. O *WCTM* (*Women's Christian Temperance Movement*), se oferecia às mulheres uma porta para o ministério cristão, negava-lhes a possibilidade de serem líderes do mesmo.

Ao entender que o papel da mulher se restringe essencialmente a ser esposa e mãe, não somente a igreja e suas lideranças reproduzem uma visão cultural distorcida e limitadora da mulher, não refletidora fiel dos valores do reino de Deus, como também restringem o *valor intrínseco* do ser humano do sexo feminino à sua capacidade de casar e gerar filhos, e *não* ao seu valor ontológico como ser criado à imagem de Deus.[44]

Ou seja, temos um erro de prática de cuidado (prática pastoral) e um erro (teológico) de expressão de respeito pelo ser criado, não importando seu estado civil (se casada, solteira, viúva ou divorciada), ou se tenha procriado ou não. O valor da mulher como ser criado à imagem de Deus não reside em ser mãe ou esposa, *muito embora tais papéis sociais sejam absolutamente preciosos, dignos de honra (e, portanto, com uma contrapartida não menos absoluta de responsabilidade dela sobre quem se gerou) e essenciais à existência da família, sociedade, bem como estratégicos à comunicação da fé cristã*[45]. Entretanto, não importando se viúvas, solteiras ou divorciadas, *mulheres têm valor intrínseco total (e igual ao homem) por serem criadas por Deus à Sua imagem e por terem recebido d'Ele o mandato cultural de dominar a terra e produzir cultura lado a lado com o homem (Gn 1.26-29).*

E por meio da fé em Cristo Jesus, de acordo com Gálatas 5.26-29, as diferenças sexuais (homem x mulher) e étnicas (judeu x não judeu) existentes *não são obliteradas ou desfeitas, mas se colocam sob a identidade maior de eleitos em Cristo para serem filhos do Deus altíssimo e parte de seu corpo, a comunidade dos que creem*[46]. Ou seja, há uma identidade maior, atrelada à eleição (aos chamados por Deus a participarem desta nova identidade) que valora ou aprecia seres humanos em Cristo independentemente de serem judeus ou não judeus, de serem homens ou mulheres. A identidade de pertencimento à família de Deus não está baseada no valor social, no sexo ou na etnia de seus membros, mas no valor onto-

---

44 Tal visão é limitada pelo utilitarismo do papel social do indivíduo: enquanto a mulher for casada, tiver filhos, será aceita e terá voz. Mas e se ela perder os filhos devido a uma tragédia ou doença genética? E se seu marido morrer ou a abandonar? Estados civis são temporários e não devem ser tomados como condições permanentes da identidade de uma pessoa.

45 Vide a obra de profunda reflexão cultural e teológica de Phyllis Tickle, *The Great Emergence – How Christianity is Changing and Why* (Grand Rapids: Baker Books, 2008).

46 Efésios cap. 2.

lógico d'Aquele que tornou possível a existência desta comunidade de seres redimidos: Jesus Cristo, Deus Filho, ressurreto dentre os mortos, ascenso aos céus e à direita de Deus Pai. Sem dúvida, esta valoração se aplica também à condição social e estado civil de cada ser humano. Na comunidade dos redimidos em Cristo todos desfrutam do *mesmo status* diante de Deus, não havendo seres humanos de segunda categoria, quer por sexo, estado civil, condição socioeconômica ou por terem recebido as promessas através de Abraão ou não. Não há primazia, exceto a de Jesus. Considerando-se o contexto em que a igreja primitiva surge, tanto judaico como greco-romano, esta é, indubitavelmente, uma afirmação absolutamente contracultural da parte do maior apóstolo transcultural da igreja primitiva, Paulo de Tarso.

Além das questões de identidade social e valoração, lideranças da igreja evangélica brasileira devem ser sensíveis para se deslocarem-se de sua zona de conforto ideológico, seja cultural ou emocional, para poder analisar uma questão a fundo a partir *do ponto de vista do outro (ou da outra)*, que não o seu próprio ponto de vista. Isto assegura um bom princípio para se evitar análises superficiais e uma maior empatia para perceber injustiças e a dor do outro (ou outra). Mas este esforço de se colocar no lugar do outro, demanda desprendimento e espírito genuíno de humildade e serviço, o que deveria ser uma qualidade *sine qua non* para cargos de liderança, especialmente no contexto de igreja, conforme as palavras do próprio Jesus nos evangelhos e dos apóstolos nas epístolas.

Assim, ao tratar de assuntos que digam respeito às mulheres, mais do que expressar uma visão pessoal sobre as mesmas e seus papeis sociais "ideais" a partir de uma *perspectiva masculina*, ou buscar refúgio para injustiça social de gênero (ou de sexo, como preferir) na *canonização* da maternidade e do papel de mãe, o ouvir a partir da perspectiva da *história delas* e *pela voz delas* seria mais honesto e estaria mais verdadeiramente alinhado com o caráter do Cristo e Sua ética.

Além disso, cabe a lideranças cristãs evangélicas esclarecidas[47], em sua maior parte masculinas, a responsabilidade de encarar e verbalizar os duros fatos relativos à realidade da dominação da mulher pelos homens e por sistemas culturais, sociais e econômicos criados por estes para a legitimação de um *status quo* de privilégio e prerrogativas masculinas, que emudecem, isolam e alienam aquelas e aqueles que não se submetem a um padrão de justiça muito aquém e distante do revelado no Novo Testamento pelo próprio Cristo. Isto implicará em questionamentos tanto de práticas sociais quanto eclesiásticas, inclusive de vocabulário usado no contexto de igreja[48].

No mesmo sentido, tais lideranças devem ser desafiadas à percepção de que a igreja está *no mundo* e que, portanto, sofre as influências culturais da sociedade onde se encontra, e de diversas formas. A percepção crítica de que nossa fé e prática ministerial revelam tais valores culturais que advêm da sociedade deveria ser o princípio básico de qualquer reflexão sobre trabalho ministerial, desde a plantação de igrejas até políticas denominacionais. É lamentável que o estudo das culturas e suas diferentes cosmovisões, tão presente historicamente no meio missionário evangélico, se, embora tão desafiantes à formação educacional teológica nos modelos conceituais de teologia ocidental, seja sufocado na hora de se repensarem as práticas sociais da própria igreja local.

---

47 O uso do termo "esclarecidas" refere-se às lideranças cristãs sérias que apreciam a leitura e o estudo crítico, não somente de obras que reverberem seus próprios pontos de vista, mas também de textos difíceis, que não se alinham com uma visão cristã reformada ou evangélica e que propõem o questionamento de práticas muitas vezes comuns à maioria dos seus leitores. Refere-se também às lideranças que não buscam dar respostas fáceis e ofensivas ao evangelho e, portanto, contrárias aos valores do reino de Deus (se é que, de fato, proclamamos a este), tais como "_Somos machistas mesmo". Não é possível postular um papel profético de denúncia do mal na sociedade se mantivermos injustiças no trato com mulheres como se fossem seres de segunda categoria, quer na sociedade como na igreja.

48 Não é aceitável que lideranças de igreja se dirijam a uma congregação formada por mais de 51% de mulheres com verbos no particípio passado, adjetivos e substantivos todos na forma masculina, como por exemplo: _ "*Bem-vindo* a você que nos visita! É um prazer *recebê-lo* nesta manhã". Afirmamos diferenças sexuais entre homem e mulher, mas nossa linguagem é exclusiva e sexista.

O pensar criticamente sobre a nossa cosmovisão[49] e a da igreja irá nos ajudar a identificar *o quanto da cultura local está impregnada nas práticas da igreja e na visão de reino que pregamos*, bem como nas nossas contradições e omissões em lidar com questões sociais espinhosas, as quais afetam diretamente seres humanos, criados à imagem de Deus, que constituem a igreja[50]. Não é possível postular um papel profético de denúncia do mal na sociedade se mantivermos injustiças no trato com mulheres, a partir de uma visão de mundo que as entende como seres de segunda categoria, quer na sociedade como na igreja.

Da mesma forma, a identificação e exortação a não prática de atitudes contrárias ao reino de Deus deve ser também acompanhada de um olhar crítico a partir das Escrituras para com a forma como certos conceitos e práticas que tendem diminuir o seu valor e objetificar a mulher se fazem presentes nas práticas, formas de relacionamento e no coração daqueles que se afirmam crer absolutamente em Cristo.

Finalmente, cabe a uma liderança cristã esclarecida, composta por homens e mulheres maduros e ensináveis, estabelecer um diálogo esclarecedor e ao mesmo tempo crítico sobre o movimento feminista em suas diversas expressões de pensamento, conhecendo-as partir das suas diferentes escolas de pensamento e seu contexto histórico cultural, e à luz e das Escrituras e tendo consciência que nossas análises devem ser permeadas pela revelação e também por graça, como favor imerecido, para com

---

49 Cosmovisão é um conceito em estudos transculturais ou de antropologia transcultural, que auxilia no entendimento da maneira como uma sociedade explica sua existência, é estruturada e regula suas atividades sociais, constrói valores e atribui valores. Cosmovisão é a visão de mundo, ou seja, o conjunto de valores que norteiam uma cultura, o qual é composto de três dimensões: dimensão cognitiva, (conhecimento, lógica e sabedoria); dimensão afetiva (sentimentos e estética) e dimensão avaliativa (valores, propósitos e compromissos). Tais dimensões formam o cerne de um modelo de cultura, e estas três dimensões dão origem as estruturas exteriores ou mais visíveis, como sistemas de valores e crenças, os quais dão origem a instituições sociais (Paul Hiebert. *Anthropological Insights for Missionaries*. Grand Rapids. MI: Baker Book House, 1985, pp. 31 a 46). Charles Kraft irá definir cosmovisão como as premissas, valores e compromissos os quais funcionam como uma janela através da qual os seres humanos enxergam a realidade e pela qual orientam suas vidas (Charles FKraft, *Communication Theory for Christian Witness* – Revised Edition (New York: Orbis Books, Communication Theory for Christian Witness, 1991), 161.

50 A cultura nem sempre é neutra em relação aos valores cristãos. A cultura *pode* ser neutra, como também pode ter práticas *opostas* aos valores cristãos bíblicos, tais como a circuncisão feminina e ou a negligência a recém-nascidos do sexo feminino, práticas presentes em alguns contextos transculturais. A cultura pode, em diversos casos, ser também *neutra*, com práticas sociais que não afetam as premissas morais cristãs, como por exemplo um evento de celebração de nascimento de uma criança.

aqueles ou aquelas que defendem posições *ontologicamente* contrárias a uma cosmovisão cristã, onde a vida humana no ventre é absolutamente preciosa, *tanto quanto a vida humana (mulheres e homens) o deveria ser em sociedade.*

Da mesma forma, devemos olhar para tais escolas e suas histórias sem deixar de reconhecer seus eventuais méritos de reflexão e ação e nos apercebermos de que *fazer o bem e o que é justo diante de Deus não depende necessariamente de abraçarmos, integral ou parcialmente, arcabouços teóricos incompatíveis com a fé cristã.*

Apesar de entendimentos mais ou menos ortodoxos, a posição contemporânea cristã evangélica mais prevalente, sob pena de ser rotulada de essencialista, entende que há uma *relação estreita entre sexo biológico e gênero.* Ao mesmo tempo, cristãos também afirmam que o gênero é *também construído socialmente* e que, portanto, dimensões sociais de papéis sexuais irão variar de acordo com a mudança do contexto cultural, aqui entendido não apenas geograficamente, mas também de mudança de contexto de cosmovisão. Desta forma, existe uma *afirmação positiva da Criação* do ser humano como macho e fêmea, e concomitantemente, uma *afirmação positiva da criação das culturas.*

Entretanto, a realidade bíblico-teológica da Queda, ou seja, da desconexão e busca de autonomia do ser humano em relação ao Deus Criador conforme revelado nas Escrituras, as quais informam a cosmovisão cristã, também afirmam que tanto a identidade do ser humano como as diferentes cosmovisões humanas e, por conseguinte, suas expressões culturais e sociais, estão marcadas por esta desconexão essencial do ser humano e refletem, em grande parte, um distanciamento do modelo divino de interação entre homem e mulher, de relações familiares, produtivas e econômicas, sociais, relacionais e familiares, bem como de autoconhecimento. Ou seja, o estado da condição humana distante do primeiro modelo humano afeta a produção de cultura, a qual irá manifestar, em maior ou menor grau, esta perda de identidade com o modelo primal divino.

A relação entre homens e mulheres expressará este distanciamento, através da busca de dominação e controle dos segundos pelos primeiros, e de diminuição de "pessoalidade total" (*full personhood*) da mulher, tanto intrinsecamente como socialmente, através de práticas sociais sutis ou abertas, inconscientes ou deliberadas, que colocam a mulher na posição de ser de segunda categoria, exceto quando sua capacidade de gestação e de seu papel de mãe são destacados. Isto acaba sendo reproduzido e realimentado de forma acrítica precisamente dentro da comunidade que deveria propor um modelo diferenciado de relações sociais e entre os gêneros, a saber a igreja.

Esta teologia da Criação e do reino empobrecidas revelam não apenas que a teologia evangélica brasileira está enfraquecida, mas que também a igreja deixou de refletir criticamente sobre suas próprias ideias, práticas e sua ação no mundo. *Ou seja, perdemos a essência da reforma protestante, "ecclesia reformata semper reformanda".* Esta *acomodação cultural* nos traz e ainda trará um custo altíssimo a médio e longo prazo, no sentido de não falarmos a linguagem da cultura onde estamos inseridos e de não pensarmos sobre questões espinhosas para oferecermos posições inteligíveis e estruturadas aos que não compartilham de nossa cosmovisão cristã, ainda que esta venha ser muitas vezes divergente e desagradável àqueles. Ou seja, não haverá diálogo, ouvir e falar com entendimento. E como crerão, se nossa linguagem não lhes faz sentido e nossas práticas acentuam injustiças de séculos?

Em busca desta constante reflexão, visando manifestar *de fato e de verdade* os valores do reino de Deus nas relações entre homens e mulheres, é que devemos nos empenhar neste estudo, reflexão e diálogo, até que Ele, o Rei, volte, cientes de que Ele nos pedirá contas de nossas obras em Seu nome.

Maranatha.

A POSTURA BÍBLICA EVANGÉLICA DIANTE DO MOVIMENTO LGBT+

Lisânias Moura

Certo pastor ouve de uma adolescente: *"o senhor abençoaria meu namoro com outra garota?* De um casal, ouve um pedido de socorro: *"meu filho disse que não quer mais ser menino, mas menina".* Um dos líderes da igreja admite para o pastor, *antes de vir para cá era Joana, fiz uma cirurgia e desde então sou Joaquim.* Como lidar com estas situações?

O alvo deste capítulo é abordar a questão LGBT+ sugerindo uma abordagem pela igreja local que venha a refletir Jesus.

Um resumo da história do movimento LGBT+ no Brasil

O movimento LGBT+ chega ao Brasil anos depois da questão homossexual tornar-se mais visível na Europa e Estados Unidos. Se diz que a questão se tornou pública primeiramente na Holanda, migrou para a América e chega ao Brasil mais visivelmente por volta dos anos 70, ainda no contexto da ditadura militar.

Mas, é por volta de 1990, que também do lado religioso, o movimento homossexual começa a aparecer e agregar outras "letras" tais como lésbicas, bissexuais, travestis, transexuais, etc. Antes, já o carnaval carioca incluía nos desfiles blocos de travestis, lésbicas, transgêneros, etc. No contexto eclesiástico, o pastor presbiteriano Neemias Marien começa a aceitar a presença de homossexuais em sua igreja e cultos e isto contribuiu para que no início dos anos 2000 uma movimentação trouxesse para o Brasil várias igrejas identificadas como inclusivas tais como a Igreja Contemporânea Cristã do Rio de Janeiro, a Igreja Cidade Refúgio, a Congregação Cristã Nova Esperança, a Igreja Cristã Metropolitana, etc. Com o surgimento destas igrejas, pessoas rejeitadas por suas igrejas de origem encontram o apoio que esperavam, mesmo que do ponto vista teológico conservador esse apoio levante questões sérias.

A presença das igrejas inclusivas não tem sido suficiente para diminuir nem a violência contra o LGBT+, nem as dores da ansiedade e tendências suicidas, conforme o relatório *Observatório de Mortes Violentas de LGBTI+ no Brasil.*[1] Assim, não somente pelo lado social, mas muito mais pelo lado espiritual, como a igreja pode lidar de uma forma cristocêntrica mais com as pessoas e não tanto com o movimento em si?

Os problemas por trás do LGBT+

Atrás do movimento LGBT+ existem três problemas básicos que contrariam as Escrituras. Primeiro, uma negação da soberania de Deus em determinar o sexo do ser humano, homem ou mulher. Ao negar essa soberania, o homem rejeita Deus ao resolver escolher seu sexo, seja pela construção cultural ou para querer sentir-se bem. Gênesis 1.26-27 não faz parte do pensamento original da agenda LGBT+, pois, segundo pensam, a determinação do gênero a partir da genética é algo opressivo e o Deus do amor não é um deus opressor.

Leandro Colling[2], um ativista do movimento LGBT+ e professor na Universidade Federal da Bahia, afirma que ser heterossexual é fruto da determinação da sociedade. Mas, que ele mesmo, por ser homossexual exerceu uma escolha em oposição ao determinismo criado pela sociedade. No pensamento de Colling, a homossexualidade é uma sexualidade su-

---

1 Agenciaaids.com.br.
2 Leandro Colling, *Desnaturalização da heterossexualidade* (São Paulo: Folha de São Paulo, 17/05/2011), A3

perior, pois seu gênero é diferente de sua constituição neurobiogenética. E poder fazer esta escolha de sua identidade como homossexual é um ato de superioridade. Também não se pode negar que dentro dessa ideia de rejeitar a sexualidade binária, o homem está procurando sentir-se bem. O sentir-se bem tem a ver com sua psique, ou, numa linguagem popular, com o coração do homem. Contudo, o coração do homem é corrompido pelo pecado, deixado bem claro por Jeremias quando diz: *"Enganoso é o coração, mais do que todas as coisas, e perverso; quem o conhecerá"* (Jr. 17.9).

Um segundo problema está associado ao primeiro. Pois ao negar que Deus determina o sexo do ser humano comunicado inclusive pela genitália, o homem se torna seu próprio deus. Ele mesmo escreve suas próprias leis, inclusive as leis para seu corpo. Ao tornar-se seu próprio deus, o homem revela algo ainda mais interior e nefasto que é sua altivez. E isto vem da verdade revelada em Romanos capítulo primeiro. Ao escolher viver uma vida sexual com uma pessoa do mesmo sexo em vez de honrar o que Deus fez na natureza, o homem se imbui de um poder de escolha que tira Deus de sua vida, incorrendo no mesmo problema de Satanás que caiu do céu por causa do seu orgulho em não se submeter à vontade de Deus para ele (Is 14.14-15). O apóstolo Paulo nos diz: *"Trocaram a verdade de Deus pela mentira, e adoraram e serviram as coisas e seres criados, em lugar do Criador, que é bendito para sempre. Amém"* (Rm 1.25).

O terceiro problema é resultado dos dois primeiros. É a vida sem limites morais. Sendo o próprio deus e dirigindo-se por sentimentos fluidos, a identidade sexual independente de Deus leva o homem a um estilo de vida desregrado, conforme Romanos 1.28-32. Não prestando contas a Deus, o que o homem precisa temer?

As incoerências com as Escrituras do movimento LGBT+ não nos impede de vermos neles a carência da graça. Então, como a igreja pode refletir Jesus para essas pessoas?

A igreja local diante do movimento LGBT+: Três abordagens

O caminho que queremos propor como resposta da igreja à questão LGBT+ é baseado na história de Jesus com o leproso, como descrito em Marcos 1.40–44. As pessoas, no tempo de Jesus, se afastavam dos leprosos e estes eram como uma peste na sociedade[3], "amaldiçoados por Deus". Existe, podemos assim dizer, uma similaridade entre a lepra da época de Jesus e como a igreja local pode encarar o movimento LGBT+. Veremos três maneiras que igreja pode abordar este movimento relacionando-as a Marcos 1.40–44.

A abordagem ortodoxa: existe apenas homem e mulher

De uma forma curta podemos dizer que a igreja que estamos chamando ortodoxa é fiel às Escrituras quando parte da narrativa da criação e suas implicações. Para esta igreja, somente existe macho e fêmea e a identidade sexual é totalmente arraigada no sexo biológico. Igrejas assim, primariamente afirmam a criação de Deus como binária. As variações de gênero são vistas realmente como anomalias e fruto da queda adâmica. Há quase nenhum espaço para se ouvir o transgênero ou o transgênero ver na igreja um local de ajuda.

É difícil para um homossexual ou partidário do movimento LGBT+ ouvir de líderes de uma igreja frases tais como: *"O gay deveria ir a um clube gay, mas na igreja não dá"*[4]. Ou, *"O ativismo gay é fundamentalismo de lixo moral"*[5]. Frases assim comunicam realmente que Jesus e a igreja não têm uma saída para o homossexual e suas dores.

---

3 Marcelo Barros, "Jesus, o leproso e a religião", blog acessado em 16 de junho de 2021 (marcelo-barros.com).

4 Frase atribuída ao Pr. André Valadão, conforme publicada pela revista *Carta Capital* em 11 de setembro de 2020, https://www.cartacapital.com.br/sociedade/na-igreja-nao-da-diz-pastor-andre-valadao-sobre-casais-homossexuais.

5 Frase atribuída ao Pr. Silas Malafaia conforme citada pela revista digital *Gospel* em 9 de junho de 2013, (https://noticias.gospelmais.com.br/silas-malafaia-afirma-ativismo-gay-fundamentalismo-lixo--moral-55162.html.

A abordagem ortodoxa é bíblica, especialmente quando se contrapondo ao LGBT+, ela enaltece e afirma o casamento hétero como o único plano de Deus bem como rejeita a mudança de sexo por contrariar a identidade sexual designada por Deus a partir do sexo biológico. Mas, e se o LGBT+ está pedindo socorro?

Ao ouvir o leproso e curá-lo, Jesus parou para conversar, sem julgar e ao mesmo tempo ver nele o que Deus poderia fazer. Jesus deixou de lado convenções e práticas religiosas que poderiam comprometê-lo, pois para ele a pessoa do leproso era mais importante do que o protocolo da religiosidade. O leproso carregava a imagem e semelhança de Deus.

Este é o caminho da igreja ortodoxa, zelo pela teologia ortodoxa pura, mas com dificuldade em comunicar o amor.

A abordagem inclusiva: o que importa é o amor

A abordagem da igreja inclusiva fundamenta-se, em resumo, que Deus sendo amor, não há pessoas que ele rejeite. Desta forma, inclusive o homossexual, o travesti, o trans., etc., são acolhidos por Deus sem que Deus demande deles mudança de vida. Por isso, a igreja não pode deixar de fora qualquer pessoa rotulada por qualquer orientação sexual seja ela qual for. O que importa é o amor e amar.

É verdade, Deus amou o mundo, as pessoas, de tal maneira que Jesus morreu por todos e todos que creem nele têm perdão de pecados e vida eterna. O problema é quanto às pressuposições da igreja inclusiva. Por exemplo, Marcelo Natividade, um ativista do movimento LGBT+, citando o falecido Rev. Neemias Marien diz: "*Em termos teológicos, o pastor (através de pronunciamentos públicos) apresentava argumentos para uma liturgia que contemplava o acolhimento dos homossexuais, sem exigir deles uma mudança de conduta sexual. Citando o evangelho de Mateus (19.12), ele instruía que homossexuais "eram como os eunucos" do texto bíblico: alguns foram "feitos assim pela sociedade", outros "nasceram", e ainda havia aqueles que o eram por "opção". Portanto, a homossexualidade não podia ser vista como pecado*"[6]. No site de uma igreja inclusiva em São Paulo, está es-

---

6 Marcelo Natividade, *Revista Relig. Soc* 41 (1), 2001.

crito assim: *"A Bíblia não condena a homossexualidade. A maior revelação que um LGBT pode receber na vida é a descoberta do grande amor de Deus, sem preconceitos[7]*. No mesmo site, na bio do pastor da igreja, está escrito, *O pastor Marcos Gladstone é casado com o pastor Fabio Inácio e são pais de quatro filhos adotados*.

Podemos dizer que entre os membros de igrejas inclusivas não exista amor, mesmo entre casais homossexuais? Claro que não. No entanto é um tipo de amor cuja expressão contraria o que Deus disse que deveria ser a relação matrimonial monogâmica entre um homem e uma mulher. Leonardo Boff, citado por Rodrigo Bertolotto diz: *"Creio que os inclusivistas trazem uma nova visão do ensino bíblico e de boa fé. Ninguém pode negar que entre pessoas do mesmo sexo não possa existir amor. Se há amor, aí há algo de Deus que se autodefiniu como amor."*[8]

Qual o problema com a abordagem inclusiva? Não existe o convite ou a exortação para uma mudança de vida. O amor de Jesus inclui negar-se a si mesmo, tomar cada dia a sua cruz e segui-lo (Lc 9.23). O trans precisa do amor de Deus. Mas, se quer honrar a Deus, o transgênero ou o homossexual precisam primeiro obedecer a Deus em vez de primeiro obedecer a seus sentimentos ou reinterpretar a palavra de Deus.

Os sentimentos de uma pessoa LGBT+ não têm como serem reprimidos, mas a concretização destes sentimentos sim. O transgênero não tem como normalmente deixar de sentir uma paixão por uma pessoa do mesmo sexo, mas, com o poder de Deus, pode aprender deixar seus sentimentos serem moldados por obediência a Deus, o que o levará a um comportamento que reflete seu amor a Deus. Por causa disto, o grande desafio da igreja inclusiva deveria ser o de trabalhar entre seus membros a aplicação e as implicações de Romanos 12.1-2. Quando paramos para deixar que a Palavra molde nossa forma de pensar e agir, o homossexual que queira seguir a Jesus pode não deixar de ter atração por pessoas do mesmo sexo, mas descobre que existe a diferença entre sentir, fantasiar e praticar. Ter atração não é o pecado, o pecado está em fantasiar e daí

---

7 www.igrejacontemporanea.com.br
8 Rodrigo Bertolotto, *O Arco íris invade o céu*, São Paulo: www.tabuo.uol.com.br.

dar lugar à fantasia ou a prática da fantasia.[9] Wesley Hill, um conhecido autor americano que tem escrito sobre o crente e a homoafetividade diz: "Eu descrevo em poucas palavras minha vida de discipulado com Jesus, como uma vida que é sexualmente abstêmia sem necessariamente ter deixado de ter atração por pessoas do mesmo sexo."[10] É possível, a despeito de sua homoafetividade, uma pessoa ter uma vida que reflete a vontade de Deus.

Igrejas inclusivas exercem um papel positivo no sentido de agregar pessoas rejeitadas pela igreja não inclusiva ou ortodoxa. Mas, se torna perigosa quando ela não desafia as pessoas a um discipulado ou mudança de vida ou abandono de práticas como relações sexuais com pessoas do mesmo sexo, casamentos homoafetivos, liberdade para a "mudança de sexo", se isto atenua a disforia que a pessoa sente.

No contexto das igrejas inclusivas, o zelo pelo inclusivismo promove o foco na identidade de gênero à parte do sexo biológico dado por Deus, pois a sexualidade binária é descritiva e não normativa. Como conciliar amar a pessoa do mesmo sexo diante do que lemos em Levítico 18.22 quando Deus diz *"Não se deite com um homem como quem se deita com uma mulher; é repugnante."*? Ou, como amar a Deus se o comportamento homossexual é um comportamento que reflete uma escolha para amar a si mesmo e não Deus (Rm 1.25-26).

Assim, a igreja que ama o LGBT+ como Deus ama, vai desafiar seus membros a primeiro amar a Deus, obedecendo e abandonando uma vida homossexual ativa e desistindo de ser feliz se o modo de ser feliz não é o modo de Deus. Não existe amor verdadeiro a Deus sem uma chamada para um arrependimento e mudança de vida. A cultura do mundo de hoje é primeiro amar a si mesmo e depois, quem sabe, amar a Deus.

Quando Jesus lidou com o leproso, após curá-lo, Jesus o enviou ao templo. Estou certo de que era uma indicação de um compromisso com

---

9 Vale a pena ler, estudar e refletir o que dois autores dizem a este respeito. Primeiro, Preston Sprinkler, *People to Be Loved* (Grand Rapids: Zondervan, 2015), esp. pp. 141-224. Segundo, Lisânias Moura, *Cristão homoafetivo?* (São Paulo: Mundo Cristão, 2017), 53-73.

10 Wesley Hill, *Washed and Waiting*, 2d ed. (Grand Rapids: Zondervan, 2016), 180, Edição do Kindle.

um novo estilo de vida que refletisse aquilo que Jesus havia feito por ele e que precisaria ser vivenciado.

Quando olhamos para a abordagem tanto ortodoxa como a inclusivista vemos nuances positivas: o zelo pela doutrina, na igreja mais ortodoxa e o amor, mesmo que confuso, na igreja inclusiva. Mas, onde fica, de uma forma saudável, a teologia bíblica conservadora e o amor? A teologia não pode ser dissociada do amor nem o amor dissociado da teologia conservadora centrada em Deus. Qual o caminho?

A abordagem acolhedora – três práticas: Jesus é a esperança

Ao tratar do leproso, Jesus curou-o de uma forma singular. Ele não levou em conta que poderiam chamá-lo de imundo (Lv 13.45–46). Embora pudesse ter curado o leproso apenas com uma palavra e uma palavra dita à distância, Jesus tocou o leproso. O verbo tocar usado por Marcos é mais do que um leve toque. O verbo carrega a ideia de apertar, tocar firmemente (*hapto*). Não foi um toque superficial ou passageiro.[11]

Como, então, a igreja pode amar e tocar o LGBT+, amando-o, sem comprometer a teologia ortodoxa, mas desafiando-o para um estilo de vida cristocêntrico?

Primeiro, vemos um Jesus acolhedor. Olhando para relação de Jesus com o leproso, O leproso foi a Jesus. O homossexual muitas vezes vive um sofrimento existencial, seja pela rejeição ou mesmo os conflitos espirituais dentro dele como culpa ou outro sentimento (estamos tratando primariamente daquele que se diz seguidor de Jesus). Esta pessoa pode estar lutando com uma disforia ou mesmo internamente numa luta; se toma hormônios ou faz uma cirurgia para mudança de sexo. No encontro com o leproso, Jesus ouviu-o sem perguntar sobre seu passado ou pedir que o leproso se afastasse dele. Primeiro ouviu e depois o mandou para o templo. Acolher significa aceitar como a pessoa é sem aprovar o que ela faz, ver nela a imagem e semelhança de Deus e não querer trazer para si a responsabilidade de levá-la a ser hétero para depois aceitá-la ou tocar nela.

---

11 J. P. Louw e Eugene A. Nida, *Greek-English Lexicon of the New Testament: Based on Semantic Domains* (New York: United Bible Societies, 1996). Electronic ed. of the 2d edition., Vol. 1, 284.

Acolher ou tocar no "leproso" significa correr riscos. Mas, não significa concordar com as práticas ou forma de pensar do LGBT+.

Uma segunda atitude é acompanhar, acompanhar o "leproso "que tem a oportunidade de ser tocado por Jesus. Acompanhar tem diversas nuances. Construir um relacionamento, sem julgamento. Ouvir as lutas do homossexual ou do trans. Esses não têm na sexualidade os seus únicos problemas. Acompanhar muitas vezes implicará, no tempo certo, confrontar com o pecado, depois que um relacionamento houver sido construído. Confrontar o pecado é o chamado para o arrependimento. Caso a pessoa tenha feito uma cirurgia para mudança de sexo, ou estar tomando hormônios ou estiver vivendo sexualmente ativa com uma pessoa do mesmo sexo e desejar ser ajudada, ela precisa lidar com seu pecado.

Amar significa ternamente e firmemente encorajar o outro reconhecer onde tem errado, buscar arrependimento e confessar o erro. Ser teologicamente saudável implicará ter uma mente moldada pela Palavra. E isto leva tempo, isto implica um convite para o discipulado, isto implica o discipulador ou a igreja lidar com recaídas do discípulo "leproso". Acompanhar implica gastar tempo. Mas, a igreja que toca o "leproso" verá a alegria do poder de Jesus que transforma a pessoa e lhe dá a verdadeira identidade. O leproso, em Marcos 1.42 ganhou uma nova identidade. O LGBT+, em Jesus, não é mais um LGBT+, mas um cristão em crescimento que luta com uma disforia e encontra em Jesus os recursos para lidar com ela e honrar Jesus em seu corpo total. Enfrentar esta disforia também pode incluir uma opção pelo celibato, uma opção ensinada pelo apóstolo Paulo em 1 Coríntios 7, bem como o tema bem discutido no capítulo anterior deste livro.[12]

A terceira atitude é anunciar. Além de acolher e acompanhar, tocar como Jesus tocou, a terceira atitude é anunciar. Anunciar Jesus como a esperança para aquele que luta com disforia ou com identidade de gênero. Em Jesus a pessoa terá o pão diário para lidar com as tentações das práticas LGBT+ bem como como os recursos divinos para ter sua mente

---

12 Veja o capítulo catorze no qual o autor discute a validade também da vida de solteiro (a) e como este também reflete a imagem de Deus e pode ser uma pessoa satisfeito independente do seu estado civil.

transformada a fim pensar e agir como lemos em Romanos 12.1–2. Ao apontar Jesus como a esperança final para o dia a dia e para a vida eterna, a igreja acolhedora desafia o homossexual ou o LGBT+ a aceitar o sofrimento como parte do seu andar com Jesus se realmente quer ser um discípulo. Desistir de querer um relacionamento homoafetivo ou querer sentir-se bem e para isto assumir seu sexo biológico, é algo desafiador que somente aos pés de Cristo este discípulo sobreviverá. Com certeza apontar para esperança em Jesus é entender que o LGBT+ escolherá uma vida celibatária a fim de honrar a Deus e não colocar seus desejos antes da vontade de Deus. Anunciar implicará dar tempo para o "leproso" ter sua mente transformada. As tentações voltarão, mas uma mente transformada saberá escolher o caminho mais sadio. Por isso, o conselheiro precisa trabalhar em equipe, pois dependendo da maturidade do aconselhado, este pode vir a atrair-se pelo próprio conselheiro.

A verdadeira igreja acolhedora recebe o homossexual sem agredi-lo, sem afirmar seu comportamento, mas aponta Jesus como sua esperança final. Ela amorosamente ensina Gênesis 1.26–27, proclama que Deus é amor, sem ser leniente com o pecado, mas sendo terna e firme com o pecador, convidando-o a entregar sua vida a Jesus e na dependência de Deus este pecador ganhar um novo estilo de vida. Neste contexto, a igreja local carece de afirmar Jesus como esperança não somente para o LGBT+, mas para qualquer um que lida com qualquer tipo de pecado dominante.

Como discípulos de Jesus, somos desafiados pessoalmente e como igreja para tocar em qualquer tipo de "leproso". Não temos o poder de "curar" o LGBT+, mas podemos acolher, acompanhar e anunciar para o ele o amor de Jesus para transformá-lo em alguém que parece com o próprio Jesus.

TRÁFICO DE PESSOAS: O QUE OS CRISTÃOS E A IGREJA PODEM FAZER?

Maruilson Souza

O tráfico de pessoas não é um assunto novo. De fato, esse é um fenômeno cuja prática, na antiguidade, era associada às muitas guerras e à cultura predominante da época que considerava normal escravizar, vender e trocar prisioneiros de batalhas. No entanto, apesar dos tempos serem outros, em pleno século 21 com todo o desenvolvimento científico e tecnológico, o tráfico de seres humanos ainda é uma realidade que não deve ser ignorada, pois esse mal foi oficialmente "abolido, mas não exterminado"[1]. Assim sendo, de maneira interdisciplinar e tendo a história, a filosofia e a Bíblia como referências, procuraremos respostas à questão de como a Igreja, coletivamente, e os cristãos, individualmente, podem, contemporaneamente, contribuir para o combate e a eliminação desse persistente problema que por milênios assola a humanidade.

Tráfico de pessoas: escândalo e insulto

Um olhar, ainda que *an passant*, na história será possível encontrar indivíduos que destoando da maioria achavam inconcebível a ideia de transformar outro humano em mercadoria. Entre os cristãos de tem-

---

1 Maruilson Souza, *Direitos humanos, humanos direitos* (São Paulo: Exército de Salvação, 2021), 36.

pos modernos, destaca-se William Wilberforce 1759–1833), que fez da vocação política sua plataforma contra as injustiças, a crueldade e a comercialização de pessoas. Em seu apoio, John Wesley, que considerava a escravidão "o escândalo da religião da Inglaterra e da natureza humana", lhe escreveu admitindo que ele estava entrando num vespeiro perigoso, numa luta de "Davi" contra "Golias" e que:

> a menos que o poder divino o tenha levantado para ser como Atanásio contra o mundo... A menos que Deus o tenha erguido para isto, você se sentirá exausto pela oposição de homens e demônios. Mas, se Deus estiver com você, quem poderá ser contra? Serão todos os homens mais fortes do que Deus? Não se canse de fazer o bem. Eu sigo em frente em nome de Deus e no poder de Sua força, até que a escravidão... possa ser banida diante dEle. Que Aquele que o tem guiado desde a juventude possa continuar a fortalecê-lo nisto e em todas as coisas, é a minha oração.[2]

Verdade é que Wilberforce, ao liderar por toda a Inglaterra uma campanha sistemática contra a comercialização humana, sensibilizou a opinião pública e mobilizou pessoas influentes e, como resultado, o parlamento britânico, em 1807, aprovou o *Ato contra o comércio escravo* que proibia navios britânicos de transportar pessoas com fins escravistas. Tal decisão teve consequências para as nações com as quais o império inglês mantinha relações comerciais, mas igualmente contribuiu para o fim da escravidão legal nos Estados Unidos (1863) e no Brasil (1888).

Tráfico de pessoas: Esforços diplomáticos internacionais

De fato, desde 1814 com o tratado assinado entre Inglaterra e França, o *Tratado de Paris*, há um esforço diplomático internacional e intencional para a eliminação de toda forma de escravidão, dentre os quais destacam-se:

---

2 John Wesley, *O diário de John Wesley: O pai do metodismo* (São Paulo: Art Editorial, 2005), 383-387.

1. Em 1926, na *Convenção sobre a escravidão*, proibia os Estados membros de raptar, transportar, comercializar e permitir trabalhos forçados a outro ser humano. Igualmente exigia que seus signatários elaborassem e promulgassem leis antiescravidão em seus territórios.

2. Em 1948, a *Declaração universal dos direitos humanos*, no seu Art. IV, ao afirmar que "ninguém será mantido em escravidão ou servidão, a escravidão e o tráfico de escravos serão proibidos em todas as suas formas", reconhecia a existência da prática de tráfico humano.

3. Em 1993, portanto, 45 anos depois, na *Conferência mundial de direitos humanos*, realizada em Viena, Áustria, a discussão sobre a temática se fez presente e reafirmou-se ser o tráfico internacional de pessoas incompatível "com a dignidade e o valor da pessoa humana",[3] devendo-se unir esforços na busca de estratégias para eliminá-lo. Ali também foi reconhecido que as mulheres e crianças, especialmente aqueles que se encontram em situação de pobreza extrema, são as mais suscetíveis e vulneráveis.

4. A *Convenção de Palermo*, 2003, convocada pela Organização das Nações Unidas (ONU), ampliou a compreensão do conceito de tráfico humano, reconheceu a necessidade de elaborar estratégias de cooperação às políticas para o enfrentamento do tráfico de pessoas.

Por outro lado, como disse José de Faria Costa, essa "é uma realidade tão espessa, tão viva e tão dramática que nos cobre a todos que, não a querer ver, seria mais do que miopia ética, seria blasfêmia moral".[4] Nessa mesma linha, Ricardo Figueira, Adonias Prado, e Edna Galvão compreendem que, contemporaneamente, a indústria do tráfico de pessoas se aperfeiçoou, tornando-se bem mais complexa, pois se manifesta tanto

---

3 Cf. Senado Federal, *Direitos humanos: atos internacionais e normas correlatas* (Brasília: Senado Federal, 2013), 40.
4 Cf. Apud, Thaís de Camargo Rodrigues, *Tráfico internacional de pessoas para exploração sexual* (São Paulo: Saraiva, 2013), 4.

no zona urbana quanto na zona rural, mas igualmente na imigração e em disfarces como o oferecimento de oportunidades de trabalhos em outros países e regiões do globo.[5] Logo, o seu combate exige a participação e o envolvimento de todos e não somente dos governos. No entanto, ainda são raras as iniciativas locais ou regionais que leve em conta e integre as organizações da sociedade civil, especialmente as escolas e as igrejas, na promoção de ações conscientizadores e no combate ao comércio ilícito, clandestino e imoral de outros seres humanos.

Tráfico de pessoas: o que é isso?

No Protocolo de Palermo, no seu 3º Artigo, a ONU definiu tráfico de pessoas como sendo "o recrutamento, o transporte, a transferência, o alojamento ou o acolhimento de pessoas, recorrendo à ameaça ou uso de força ou a outras formas de coação, ao rapto, à fraude, ao engano, ao abuso de autoridade ou à situação de vulnerabilidade ou à entrega ou aceitação de pagamentos ou benefícios para obter o consentimento de uma pessoa que tenha autoridade sobre outra, para fins de exploração".[6]

Como se pode observar, o conceito de tráfico de pessoas é amplo e inclui todo e qualquer ato de recrutamento, coerção, rapto, engano, escravização, comercialização, assim como todo tipo de exploração de pessoas, sexual, laboral, servidão e remoção de órgãos, mesmo que supostamente elas deem consentimento para isso. As pesquisas recentes demonstram que os indivíduos que se submetem, ainda que aparentemente de forma voluntária, a tais situações são crianças, adolescentes e pessoas, na sua maioria mulheres, que vivem em contexto de pobreza e vulnerabilidade extremas. Geralmente, moram em países e regiões com oportunidades de desenvolvimento educacional, intelectual, laboral, profissional e empregatício limitados. Em conjunturas como essa para preservarem a vida, as pessoas tendem, inconscientemente, a se submeter aos mais diversos tipos de exploração. Em contrapartida, é necessário levar em considera-

---

5 Ricardo Rezende Figueira, Adonias Antunes Prado, e Edna Maria Galvão, *A universidade discute a escravidão contemporânea: práticas e reflexões* (Rio de Janeiro: Editora Mauad X, 2015).
6 Figueira, Prado, e Galvão, *A universidade discute a escravidão contemporânea*, 399.

ção que a temática é não somente antiga, mas igualmente, labirintosa e, portanto, desorientadora.

Tráfico de pessoas: o que pensavam os filósofos antigos

Na antiga Grécia, berço da democracia e da civilização ocidental, assim como em Roma, o tráfico de seres humanos era considerado uma atividade legal. Com isso, filósofos, intelectuais e pensadores da época advogavam a existência de pessoas que, por natureza, inferiores e, portanto, destinadas ao trabalho escravo.[7] Consequentemente, tal mentalidade não era tida como algo abominável e injusto. Com isso, não é incomum encontrarmos na literatura grega clássica exaltação a quem possuía muitos escravos, orientações a respeito de como utilizá-los melhor no labor diário, bem como certa incapacidade de pensar as sociedades de então sem a presença de seres humanos escravizados. Tal mentalidade existia inclusive entre os grandes pensadores. Aristóteles, por exemplo, compreendia que a escravidão era inerente à natureza da pessoa. Ou seja, para ele algumas pessoas nasciam para serem escravas e outras para serem senhores.

De acordo com Nedilso Lauro Brugnero,[8] a antropologia aristotélica via a escravidão como algo inerente à natureza da própria pessoa. Assim sendo, é a própria natureza quem cria alguns para serem escravos e outros homens livres. Aos primeiros, resta somente a subordinação àqueles que, por natureza, são superiores e destinados às posições de mando e comando. Isso porque, para Aristóteles o homem é um animal político. Por conseguinte, sua felicidade e realização estão na *pólis*, que compreendia tanto a cidade como um sistema de vida que incluía a posse de bens que permitia o ócio e a dedicação à vida contemplativa-reflexiva. Na obra supracitada, Brugnero igualmente advoga que, segundo Aristóteles, a natureza humana não é alguma coisa básica e comum a todos os seres humanos, mas algo que está presente na *pólis*, a qual oferece as condições

---

7 Mário Curtis Giordani, *História da Grécia* (Petrópolis: Editora Vozes, 1984), 186-189.
8 Nedilso Lauro Brugnero, *A escravidão em Aristóteles* (Porto Alegre: EDIPUCRS, 1998).

para que o humano alcance o seu desenvolvimento pleno (*télos*). Em outras palavras, para Aristóteles, a natureza humana é que alguma recebida no nascimento e, portanto, acabada. À vista disso, não importante a interação ou a educação que venha a ter no futuro, a natureza dada, não muda. Na opinião dele, ainda que o *logos*, a capacidade racional esteja constitutivamente em todos, se torna princípio operativo somente naqueles que atingem a plenitude humana.

Tráfico de pessoas: o que diz a bíblia

Na Bíblia, é igualmente possível encontrar inúmeros casos de nação invadindo e escravizando nação; e de povos vencidos sendo desterrados e explorados pelos vencedores. Como exemplo máximo, citamos os hebreus que sofreram com trabalhos forçados no Egito e as deportações padecidas pelo próprio Israel, sob os domínios babilônico e assírio. Em consequência disso, a Bíblia registra com naturalidade que Agar era uma escrava (Gn 17.26–27; 16.16) e que Labão negociou e vendeu suas filhas (Gn 31.15). Isso choca a nossa mentalidade pós-moderna. Mas, aqueles eram outros tempos. Não podemos perder o horizonte de que aquela era uma sociedade patriarcal. O mundo era dos homens e o valor da mulher estava na capacidade de "produzir" filhos (observe o desespero das mulheres estéreis), comida e vestuário. Por outro lado, a Bíblia também registra com riqueza de detalhes denunciantes a venda de José por seus irmãos (Gn 37.13–30). Além do mais, já no primeiro livro a Bíblia deixa claro a igualdade entre todos os seres humanos, bem como a dignidade de cada pessoa ao afirmar que ter sido o mesmo criado à imagem e semelhança de Deus (Gn 1.26–27).[9] Junte-se a isso ao fato de, na encarnação, Deus ter Se identificado e Se manifestado como humano e de Jesus ter, por amor, entregue a Sua vida para salvar a humanidade.

Na antropologia bíblica, portanto, o ser humano foi criado por Deus, é frágil e, por isso mesmo, precisa de proteção do "seu irmão" (Gn 4.9).

---

9 Luís Ladaria, *Antropologia teológica* (São Paulo: Loyola, 1998).

Sua realização está no unir-se a Deus, no adorá-lo, no servi-lo e em nele buscar o sentido para a própria existência e para além dela.

O tráfico de pessoas hoje no mundo e no Brasil

Se no mundo antigo traficar pessoas era normal e legal, a partir do século 19 iniciaram-se esforços para eliminar as redes internacionais do comércio de negros escravizados e traficados da África, bem como de mulheres conduzidas para trabalharem como prostitutas nas colônias. Apesar de todo desse esforço, o desafio ainda perdura. E hoje, como na antiguidade, as mulheres continuam sendo as maiores vítimas do tráfico humano tanto para exploração sexual como para trabalhos forçados. De fato, o último *Relatório global sobre o tráfico de pessoas*[10] denunciou que 71% das vítimas são mulheres e meninas, geralmente traficadas para exploração sexual, trabalhos degradantes e forçados, casamentos coagidos e pornografia. Mas há também quem seja traficado para adoção ilegal e venda de órgãos. Em termos de áreas geográficas, cerca de 64% das vítimas de tráfico vêm da África Subsaariana, da América Central e do Caribe. Geralmente são atraídas com promessa de emprego, divertimento, e garantia de ganhar dinheiro fácil e rápido.

O relatório acima mencionado igualmente destaca que os países e regiões mais pobres, onde são precárias as oportunidades de emprego, de progresso educacional e de possibilidades de mudança para uma vida melhor e mais digna, as mulheres e os mais jovens encontram-se em situação de risco. Some-se a isso a incontestabilidade do tráfico de pessoas ser o terceiro negócio ilícito, movimenta cerca de US$ 32 bilhões por ano, mais rentável do mundo, perdendo apenas para o tráfico de drogas e de armas.

Da mesma forma, as estatísticas apontam que na América do Sul a grande maioria das vítimas também é formada por mulheres (45%) e crianças (40%), sendo que 58% são traficadas para exploração sexual,

---

10 United Nations, *Global Report on Trafficking in Persons* (New York: United Nations, 2016).

32% para trabalhos forçados e 10% para outros propósitos.[11] Devemos estar cientes de que aqui, como em outras regiões, as pessoas são traficadas para trabalhos análogos à escravidão, adoção ilegal, exploração sexual, venda de órgãos, assim como para a produção de materiais pornográficos.

Similarmente, é necessário tornar-nos cientes de ser o Brasil considerado o campeão de "exportação" de mulheres e crianças para fins diversos, especialmente para a prostituição e adoção ilegal. Por aqui também não têm sido poucos os casos de trabalho análogo ao de escravos na indústria da confecção envolvendo, entre outros, bolivianos e peruanos. Na verdade, o Ministério Público tem notado, desde 2010, um crescimento do número de vítimas de tráfico, o que levou as autoridades a investigar e mapear a existência de 241 rotas de tráfico de mulheres e adolescentes para a exploração sexual e a confirmar que quanto mais pobre a região, maior a existência do número de rotas: o Norte (28,63%) e o Nordeste (31,53%) concentram juntos mais de 60% das rotas conhecidas.

O que podemos fazer individualmente e como igreja?

A Igreja é um dos poucos grupos sociais organizados presente em todos os municípios, Estados, e camadas da sociedade. Igualmente, a Igreja como coletividade e os cristãos individualmente, têm como referência a tradição profética de anunciar a justiça, de denunciar a tirania, a iniquidade, e de buscar proteger os mais vulneráveis. Acrescente-se a isso o mandamento de Jesus para que sejamos "sal da terra e luz do mundo" (Mt 5.13–14), o Seu modelo de proteção e bênção às crianças (Mc 10.13–16) e Sua defesa de mulheres em situação de vulnerabilidade (Jo 8.1–11; Mt 26.6–13). Com isso em mente, sugiro que, individual e coletivamente contribuamos para:

1. O estabelecimento de políticas públicas que visem prevenir e eliminar o tráfico de pessoas e suas ramificações, o combate ao trabalho escravo, a adoção ilegal, a exploração sexual.

---

11 United Nations, *Global Report on Trafficking in Persons*, 76-77.

2. Disponibilizar, nos seus templos e boletins informativos, os telefones para denúncias (Disque 100 ou Ligue 180).

3. Conscientizar seus membros e congregados através dos púlpitos, cultos caseiros, estudos bíblicos, pequenos grupos e lições da escola dominical sobre a temática.

4. Alertar a população sob sua influência para que desconfie de empregos oferecidos no Brasil ou no exterior que ofereçam facilidades.

5. Apoiar instituições como a Cruz Vermelha, Exército da Salvação, e Visão Mundial, entre outras, que trabalham no front do combate ao tráfico de pessoas.

6. Promover conferências, congressos, seminários e simpósios que permitam estudantes e profissionais das diferentes áreas do conhecimento discutirem o assunto de forma interdisciplinar.

7. Onde inexista, trabalhar para influenciar na elaboração e estabelecimento de leis que visem prevenir, combater e eliminar o tráfico de pessoas nas suas muitas formas e faces.

8. Fornecer refugio imediato e/ou ajuda às vítimas/instituições, auxiliando-as de forma holística a passar de um estado de vitimização da escravidão para a autossuficiência centrada em Deus e para sua reintegração na sociedade.

Conclusão

Contemporaneamente, quase todas as sociedades condenam a escravidão nas suas mais variadas formas e os governos reconhecem a existência do problema, elaboram leis e estratégias para o combate ao tráfico de pessoas. Os cristãos, individualmente, e a Igreja coletivamente, fundamentados na Bíblia, nos profetas e no próprio Jesus, não admitem a existência de classes de pessoas dentro do gênero humano. Compreendem que além de crime, a comercialização de seres humanos é um atentado à dignidade humana e ao próprio Deus, seu Criador. Por isso, a Igreja pode e deve se unir a pessoas de bens e a outras instituições da sociedade para colaborativamente, contribuir para a eliminação desse mal que há milênios transforma seres humanos em mercadorias. Entendendo que o jejum que Deus deseja é que livremos aqueles que estão sofrendo debaixo de injustiça; que desatemos as cordas que impedem as pessoas de serem livres; que façamos de tudo para livrar os oprimidos de toda e qualquer opressão; que partilhemos a comida com os famintos, abriguemos o pobre desamparado, providenciemos roupas para vestir quem está nu, socorramos os aflitos e ajudemos ao próximo (Is 58.6–11).

RESPOSTA BÍBLICA AO RACISMO UNIVERSAL E BRASILEIRO

Welington Davi Coelho Brito

Da criação ao racismo universal

É impressionante como a Queda afetou a relação do homem com Deus; Assim como as relações humanas a ponto de haver segregação racial. A arrogância do racismo levou pessoas iguais se considerarem distintas intelectualmente. Pelo conceito da superioridade nações foram dizimadas. Raças e etnias também se dividiram por causa da feição ou da cor da pele. Até mesmo as organizações eclesiásticas separaram os brancos dos negros em seus mais piedosos cultos e missas no Brasil e no mundo.

A partir da narrativa da criação, o primeiro homem foi feito à imagem e semelhança de Deus (Gn 1.26). Posteriormente, formou do homem a mulher para que juntos povoassem a terra. E a partir de apenas uma mulher, Eva, "a vivente", bilhões de pessoas haveriam de habitar na terra, "seria mãe de toda a humanidade" (Gn 3.20).

Contudo, por definição a pluralidade de povos e raças deu-se ocasião ao surgimento do racismo, com base na crença que uma raça ou etnia se consideraria superior a outrem apenas por determinadas características físicas ou mentais. De maneira que um grupo racial prevalente se apodera de uma simples organização ao estado e sua administração pública, econômica ou cultural para oprimir outra raça.

Este tipo de conceito de desigualdade social tem causado implicações éticas e morais degradantes em diversas áreas sociais, seja na distribuição de renda, gênero, cultura, educação e até referente a religião como objeto principal deste estudo.

Du Bois, um sociólogo americano, em seu discurso histórico em 1899, atestou que por conta do racismo muitas nações têm impedido a liberdade de indivíduos por causa de aspectos biológicos ou intelectuais: "O problema do século XIX é o problema das linhagens de cor, a questão de até que ponto as diferenças de raça, que se revelam principalmente pela cor da pele e textura do cabelo, servirão, de agora em diante, como base para negar a mais da metade do mundo o direito de compartilhar, o máximo possível, das oportunidades e privilégios da civilização moderna."[1] Tal qual o racismo acontece de formas diferentes para cada tipo de grupo e/ou indivíduo, também existem diferentes variações para essa prática. Racismo é uma percepção ideológica do indivíduo que atribui um conjunto de qualidades (desejáveis ou não) em virtude de sua participação em um grupo social definido, num contexto social no qual o indivíduo não pode alterar sua condição básica.[2]

Racismo cultural defende que uma cultura seja superior à outra por meio de crenças, músicas, religiões, idiomas e afins, tudo que englobe cultura;

Racismo comunitarista, também conhecido como preconceito contemporâneo, acredita que a raça não é biológica e sim, vinda de uma etnia ou cultura;

Racismo individual parte de atitudes, interesses e pensamentos pessoais, inclusive de estereótipos;

---

[1] Citado em John Piper, *Bloodlines: Race, Cross, and the Christian* (Wheaton, IL: Crossway, 2012), 19. Tradução livre.

[2] David M. Goldenberg *The Curse of Ham: Race and Slavery in Early Judaism, Christianity, and Islam.* (Princeton: Princeton University Press, 2003),. 9.

Racismo institucional é praticado por instituições e comprovado por números, dados e estatísticas. Acontece em lugares que os negros são marginalizados – trabalho, educação, instituições eclesiásticas.

Racismo primário não conta com justificativas, acontece de forma mais psicológica e emocional.[3]

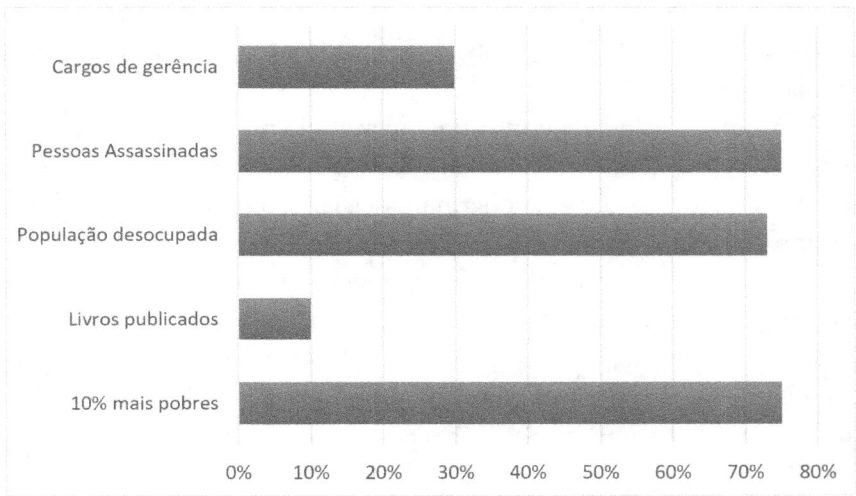

Quadro 19.1 – Algumas características da população negra no Brasil, dados do IBGE de 2018.

O quadro acima[4] apresenta uma pesquisa sobre o racismo silencioso que prejudica os negros nos empregos e cargos de gerência, no padrão de vida e até como população desocupada no Brasil. Conforme a Constituição de 1988 o racismo é crime. A Lei Caó tornou o racismo um crime inafiançável e imprescritível com pena de reclusão de até cinco anos.

3 Inara Chagas. "Racismo: como essa prática é estruturada no Brasil". Politize! (6 de abril de 2020), https://www.politize.com.br/racismo-como-e-estruturado/
4 Adaptado de Inara Chagas, "Racismo."

A harmonia social é uma questão de sangue universal

Após o pecado original, surgiu o ponto de partida ontológico na primeira fuga do homem no seu relacionamento com Deus. Adão culpou a mulher e a Deus do seu próprio erro (Gn 3.11). Destituiu eternamente o maravilhoso modelo do plano de convivência da Trindade para a humanidade.

Visto que a Trindade é indistintamente misericordiosa (Rm 11.32), espera-se que os homens sejam igualmente piedosos e vivam em sujeição e amor uns com os outros. A harmonia racial não significa apenas bem-estar social.

O apóstolo Paulo nos mostrou que todos nós viemos do mesmo pai, "portanto, somos aparentados por sangue" (At 17.26). Quando o Filho de Deus morreu na cruz por nossos pecados, ele, com seu sangue, comprou para Deus homens de toda tribo, língua, povo e nação (Ap 5.9). Logo, a harmonia racial é uma questão de sangue, e não somente social. O sangue de Jesus foi capaz de unir raças divididas em povos consanguíneos, numa única nação eleita.

Após esta separação (Gn 3.1-3), Jesus torna-se o único capaz desfazer a ira entre o homem e Deus. Em Jesus, vemos a semelhança humana com Deus exatamente como foi planejada. Logo, somente em Jesus Cristo é possível unir-se os povos sem diferenças étnicas ou raciais. Jesus foi inclusivo, valorizou o próximo por sua compaixão. Mesmo sendo o Filho de Deus nada fez para subjugar as pessoas como o racismo faz. Embora fosse Senhor e Mestre optou por ser servo. Perdoou os seus detratores, aceitou as criancinhas excluídas e jamais deixou de comer entre os doutores da lei que desejavam matá-lo. Diferente do racismo cultural, nada usou para discriminar a mulher adúltera ou a samaritana. De fato, ninguém merecia a sua graça, mas decidiu amá-las e morrer por elas para cumprir a vontade da Trindade.

Alguns aspectos variáveis do racismo histórico até a sociedade contemporânea

Ao longo da história, diversos povos do mundo sujeitaram-se às várias formas coloniais de racismo. Foram grupos dominados pela força por causa da cor da pele, formato do crânio, traços faciais, tipo de corpo. Outros que levavam em conta a superioridade racial em relação à inteligência, capacidade de comando, pureza, e religião. Devido a estas e outras questões, as vítimas sempre são vistas como inferiores ou incapazes por conta de seus traços étnicos. Para Thompson, etnocentrismo é uma prática universal, preferimos os semelhantes a nós, enquanto racismo vai além, sendo uma significância social de cunho ideológico, preconceituosa. Para ele, Roma Antiga era etnocentrista, mas não era racista.

O racismo é uma prática violenta capaz de perseguir um indivíduo ou grupos apenas com base em fenótipos, caraterísticas étnicas raciais. A justificativa à escravidão no Sul dos EUA baseava-se no mito que os negros africanos eram descendentes de uma personagem bíblica Cam, supostamente condenado com seus descendentes a servidão perpétua por ofender seu pai Noé. O texto não menciona que Cam era negro, assim Goldberg investigou o que veio primeiro: o racismo ou a exegese inadequada desse texto. Para ele, a associação das trevas com o mal era uma prática antiga, e começou a ser utilizada de modo particular em relação aos negros, tanto por cristãos quanto por muçulmanos, antes de qualquer interpretação dessa passagem nessa forma destorcida.[5] Outros relatos de racismo étnico-cultural se tornaram comuns entre os próprios africanos. Por falta de tolerância, muitos grupos ainda lutam entre si pela sobrevivência da raça e pelo poder do Estado. Foi o que incidiu em 1994 no genocídio dos minoritários tutsis pelos extremistas hutus da Ruanda marcado pela igreja católica de Nyamata ter defendido os tutsis como etnia superior. Este conflito dizimou quase um milhão de vidas em apenas cem dias.

---

5 David Goldberg. *Curse of Ham*, 196–200.

Em relação à desigualdade social pode-se averiguar que o tratamento discriminatório se torna desumano com os de subnível econômico carente de trabalho para sobrevivência, conforme ocorria à leste da Prússia no século XVI no oeste europeu onde a aristocracia intensificara penosas obrigações aos servos que trabalhavam sem remuneração por vários dias por semana. Ainda na região oeste da Europa deveu-se ao credo religioso.

O racismo comunitarista é um tipo que restringe direitos para todos do mesmo convívio social. Notadamente, nos séculos XVII e XVIII se destacou por causa da religiosidade entre protestantes e católicos que não se toleravam. Os ingleses protestantes restringiam o ensino superior e diversas profissões aos católicos. Eram coibidos de direitos políticos ou terem escolas católicas. Outros não podiam casar-se com protestantes ou portarem armas. Até mesmo, adquirirem cavalos valiosos. Essa restrição a liberdade tipifica uma privação racista mesmo entre pessoas de semblantes parecidos.

Convém lembrar que o racismo contemporâneo muito tem contribuído às organizações e sociedades estruturadas para privilegiar uma raça em detrimento de outras. É um tipo de racismo recorrente, discreto e persistente com estereótipos e idealismos. Seu conceito definido como ideal para uma parte do grupo social pouco se importará com a minoria pobre, negra ou indígena. Este tipo organizacional é bem notório nas nações ricas como Brasil. Ao passo que, em outras partes do mundo, esta carência classifica-se como colonialismo interno por explorar minorias radicadas, ora como residentes privados de direito pleno de cidadania, ora, espoliados, explorados pela administração paternalista. Há casos normativos de governos como a Alemanha que indefere cidadania a filhos de migrantes turcos nativos. Assim como no Japão acerca dos filhos de sul coreanos. Ainda hoje são formas recorrentes de colonialismo interno que priva a minoria residente dos mesmos direitos de total igualdade da maioria. Notadamente, oportunidades de emprego atraem imigrantes de países mais pobres, ao mesmo tempo, são rotulados como "ladrões de (sub) empregos," como exemplo, os bolivianos que trabalham nos grandes centros urbanos da América do Sul.[6] Some-se a isso, e persistência das diferenças e desigualdades durante gerações, são controladas por um grupo organizacional soberano.

A postura bíblico-teológica evangélica acerca do racismo estrutural

O racismo estrutural também fez história com fatos pontuais de preconceitos em algumas igrejas no mundo. Porém, quanto ao Brasil nada que tornasse um modo distinto de liturgia entre brancos e negros. Apesar de ser reconhecido, a igreja pouco contribuiu no combate ao preconceito entre os fiéis. Na opinião de Sílvio de Almeida, as igrejas e o Estado entre outras organizações participaram para os regimes colonialistas e escravistas existirem.[7] Presume-se que mais de 12 milhões de escravos tenham sido aduzidos da África às Américas e Europa entre os séculos 16 e 19. Consequentemente, acentuando-se a presença de fenótipos negros variados em diversas organizações da sociedade.

Logo, a igreja evangélica brasileira constituiu-se de um aspecto de cor de pele nada visto em outras nações. A raça negra aumentava com diversas matizes. Porém, ainda havia a falta de aceitação dos brancos de que "todos são um em Cristo" (Gl 3.28). Segundo Vagner da Silva: "há mais evangélicos negros do que praticantes das religiões afro-brasileiras e as religiões evangélicas são as que mais crescem no Brasil das últimas décadas."[8] Morgane Reina explica que parte da conversão dos negros ao protestantismo deveu-se a tradição doméstica de incorporação do escravo a vida da família escravocrata.[9] Pois, era comum no período da escravidão, missionários protestantes serem proprietários de escravos. O fato deles serem respeitados, pouco importaria se fossem discriminados: "Não há

---

6 Karl Monsma. *Como pensar o racismo: o paradigma colonial e a abordagem da sociologia histórica.* 68.

7 Silvio Luiz de Almeida. *Racismo estrutural,* (São Paulo: Pólen, 2019), 77.

8 Vagner Gonçalves da Silva. "Religião e identidade cultural negra: católicos, afro-brasileiros e neopentecostais". *Cadernos de campo* 20, n. 20, (2011), 298.

9 Morgane Lauren Reina. "Pentecostalismo e questão racial no Brasil: desafios e possibilidades do ser negro na igreja evangélica," PLURAL, *Revista do Programa de PósGraduação em Sociologia da USP* 24, (no. 2, 2017), 257.

judeu nem grego, escravo nem livre, homem nem mulher" (Gl 3.28). Algumas igrejas como a católica eram mais preconceituosas. Enquanto o negro era rejeitado da igreja e escolas católicas, a ordem evangélica o aceitava com certa discriminação por ainda haver separação explícita nos assentos da igreja protestante.

Em 1879, no entanto, cinco negros ingressaram na comunidade presbiteriana de São Paulo. Porém, nos cultos, o branco ocupava a nave enquanto o negro sentava-se ao fundo ou na galeria. Aos poucos, usos e costumes mudaram, e, apesar da discriminação persistente, poucos negros obtiveram cargos dentro da igreja. Parece que a participação nos cargos era restrita por causa da cor ou por tradição social. No entanto, a atribuição de cargos para alguns negros é agir com parcialidade e favoritismo aos brancos, o qual se considera algo pecaminoso: "Mas se tratarem os outros com favoritismo, estarão cometendo pecado e serão condenados pela Lei como transgressores" (Tg 2:9).

Com o tempo, o negro passou a distanciar-se de entrar "pela porta lateral"; contudo, a proposta universalizante do protestantismo, sob a máscara de uma suposta igualdade, a discriminação e racismo continuariam vivos na igreja e assumiriam outras modalidades. Efetivamente, a restrição de direitos ao negro permitiria a manutenção da liberdade conquistada de toda maioria.

A falta de liberdade e liderança inibiu o protestantismo negro no Brasil como preservou-se a liturgia africana nos Estados Unidos. No Brasil, o protestantismo negro é como o do branco. Por ser importado por pastores do Norte, permaneceu uma religião branca cujos negros se adaptaram a ela. No entanto, o protestantismo não se define pela raça ou cor, mas pela fé subjetiva. Pouco importa, se a adoração procede do coração ao Deus que não faz acepção de pessoas. Assim como, aceita todo aquele que é temente e pratica sua justiça (At 10.34-35).

Em qual premissa deve-se orientar a igreja diante do racismo? Geralmente, há igrejas que vivenciam situações de racismo individual ou estrutural. A igreja precisa combater o racismo contemporâneo. E neste teor igualmente ser uma unidade de respeito mútuo, no Espírito, onde apenas interage uma raça eleita gerada de únicos pais bíblicos. De irmãos que se amam, se doam, se servem e que se honra do mesmo modo que a Trindade. Pois, à luz da Trindade ninguém se considere superior nem pelo aspecto ontológico ou biológico (Fl 2.3).

Conforme S. Horrell, o nível do padrão de convivência antropológica (*perichoresis*) aumenta quando está conformado com o padrão da Trindade: "Na própria revelação de Deus, encontramos um Pai, Filho e Espírito Santo cada um amando o outro, doando ao outro, honrando o outro, glorificando o outro sem confundir a ordem elevada da Divindade, os papéis que cada pessoa divina tem cumprido desde a eternidade passada."[10] No modelo da revelação da Trindade, espera-se da igreja remida o mesmo espelhamento de amor, doação e honra entre os seres humanos como há entre o Deus Pai, Deus Filho e o Espírito Santo desde a eternidade. E acrescenta: "Assim Deus estruturou o ser humano para que ele ou ela possa ser habitada pelo próprio Deus enquanto habitada pelo Outro divino."[11] A igreja de Cristo foi estruturalmente regenerada para ser habitação da Trindade e assim coexistir em harmonia, furtando-se de negar que seja incapaz de respeitar-se mutuamente como a Trindade se completa desde a eternidade.

Preconceitos podem surgir no seio da igreja que são possivelmente caracterizados de ordem espiritual o qual deve-se evitar resolvê-los através de teorias humanas. Quando uma igreja usa as ferramentas do mundo para tentar resolver o problema do pecado como é o caso do *Critical Race Theory* – CRT,[12] pode ser uma forma política de identidade que não cura o núcleo do racismo sistêmico, porém beneficia apenas os que declaram ser o "estado normal das coisas." Por isso, é preciso igreja fomentar meios de comunhão e se capacitar no Espírito para rejeitar proposições sem cunho teocêntrico.

---

10 J. Scott Horrell. *"The Trinity, the Imago Dei, and the Nature of the Local Church." In Connecting for Christ: Overcoming Challenges Across Cultures.* Ed. Florence L. Tan. (Singapore, 2009), 7. Tradução livre.

11 Horrell, *"The Trinity, the Imago Dei, and the Nature of the Local Church,"* p. 12. Tradução livre.

12 O verdadeiro objetivo do CRT é reorganizar o campo social, cultural e jurídico de uma forma que pretenda reverter injustiças históricas em torno da questão racial, supostamente sem reproduzi-las.

Conclusão

A igreja cristã evangélica que experimenta casos pontuais de racismo deve ser tratada pela Palavra de Deus. Em quaisquer programações, encontros deve-se expurgar qualquer tipo de insinuação preconceituosa contra skatistas, rastafaris ou crianças pobres e negras das áreas vicinais. Diante disso, medidas preventivas serão tomadas para esclarecimento de crianças, jovens e da igreja em geral em relação ao racismo. Na mesma intensidade o próprio indivíduo deveria ser educado a fim de que não contribua, inconscientemente, para o reforço do estereótipo em relação ao seu grupo. Sobretudo, importa que a igreja espelhe os desígnios morais da Trindade no convívio entre si. Qualquer viés preconceituoso é juízo pecaminoso de superioridade abominável para Deus. Enfim, a concepção de equidade entre as raças nunca se provou real até os dias de hoje. Tem sido apenas uma espécie de neologismo para encobrir as violências do racismo cotidiano enquanto se prega que todos são iguais perante a lei. Qualquer doutrina ontológica que defende a superioridade física intelectual é cientificamente falsa, moralmente condenável, socialmente injusta e perigosa, devendo ser rejeitada juntamente com as teorias que tentam determinar a existência de raças humanas distintas.

PARTE 5

CONCLUSÕES. AS BOAS NOVAS À SOCIEDADE E AO MUNDO

O JARDIM E A CRUZ: AS SEPARAÇÕES DA QUEDA

J. Scott Horrell

Como cristãos, às vezes nos perguntamos por que a vida é tão difícil. Quando começamos a crer em nosso Senhor Jesus Cristo, nossas vidas ficaram cheias de alegria. Fomos reconciliados com o nosso Deus. Ele agora é nosso Pai e nós somos amados. Seu Espírito Santo habita em nós. Nosso Senhor responde às orações. Às vezes, nós e outros somos curados.

Mas nem sempre.

Muitas vezes me pergunto, dos três discípulos mais próximos de Jesus, por que Tiago logo no início foi decapitado e Pedro foi poupado (Atos 12). Mais tarde, Pedro, diz a tradição, foi ele próprio crucificado. De todos os discípulos, o irmão mais novo de Tiago, João, pode ter sido o único que viveu até a velhice, isso como prisioneiro em uma ilha chamada Patmos.

Em nosso mundo fraturado, nada é como deveria ser. Jesus não é "o Salvador do mundo" (1 Jo 4.14)? Então, por que a maior parte da vida está tão quebrada?

Seja qual for a mídia, a cada hora de cada dia somos informados sobre o mau funcionamento do mundo ao nosso redor: terremotos, tsunâmis, secas, inundações, guerras, corrupção, vírus incuráveis, cânceres, doenças cardíacas, deformidades. A favela da sociedade humana é repleta de brutalidades, ódio, vulgaridades, estupros, abusos infantis, fragmentação de todo tipo, sejam ricos ou pobres, bem-sucedidos ou falidos. Nos cercamos de cadeados, muros altos, guardas, cachorros, senhas de computador, bloqueios de internet e toda segurança que podemos pagar no trabalho, na escola, em casa. Mas o mal acontece com todos.

Perguntamos por quê? Por que há tanto desastre no mundo? Por que minha vida e a daqueles que amo estão assoladas pelo sofrimento? Se Deus existe, se é todo-poderoso, se é bom, por que tudo está tão fragmentado, tão cheio de maldade?

A fé cristã não tem a pretensão de ter todas as respostas. Jó perguntou por que sua vida foi devastada por todos os lados. Onde está a justiça quando ele viveu uma vida justa? Deus não deu resposta. O profeta Habacuque queixou-se da corrupção em Israel apenas para ser informado de que os exércitos atrozes e horripilantes da Assíria logo destruiriam o povo de Deus. Como Deus poderia permitir isso? Habacuque não recebeu resposta. No Novo Testamento, o próprio Jesus desfez os pressupostos (teodiceias) a respeito do sofrimento e do mal. Por que esse homem nasceu cego? Ele pecou ou pecaram seus pais?

A questão do sofrimento e da debilidade nos leva de volta ao início. Entramos no estado inocente do jardim do Éden em Gênesis. Mais tarde, entramos em outro jardim, o jardim do Getsêmani, jardim da injustiça humana e do mal quando Jesus estava prestes a ser crucificado em uma cruz.

Gênesis 1–3 estabelece a estrutura da história e da salvação. Se alguém nega a historicidade de uma criação declarada "muito boa" (1.31), a formação única de Adão e Eva "a mãe de todos os vivos" (3.30), e uma "queda" literal, com toda elasticidade que essas frases carregam, também se destrói o quadro bíblico no qual a salvação em Cristo tem significado.

Assim, começamos no primeiro jardim.

As cinco separações da queda: Gênesis 3

Os estudiosos admitem alguma ambiguidade nas implicações da declaração divina de que a criação completa era "muito boa". Certamente a natureza é declarada sem defeito, e Adão e Eva são ditos inocentes e formados à imagem de seu Criador. Eles estão nus e se tornam uma só carne através do ato sexual em obediência ao mandato de multiplicar e encher a terra. Tudo estava bem no jardim do Éden. O Éden é o paraíso, um tema que continua através das Escrituras.

Entra a serpente, mais tarde canonicamente definida como Satanás, "o grande dragão... aquela antiga serpente chamada diabo ou Satanás, que desvia o mundo inteiro" (Ap 12.9; cf. 20.2). Satanás é o enganador, seja de Eva ou das nações. Seus meios incluem cinismo ("Deus realmente disse...?" Gn 3.1), meias-verdades ("Você certamente não morrerá" 3.4) e fascínio pelo poder, ou até à auto-divinização ("você será como Deus" 3.5). O Adversário questiona a bondade do Criador, o caráter de Deus (Ele está privando você). Vocês agora serão deuses (Heb. *elohim*). O fruto era delicioso, agradável de se olhar, e "desejável para ganhar sabedoria ", então Eva comeu e deu a Adão que estava com ela. Seus olhos se abriram.

Assim começam as fragmentações, separações, divisões dentro do que Deus criou "muito bom".

1. O ser humano é separado de Deus. Gênesis 3:6-11, 23-24

O relacionamento da criatura humana com o Criador, a fonte da vida, é rompido (Gn 3.6-11, 23-24). "Ouvindo os passos do SENHOR Deus que andava pelo jardim... esconderam-se da presença" dele. Agora, pela primeira vez, seres criados tinham medo do Criador. Não queriam mais o relacionamento com Deus. Queriam se esconder. Queriam autonomia.

Perceba as perguntas do SENHOR Deus: "Onde está você?" e "Que foi que você fez?" Estas perguntas ecoam pela história humana.

Veja as consequências. Adão e Eva estão alienados de Deus. Há divisão espiritual. Os seres humanos, criados à imagem do Criador para relacionamento com este Deus pessoal, são separados dele por causa do pecado. Os dois foram expulsos do jardim. O veneno do pecado original e a natureza pecaminosa entraram a raça humana (Rm 5.12-19; 1Cor 15.21-22, 44-50). Logo, na história da Bíblia, a humanidade em grande parte virou as costas para Deus. Contudo, o SENHOR Deus continua perguntando, "Onde você está?" e "O que foi que você fez. "

2. A pessoa é separada de si mesma.

Separação psico-somática (Gn 3.7, 12-19). Pela primeira vez na história, a culpa, o medo e a vergonha entraram na raça humana. Adão e Eva, antes inocentes e livres em sua nudez conjunta, agora estavam envergonhados. O *Paraíso Perdido*, de John Milton, retrata-os, tendo comido a fruta, começando a cobiçar e a empanturrar-se sexual e egoístamente. Com o primeiro pecado veio a distorção da *imago Dei* que logo se espalharia pelas gerações seguintes. Agora, todo ser humano, seja qual for a aparência exterior, é anormal, quebrado e psicologicamente distorcido. Sem Deus, nosso desejo de amor e significado se transforma em meios menores, muitas vezes a qualquer custo. Nossos ídolos nos escravizam. Sem Deus ficamos inseguros, travados e vazios.

Uma lembrança nítida do pecado de comer o fruto da "árvore do conhecimento do bem e do mal" (2.17) é o aumento intenso da dor da mulher ao dar à luz. O termo hebraico *hetzeb*, "sofrimento/dor" (3:1-6), lembra imediatamente o termo *hetz* para "árvore" encontrado 11 vezes apenas no capítulo 3 (e 20 vezes em Gn 1–3). Sofrimento é julgamento. Com a agonia de cada nascimento vem a notícia de Eva comer do fruto proibido. E para Adão, agora somente através do suor e da *"labuta dolorosa"* (*hetzeb*, 3.17, 19) ele sobreviverá pelo resto da vida.

A realidade última da pessoa separada de si mesma é a própria morte, a separação do corpo e da alma. A desobediência contra Deus sempre traz a morte: a morte espiritual e a morte física. Adão e Eva morreriam. "Porque tu és pó e ao pó tornarás" (3.19). A morte é a separação do corpo e da alma, o fim desta vida terrestre.

3. A pessoa é separada de outras pessoas.

Separação sociológica. Tendo sido descoberto e confrontado pelo SENHOR Deus, "Comeste da árvore de que te ordenei que não comesses?", o *homem* (Heb *adam*) imediatamente acusa Eva: "A mulher que me deste por esposa, ela me deu da árvore, e eu comi"(3.12). Adão não apenas tenta passar a culpa para Eva, mas implicitamente para o próprio Deus, essa "mulher que me deste por esposa". Rapidamente culpamos os outros por nossos próprios fracassos. Eva também, em vez de culpar Adão (que parece cúmplice em comer o fruto), admite que "a serpente me enganou, e eu comi" (3.13). Pelo menos ela foi honesta sobre ter sido enganada.[1]

Os estudiosos falam de uma estrutura quiástica nas confissões e julgamentos de Gênesis 3 de Adão para Eva para a Serpente, depois invertida. O SENHOR Deus começa com a serpente: "Maldita és entre todos... animais selváticos" (3.14). Então, para a mulher, junto com a maldição das dores no parto, começa o que parece ser uma ordem conjugal acentuada: "O teu desejo será para o teu marido, e ele te governará [Heb *māsal*, dominará]" (3.16). Quaisquer que sejam os papéis harmoniosos do homem e da mulher antes da queda, agora a queda reflete um "domínio"masculino (controle poderoso) sobre a mulher. À medida que Gênesis continua, cada vez mais as mulheres são subjugadas à dominação masculina, se não ao abuso. A harmonia de gêneros e o casamento dá lugar ao antagonismo, à desigualdade e à injustiça.

As divisões entre a humanidade explodem a partir de Gênesis 4 quando o primogênito da raça humana, Caim, saciado de ciúmes, assassina seu irmão mais novo, Abel (4.1-8). A linhagem de Caim se dedica à sobrevivência, com sua cidade chamada pelo nome de seu filho Enoque. Lameque se casou com duas mulheres. Logo entram assassinatos, vinganças, armas de guerra, corrupção sexual e cidades como fortalezas de proteção e agressão contra os outros. Os julgamentos divinos de destruição em massa com o dilúvio (Gn 6–9) e a divisão das línguas na torre de Babel (Gn 11) não eliminaram a separação dos humanos contra os humanos, seja no casamento, nas famílias, nas cidades ou nas nações.

---

1 Vale ressaltar que, na sequência do Gênesis, Deus deu a Adão a ordem de não comer da árvore do conhecimento do bem e do mal (Gn 2.17) antes de criar a mulher (2.21). Presumivelmente, Adão recebeu a responsabilidade de informar Eva. Na literatura canônica, o pecado original é teologicamente atribuído a Adão (Rm 5.12-14; 1Co 15.21-22, 45-48), embora Paulo fale de Eva ter sido enganada pela primeira vez (1Tm 2.13-14).

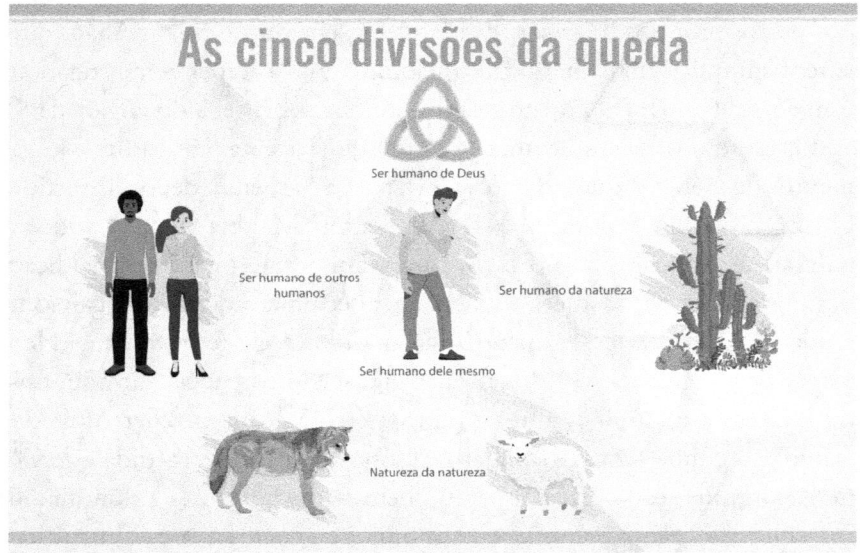

4. A pessoa é separada da natureza.

Juntamente com as divisões entre o homem e Deus, o homem e o eu, e o homem do homem, Gênesis registra a divisão entre a humanidade e a natureza (Gn 3:14-23).

A maldição de Deus sobre a serpente carrega várias dimensões. Primeiro, a própria serpente é amaldiçoada. Se, como às vezes descrito na arte clássica, a serpente tinha pés como um lagarto, a criatura agora é obrigada a rastejar de barriga para baixo na terra (3:14). Em segundo lugar, o próprio Deus colocará "inimizade entre ti [a serpente] e a mulher, e entre sua descendência e o seu descendente ". Até hoje víboras, cobras, serpentes são o inimigo mortal de toda mulher, criança e homem, como os israelitas bem entendiam (Êx 21:6; Ec 10:8; Am 5:19). No entanto, o papel da serpente nas religiões ao redor do mundo é surpreendente. Desde as antigas religiões egípcias e gregas (Ouroboros, cauda na boca), danças de cobras indianas Hopi para manipular favores, a serpente asteca e maia Quetzalcoatl, até o rei hindu e budista da serpente Vasuki, ao dragão chinês. Cultuada, mas temida, a inimizade entre serpentes e humanidade flui através de histórias culturais.

"Este te ferirá a cabeça, e tu lhe ferirás o calcanhar" (Gn 3.15b). Os pais da igreja primitiva, incluindo Justino Mártir (160 d.C.) e Ireneu (180 d.C.), interpretaram Gênesis 3.15b como sendo o *Protoevangelium*, a Serpente/Satanás atingindo o calcanhar do Messias prometido, e o Messias desferindo um golpe fatal na cabeça da Serpente. A hostilidade na natureza entre a humanidade e as serpentes torna-se uma metáfora para a batalha espiritual cósmica entre Satanás e Cristo e o povo de Deus (Jo 12.31; Rm 16.20).

Uma vez desfrutando do exuberante e idílico jardim do Éden, a desobediência humana trouxe imensas consequências. "Em fadigas obterás dela [da terra] o sustento durante os dias da sua vida... No suor do rosto comerás o teu pão" (3.17-19). Expulsos do jardim do Éden, agora o ser humano é forçado a lutar para sobreviver. Agora, fica fora de alcance a árvore da vida que lhe daria a vida eterna (3.23).

Finalmente, foi a natureza que pagou o preço da vergonhosa nudez da mulher e do homem, visto que o Senhor Deus usou peles de animais para cobri-los. Com suas ofertas das primícias do seu rebanho, será que Abel entendia algo que Caim não? Mais tarde animais se tornariam o sacrifício pelo pecado do homem (3.21): animais sem defeitos sofrendo pelos pecados dos seres humanos com defeitos.

5. A natureza é separada da natureza.

Por fim, "Maldita é a terra por tua causa" (3.17). "Ela produzirá também cardos e abrolhos" (3.18). A natureza da natureza que o Criador declarou "muito boa" (1.31) não é clara. Havia um ciclo da vida? A aranha comendo a mosca, o pássaro comendo a aranha, o peixe comendo o pássaro, o crocodilo comendo o peixe? No entanto, uma cura penúltima, (no "meu santo monte") com o leopardo e o cabrito, o bezerro e o leão, a criança e a víbora, o lobo e o cordeiro (Is 11.6-9; 65.17-25) sugere que a salvação futura da natureza, de alguma forma, leva a terra de volta ao Éden e além do Éden. Haverá uma harmonia e paz na própria natureza. Romanos 8.19-22 declara que "[A criação] foi submetida à inutilidade... [mas] será libertada da escravidão da decadência em que se encontra, recebendo a gloriosa liberdade dos filhos de Deus" (NVI). Há um mundo "verde" chegando, um mundo restaurado e melhor do que nunca. Por enquanto, a natureza geme como em dores de parto.

As cinco rupturas como a história da humanidade

As separações de Gênesis 3 têm sido a ocupação dominante da humanidade ao longo de toda a história. A luta pela sobrevivência marca todas as vidas humanas, desde o primeiro grito do recém-nascido até a sujeira da sepultura.

1. Ruptura entre nós e o Criador

Uma relação com Deus é o propósito de praticamente toda religião em todas eras. Hoje em dia, centenas de milhões de pessoas fizeram de sua religião sua ocupação principal: padres, xamãs, feiticeiros, gurus, mestres, bispos, pastores, professores, estudantes de religiões indígenas, hinduísmo, budismo, taoísmo, xintoísmo, judaísmo, cristianismo, islamismo e infinitas variações de espiritualidades. Pensa-se em templos, mesquitas, catedrais, centros religiosos monumentais e edifícios ; pirâmides de Gizé, Machu Picchu, os templos maias e astecas, Jerusalém, Roma, Meca, Varanasi do hinduísmo, Bodhagaya do budismo). Acrescente-se a isso ashrams, mosteiros, conventos, bibliotecas, escolas religiosas de todas as persuasões. Muitos substituem o afastamento do Deus pessoal por ídolos, o transcendental, ou o Nada. Os ateus insistem que sentimentos de culpa e alienação de Deus são pura ilusão. Contudo, a humanidade sente profundamente uma ansiedade perante Deus, seja ela explicada como for, e bilhões buscam retificar seu lugar com ele.

2. Ruptura interior

Buscamos nosso bem-estar físico e lutamos para viver vidas mais longas e completas através de: (a) tentativas de psiquiatras e psicólogos de curar nossas almas de anormalidades que enchem hospitais e instituições psiquiátricas ao redor do mundo; (b) vícios em drogas e álcool e os esforços feitos para tratá-los; (c) métodos modernos de controle de natalidade que tentam aliviar a maldição do parto de Eva (dor, números), incluindo abortos aos milhões; (d) cada aspecto da medicina moderna (hospitais, clínicas, universidades, centros de pesquisa, seguradoras, organizações de saúde, indústrias farmacêuticas), que tentam evitar o fim, prolongar a vida e dominar a maldição da morte. Centenas de milhões de profissionais e trilhões de dólares são gastos nisso todo ano, incluindo seguros de saúde e funerárias.

3. Ruptura entre nós e outros seres humanos

Pode-se ver que as pessoas estão preocupadas com anormalidades sociais através dos esforços feitos para frear: (a) abusos entre casais, crianças e membros da família (orfanatos, lares de apoio); (b) violência social, racismo, nacionalismo e crimes de todo tipo, recorrendo-se à polícia, aos sistemas jurídicos, às forças militares, aos armamentos, às Nações Unidas, à OTAN etc. Mais uma vez, centenas de milhões de pessoas e trilhões de dólares são gastos anualmente para resolver divisões de gênero, idade, raça, grupos econômicos e sociais, clãs, nações e superpoderes. Os avanços na tecnologia de reconhecimento facial e Inteligência Artificial (por exemplo, ChatGPT, Alexa) tornam cada vez mais acirrado o controle sobre os cidadãos em um número crescente de nações. Além disso, em 2019, as 15.000 ogivas nucleares na Terra (o equivalente a 3 bilhões de toneladas de TNT) poderiam destruir completamente as 4.500 cidades ao redor do globo. Essa guerra nuclear poderia acabar com a humanidade. E desde 2019, a corrida armamentista acelerou rapidamente. Em todos os níveis da sociedade, do quarto do casal até às tensões ideológicas globais, as divisões interpessoais que começaram no jardim nos levaram a duas guerras mundiais e, agora, aos impasses militares do século XXI.

4. Ruptura entre a humanidade e a natureza

O primeiro mandato do Criador para Adão cuidar do jardim nunca foi revogado. A humanidade deve cuidar da Terra. Mas a própria natureza também foi fraturada. Espinhos e ervas daninhas infestam o solo. Apenas pelo suor do rosto humano, a terra entrega o seu produto.

Até o início dos anos 2000, a maior parte da população mundial foi agrária. Seja agrária ou urbana, a batalha com a natureza continua. Na luta para sobreviver, lutamos para produzir comida para a população mundial com agora mais de oito bilhões de pessoas. Sobrevivemos pela mão de obra de centenas de milhões de pessoas. Tentamos controlar a natureza através de represas, irrigação, fertilizantes, equipamentos agrícolas, e ciências genéticas produzindo híbridos de todo tipo. Destruímos alguns animais e protegemos outros. E cada vez mais vemos o lixo, a poluição do mar, do ar, e do solo, os resíduos nucleares, o esgotamento do ozônio, e o aquecimento global.

5. Ruptura entre a própria natureza

Embora a humanidade tente controlar a natureza, somos constantemente lembrados da força selvagem e destruidora da natureza com terremotos, furacões, tsunâmis, enchentes, tornados, secas, etc. A natureza, sim, "foi submetida à inutilidade" (Rm 8.19), e está gemendo.

De uma maneira bastante real, por causa do pecado no jardim, o grande projeto da raça humana tem tentado, por sua própria força, remediar as inacreditáveis consequências da Queda. Na verdade, grande parte de toda energia humana em praticamente toda disciplina e ciência tem, em algum nível, se dedicado a sarar essas rupturas. Mas o problema do mal continua. Embora haja graça providencial, as separações do início continuam cada vez mais amplas. Somos separados de Deus, fraturados em nós mesmos (nascemos para morrer), alienados de outras pessoas, em conflito com a natureza, que está ela mesma em frangalhos.

As separações da queda e da cruz

A dor acumulada e imensa da história aponta para o início, para o jardim, as duas árvores, e as maldições do Éden. Em Jesus Cristo, "o último Adão" (1 Co 15.46), vemos a base divina para curar e salvar o mundo inteiro. Na cruz, vemos todas as cinco separações do Éden, e muito, muito mais.

1. Jesus foi separado de Deus. Um *excursus*.

O pecado nos separa de Deus. Se Jesus Cristo é nosso substituto completo como "o Cordeiro de Deus"e o "Último Adão ", então como Adão ele também em algum sentido sofreu alienação de Deus.[2] Quando procuramos resolver a tensão entre a santíssima Trindade e o Deus-homem que morreu por nossos pecados no Calvário, entramos talvez no mais profundo dos mistérios teológicos. Deus Filho encarnado sofreu a ira de Deus contra o pecado na Cruz? O Credo Niceno (325/381) articula corretamente a divindade absoluta e eterna (*homoousios*, "mesma natureza ") do Filho com o Pai. A *Definitio fidei* de Calcedônia (451) declara que o Senhor Jesus Cristo é plenamente Deus e plenamente humano (*homoousios* com ambas as naturezas) em uma *pessoa* (*prosopon*) e *ser* (*hupostasis*). Se apenas a natureza humana de Cristo sofresse afastamento de Deus na cruz, então Calcedônia é negada (as duas naturezas seriam divididas). Se Deus, o Filho, sofreu afastamento de Deus, então o único Ser divino de Niceia aparece dividido. Essa tensão pode ser resolvida?

Os relatos evangélicos da crucificação refletem esse enigma. As únicas palavras de Cristo na cruz, tanto em Mateus quanto em Marcos, são "Meu Deus! Meu Deus! Por que me abandonaste?"(Mt 27,46; Mc 15.34; citando Sl 22.1).[3] Em ambos os evangelhos o grito singular de abandono é marcante, ainda mais com Marcos introduzindo seu relato como "o evangelho de Jesus Cristo, o Filho de Deus"(1.1) e Mateus terminando com a fórmula batismal trinitária (28:19). Inferências da divindade de

---

2 Jo 1:29,36; no Apocalipse, o título do Cristo glorificado é "o Cordeiro"27 vezes.

3 Mais adiante, no Salmo 22, o salmista Davi escreve: "Pois [o Senhor] não menosprezou nem repudiou o sofrimento do aflito; *não escondeu dele o rosto,* mas ouviu o seu grito de socorro" (NVI).

Cristo são abundantes em ambos os evangelhos. Afirma-se Niceia. Igualmente impressionante é que palavras semelhantes ou mesmo o tema do abandono não se repetem nem em Lucas nem em João.[4]

Por um lado, jamais diremos que a Trinidade se desmanchou ou foi quebrada na Cruz. Jesus Cristo não deixou de ser plenamente Deus. Por outro lado, o Deus-homem, o Cordeiro de Deus ("conhecido antes da criação do mundo" 1 Pe 1.19-20) sofreu e morreu em nosso lugar. Na Cruz, o Deus Filho propiciou a ira divina.[5]

Aqui temos um mistério absoluto. A essência divina é eterna e uma. Por outro lado, parece que, de alguma maneira, no contexto de amor infinito e justiça infinita, a comunhão da Trindade no momento de substituição se escureceu. Quando Cristo, "aquele que não tinha pecado" (2 Cor 5.21), se tornou pecado por nós na Cruz, naquele instante houve uma brecha, um escurecimento inédito, na comunhão da própria Trindade. Jesus Cristo, o Deus Filho, o Deus-homem, o último Adão morrendo em nosso lugar, estava de alguma maneira, embora amado, afastado da *koinonia* de Deus Pai e Deus Espírito Santo. Isto pela única vez em toda a eternidade. E, paradoxalmente, ao mesmo tempo, até a justiça do próprio Deus Filho foi satisfeita.[6] Em fim, a Cruz é um ato trinitário, cada um em suas funções salvíficas, que propicia plenamente a ira divina contra o pecado e permite a justificação do pecador. Que mistério assombroso e glorioso. Aleluia!

---

4 As palavras registradas de Lucas sobre Jesus são positivas e afirmam a presença do Pai (23:34, 42-43, 46 "Pai, nas tuas mãos entrego o meu espírito"). No evangelho de João, as palavras de Jesus são neutras, embora horas antes ele declarou: "Vocês me deixarão sozinho. Mas eu não estou sozinho, pois meu Pai está comigo" (16:32, NVI).

5 Vários textos afirmam queo Filho veio assumir o castigo, a ira divina pelo pecado: Isa 53:4-6,10; Ro 3:25; 2Co 5:21; Gl 3:13; 1Jo 2,2.

6 Søren Kierkegaard escreve que as palavras de Jesus "'Meu Deus, meu Deus, por que me abandonaste" jamais poderiam ser verdade, a menos que o próprio Deus, o Deus-homem, as dissesse: "é verdade. " (Kierkegaard, *Revistas* Alexander Dru, Oxford University Press, 1959, p. 301). Jürgen Moltmann, *O Deus crucificado* (Harper & Row, 1974) argumenta que por causa da cruz, nunca mais podemos conceber o Deus da Bíblia como apenas uma pessoa; o único Filho, o Deus-Homem, é provado distinto do Pai.

2. Jesus foi separado de si mesmo.

Jesus Cristo viveu, sofreu e morreu. Inocente, Jesus se identificou conosco como irmão na carne. Foi ele tentado em todas as maneiras como nós (Heb 4.15). Jejuou por quarenta dias no deserto. Sofreu as dores da vida. Jesus, o único ser sem pecado na história da raça humana, que jamais mereceu a morte, experimentou no seu corpo as nossas dores e além: a agonia, tortura e crucificação. A essência da morte é separação. Houve ruptura interior quando seu espírito/alma foi separado do seu corpo. Jesus sofreu em tudo a nossa maldição. E suas dores e sua morte apontam para o início, para o jardim, a árvore, e o pecado do primeiro casal.

3. Jesus foi separado de outros.

O Verbo encarnado, "a verdadeira luz... estava no mundo, o mundo foi feito por intermédio dele, mas o mundo não o conheceu. Veio para o que era seu, e os seus não o receberam" (Jo 1.9-11). A hierarquia religiosa gritou, "Crucifica-o! Crucifica-o! " e de novo "Mate-o! Mate-o! Crucifica-o! " (Jo 19.6, 15). Todos se voltaram contra Jesus: seus irmãos que nunca acreditaram até a ressurreição; os seus discípulos, um o traidor, e os outros fugiram no outro jardim, o de Getsêmani. O próprio Pedro que horas antes declarou que iria até morrer por Jesus, logo o negou por três vezes. Assim, sua família, seus companheiros, seu povo e nação judaica para quem ele veio como Messias; o representante da chamada justiça romana Pilatos; e o mundo que ele mesmo havia criado e ainda vai julgar, todos o abandonaram. Jesus estava sozinho na cruz.

4. Jesus foi separado da natureza.

Quando Cristo foi coroado com espinhos, lembramos a maldição da Queda sobre a terra, os cardos e abrolhos (Jo 19.5; Gn 3.18). Jesus foi pregado em uma cruz, uma árvore refletindo a árvore proibida, a fonte da tentação e do pecado original, o lugar de maldição (Gl 3:13; Dt 21.23) "o que for pendurado no madeiro é maldito de Deus"). Na agonia da cruz, a Jesus foi oferecido vinho amargo, símbolo da mordacidade da vida; o oposto do seu primeiro milagre do vinho fino na festa do casamento em Caná. Assim, Jesus absorveu em si as maldições divinas devido à desobediência do pecador; ao mesmo tempo o Cordeiro de Deus para ser o nosso substituto perfeito ficou sem mancha ou defeito.

5. A natureza foi separada da natureza.

Começando a crucificação às 9 horas (Mc 15.25), cada evangelho sinótico recorda que o céu escureceu como se fosse noite do meio-dia às 15 horas. Os estudiosos nos lembram que um eclipse é impossível durante a lua cheia da Páscoa, o que escureceu a terra quase certamente não foi um eclipse. Pelo contrário, as trevas lembram o julgamento escatológico do Dia do Senhor (Am 8.9; Jl 2.10, 30-32; Sf 1.15). "Deus está observando e sinalizando sua presença ". Uma justiça cósmica está se realizando. Quando Jesus clamou com grande voz entregando o seu espírito, "tremeu a terra, fenderam-se as rochas, abriram-se os sepulcros e muitos corpos dos santos, que dormiam, ressuscitaram" (Mt 27.51-53). Com o escuro, com o terremoto, a própria criação estava tremendo, angustiada, diante da morte do seu Criador. A natureza foi separada da natureza.[7]

6. A separação que sara o mundo.

"'Eli, Eli, lemá sabactâni', que quer dizer: 'Deus meu, Deus meu, por que me desamparaste?'" (Mt 27.46). Significativamente, neste mesmo dia da Páscoa, muitos milhares de ovelhas estavam sendo sacrificadas no Templo enquanto judeus e prosélitos se reuniam de todo o mundo conhecido. No momento da morte do Deus-Homem, "o véu do santuário se rasgou em duas partes, de alto a baixo" (27.51).[8] O rasgar da cortina de cima para baixo pode refletir a dor dentro da própria Trindade quando o Filho carregou os pecados do mundo. Não havia separação do infinito amor intratrinitário ("Por isso, o Pai me ama, porque eu dou a minha vida" pelas ovelhas, Jo 10.17). Mas a consequência devastadora do pecado requer a satisfação da pureza e da justiça igualmente infini-

---

7 Darrell L. Bock, Luke, ECNT (Baker, 1996) vol 2, 1858.

8 Havia duas cortinas no Templo: uma separava o Santo dos Santos do santuário interior, outra escondia o santuário interior de um público muito maior; provavelmente a última cortina está em vista.

tas de Deus. O pecado absurdo exige a morte diante da luz ofuscante da Trindade.

A cortina rasgada demonstra que o sangue do Cordeiro agora satisfaz à justa exigência da Lei. A exposição repentina do Templo evidencia uma abertura do coração de Deus ao mundo, uma inversão da atividade redentora de Deus centrada no Templo sagrado de Jerusalém ao anúncio do evangelho agora a ser proclamado a todas as nações.

A importância absoluta é esta. Na cruz, o Deus trino providenciou a solução para cada uma das cinco rupturas da Queda em Gênesis 3. Nessa sexta ruptura de comunhão entre o Pai e o Filho, enquanto este carregava o pecado do mundo, houve um verdadeiro ato cósmico que mudou todo o fluir da história eterna humana e divina. A reconciliação com Deus é um ato instantâneo que se dá através da graça salvadora de Deus. Também se tem uma cura parcial em níveis pessoais e sociais. A cura e a restauração completas, tanto da humanidade quanto da natureza, esperam a consumação. A morte de Cristo é, de fato, a base da salvação do mundo.

7. Crentes são separados dos descrentes.

Os dois criminosos crucificados com Jesus lançavam-lhe insultos. Mas um se arrependeu. Jesus lhe respondeu: "Hoje você estará comigo no paraíso" (Lc 23.43).

Quem supervisionou a crucificação era um centurião romano. O processo era um ritual ensanguentado, mas relativamente comum. Entretanto, "o centurião e os que com ele guardaram a Jesus, vendo o terremoto e tudo o que se passava, ficaram possuídos de grande temor, e disseram, Verdadeiramente este era Filho de Deus" (Mt 27,54). O evangelho de Marcos destaca o centurião "que estava em frente dele [Jesus], vendo que assim expirara" exclamou o mesmo (Mc 15.39), Jesus era Filho de Deus. Não sabemos se havia uma fé salvífica, embora todos os quatro centuriões no Novo Testamento sejam vistos como homens nobres (por exemplo, Cornélio, At 10). Certamente os evangelhos de Mateus e Marcos convidam, através da declaração do centurião, à verdadeira fé em Jesus Cristo como o Filho de Deus.

Assim como os dois ladrões ao lado de Jesus lhe responderam com crença ou descrença, ou a confissão (embora ambígua) do centurião, da mesma forma uma sétima divisão separa toda a humanidade entre fé no Salvador ou rejeição a ele. O destino eterno de toda a humanidade se divide em torno da cruz de Cristo. O simples ato de fé, por convite divino, é a base para a divisão final entre os condenados eternamente e os que confiam nele e são salvos pela graça.

Conclusão

Então, como o cristão pode responder ao problema do mal neste mundo destroçado e até mesmo em nossas próprias vidas? A macroestrutura da revelação divina é motivo de tremendo encorajamento e regozijo. É a boa notícia.

Em *O peso da glória*, C. S. Lewis opina: "Nossa nostalgia ao longo da vida, nosso desejo de nos reunirmos com algo no universo do qual agora nos sentimos separados, de estar dentro de alguma porta que sempre vimos de fora, não é mera fantasia neurótica, mas o índice mais verdadeiro de nossa situação real. E ser finalmente convocado por dentro seria tanto a glória e a honra além de todos os nossos méritos quanto a cura daquela velha dor."[9]

O que foi quebrado no pecado original da raça humana, separação de Deus, separação de nós mesmos, separação dos outros, separação da natureza, até mesmo o próprio sofrimento da natureza, tem se agravado crescentemente ao longo de milênios da história humana.

Mas o próprio Deus Trino ofereceu total resolução. A salvação do mundo revela e adentra à santíssima Trindade. O próprio Deus é ferido, deliberada e volitivamente, quando o Filho encarnado morre em nosso lugar. Ele é o nosso substituto que sofreu cada uma das separações da Queda como nós.

Nosso antigo lugar de separação de Deus foi superado, alcançado, por sua escolha. No momento da fé em Cristo e através de Cristo, Deus paga

---

9 C. S. Lewis, *O peso da glória* (Nova Iorque: Macmillan, 1949), 12.

pelo nosso pecado, redime, propicia, reconcilia, justifica, habita em nós e nos adota como seus. A natureza pecaminosa do crente não tem mais o direito de domínio em sua vida. Nós somos dele, mesmo quando, como Pedro, falhamos. A promessa de vida eterna é nossa.

Quanto à separação de nós mesmos, ainda carregamos as consequências da queda em nossas vidas. As deturpações do pecado, obsessões e anormalidades estão em processo. Mas o chamado à obediência e a obra renovadora do Espírito Santo trazem cura. Estamos sendo santificados, conformados à imagem de Deus em Cristo (Ef 5.1-2), e um dia isso se completará.

Nossa separação dos outros seres humanos varia. Nosso Senhor adverte repetidamente que, se o odiaram, nos odiarão. A perseguição é a norma em um sistema mundial usurpado pelo Maligno. Mas Deus cria a comunhão cristã, às vezes com casamentos e famílias crentes. A igreja local fornece uma antecipação de uma comunhão eterna como o povo de Deus no reino prometido de Deus que virá.

Aguardamos o retorno de Cristo para a cura da brecha entre a humanidade e a natureza, e a natureza com a natureza. "Criarei novos céus e nova terra... alegrem-se, porém, e regozijem-se para sempre no que vou criar" (Is 65.17-18). A criança brincará com a víbora, "o lobo e o cordeiro se alimentarão juntos" (65.25).

Então, o desdobramento da salvação estabelecida na e através da Cruz é a esperança do crente. A reconciliação com Deus é um ato instantâneo que se dá através da graça salvadora de Deus. Também se tem uma cura parcial em níveis pessoais e sociais. A cura e a restauração completas, tanto da humanidade quanto da natureza, esperam a consumação. A morte de Cristo, de fato, é base da salvação do mundo.

O PORVIR: CRISTOLOGIA E A ANTROPOLOGIA ESCATOLÓGICA

Winnetou Kepler

Em vista do nosso tema, compreender "o que é uma pessoa" também está intimamente relacionado com o nosso entendimento e razão da nossa existência pós-morte. Para o cristão, a eternidade é o cume mais elevado de sua existência na presença de Deus na companhia de várias outras pessoas que foram redimidas pelo sacrifício do cordeiro de Deus. Sendo assim, o objetivo deste capítulo visa explorar algumas verdades e conceitos bíblicos que trazem luz à pergunta:"Como o que acontece após a morte impacta meu entendimento do ser humano? ".

Na primeira parte apresentarei, brevemente, alguns conceitos pós-morte não cristãos de algumas das principais religiões do Brasil. Na segunda parte, abordarei as implicações da ressurreição de Cristo na morte e ressurreição dos cristãos. Na terceira parte faço uma proposta para responder à pergunta base deste capítulo.

Alguns conceitos pós-morte não cristãos

Levando em consideração a herança cultural brasileira, uma cultura caracterizada pela sua grande realidade sincrética e diversidade religiosa, temos como pano de fundo uma diversidade de cosmovisões que propõem respostas à esperança pós-morte.

Segundo Franklin Ferreira e Alan Myatt, dentro da doutrina karde-cista, a reencarnação é uma resposta à doutrina cristã da ressurreição. A ideia básica é que "a alma ou o espírito encarna-se repetidamente, num processo de ascensão na corrente do Ser",[1] com o objetivo de unir-se à divindade, tornando-se divino.[2] Ainda, segundo os autores, no kardecis-mo a ressurreição do corpo descrita na Bíblia é apenas uma representação da reencarnação. Jesus não ressuscitou corporalmente, mas apenas subiu para o mundo dos espíritos tornando-se um mestre que ascendeu, um espírito muito avançado, e que agora é um guia.

Para o candomblé e umbanda, que possuem uma herança deixada pelas religiões animistas presentes no sul da África, não há lugar para a ressurreição física de Jesus Cristo. No candomblé, Jesus é apresentado como "Oxalá, que atua como o espírito mais avançado na hierarquia dos orixás".[3] Como os orixás não têm corpo físico, a implicação disso é que Jesus, no candomblé, não pode ser o Jesus bíblico que ressuscitou.

As Testemunhas de Jeová[4] afirmam que a ressurreição de Jesus Cristo foi "no espírito", para a vida no céu, realizada pelo próprio Jeová Deus. Segundo creem, as aparições de Jesus a seus discípulos foram possíveis através de diferentes corpos carnais, pois ele tinha o poder de constituir e de desintegrar tais corpos carnais à vontade, com o propósito de provar visivelmente que fora ressuscitado. Também afirmam que "um pequeno grupo de humanos é ressuscitado para viver no céu, se tornam criaturas espirituais e vão governar com Jesus. Bilhões de pessoas serão ressuscita-das para viver num paraíso na Terra".[5]

---

1 Franklin Ferreira e Alan Myatt, *Teologia sistemática: uma análise histórica, bíblica e apologética para o contexto atual,* 1ª ed. Revisada (São Paulo: Vida Nova, 2012), 1047-48.

2 Ferreira e Myatt, *Teologia sistemática,* 629.

3 Ibid.

4 *"Ressurreição, Estudo perspicaz das Escrituras, volume 2".* Disponível em: https://wol.jw.org/pt/wol/d/r5/lp-t/1200003709/.

5 *"A ressurreição de Jesus — o que significa para nós".* Disponível em: https://wol.jw.org/pt/wol/d/r5/lp-t/402014842?q=ressurreição+de+Jesus&p=par/.

Segundo os mórmons,[6] fomos tirados da presença do Pai Celestial para vivermos na Terra e recebermos um corpo mortal de carne e sangue que um dia morrerá e o espírito irá para o mundo espiritual, um lugar de espera, trabalho, aprendizado e, para os justos, de descanso dos cuidados e das tristezas. Segundo creem, nosso espírito viverá nesse local até que esteja pronto para a ressurreição. Nosso corpo mortal, então, se reunirá uma vez mais com nosso espírito e receberemos o grau de glória para o qual nos preparamos. Segundo creem,[7] estamos aqui para preparar-nos e desenvolver-nos e qualificar-nos para sermos dignos de habitar na presença de nosso Pai Celestial. A vida eterna é para eles a soma da vida pré-mortal, da existência atual e da continuação da vida na imortalidade, com a possibilidade de progressão e descendência eternas. Creem que não é impróprio ou injusto esperarmos que nos seja permitido partilhar dos atributos de Deus. "O paraíso é a parte do mundo espiritual em que os espíritos justos que partiram desta vida esperam a ressurreição do corpo. É uma condição de felicidade e paz".[8] Além disso, há a esperança de que "depois da morte, tornam-se deuses, gerem filhos espirituais, criem uma terra para que nela esses filhos habitem e reinem como Deus reina em nossa terra".[9]

Para os budistas, "ao morrer, teremos que deixar para trás este corpo que temos apreciado e do qual temos cuidado das mais variadas maneiras. (...) Se não tivermos praticado o Dharma[10] e cultivado ações virtuosas, vamos morrer sentindo medo e desespero, além de dor física.[11] Segundo creem, "o propósito inteiro do Dharma do Buda é nos libertar desse casulo",[12] é obter a libertação do sofrimento não apenas para nós mesmos,

---

6 *"O mundo espiritual pós-mortalidade, cap. 41"*. Disponível em: https://www.churchofjesuschrist.org/study/manual/gospel-principles/chapter-41-the-postmortal-spirit-world?lang=por.

7 *"A imortalidade da alma, cap.7"*. Disponível em: https://www.churchofjesuschrist.org/study/manual/teachings-george-albert-smith/chapter-7?lang=por.

8 "Paraíso". Disponível em: https://www.churchofjesuschrist.org/topics/paradise?lang=por/.

9 Ferreira e Myatt, *Teologia sistemática*, 1049.

10 Dharma: Os ensinamentos de Buda e as realizações interiores obtidas na dependência deles.

11 Geshe Kelsang Gyatso Rinpoche, *Introdução ao budismo*, 6 ed. (São Paulo: Tharpa Brasil, 2015), cap. 2, Kindle.

12 Dzongsar Khyentse Rinpoche, *"Como budistas se preparam para a morte"*. Disponível em: https://bodisatva.com.br/como-budistas-se-preparam-para-a-morte/.

mas conquistar a grande iluminação, ou Budeidade, para o benefício de todos os seres vivos.[13] "O corpo e a mente são entidades separadas; assim, apesar de o corpo se desintegrar na morte, o *continuum* mental não sofre interrupções. Em vez de cessar, a mente apenas deixa o corpo atual e vai para a próxima vida"[14] por meio da reencarnação.

Para o Islamismo, segundo Sami Isbelle, um escritor muçulmano, "após o fim do mundo, Deus irá ressuscitar os mortos para a prestação de contas de tudo aquilo que fizeram nesta vida. Aqueles que entrarem no paraíso ficarão lá eternamente, gozando de total felicidade"[15], um lugar físico com todos os prazeres. Também afirma que "aqueles que adentrarem o inferno permanecerão lá um tempo, pagando por suas más ações, e depois entrarão no paraíso, pela misericórdia de Deus". Para ele, aqueles que ficarem eternamente no inferno são aqueles que não tiverem nem mesmo a mais ínfima porcentagem de crença no Deus Único.

Tais cosmovisões são opostas às evidências bíblico-teológicas da fé cristã com relação à morte e ressurreição de Cristo, à realidade pós-morte do ser humano e suas implicações escatológicas para o entendimento do que é uma pessoa.

Implicações da ressurreição de Cristo na morte e ressurreição dos cristãos

Uma das primeiras evidências da ressurreição de Jesus aconteceu quando ele apareceu para Maria Madalena (Jo 20.1-18). Outra evidência bíblica é quando ele simplesmente aparece no lugar em que seus discípulos estavam reunidos a portas trancadas. Após saudá-los, mostrou-lhes suas feridas nas mãos e ao lado (Jo 20.19-20). Uma semana depois, Jesus aparece novamente e Tomé é convidado a ver e tocar em tais feridas (Jo 20.27). Isto comprova "uma continuidade significativa entre o corpo

---

13 Rinpoche, *Introdução ao budismo*, cap.3. Kindle.
14 Ibid., cap.1. Kindle.
15 Sami Isbelle, *"A crença no dia do juízo final: quinto pilar da crença islâmica"*. Disponível em: https://extra.globo.com/noticias/religiao-e-fe/sami-isbelle/a-crenca-no-dia-do-juizo-final-quinto-pilar-da-crenca-islamica-359924.html.

de Jesus antes e depois da ressurreição".[16] Perceba que "o fato de poder entrar na sala sem passar pela porta mostra que seu corpo, agora, tinha propriedades físicas que transcendiam a realidade comum".[17]

Em uma passagem paralela, Jesus lhes diz: "Vejam as minhas mãos e os meus pés. Sou eu mesmo! Toquem-me e vejam; um espírito não tem carne nem ossos, como vocês estão vendo que eu tenho" (Lc 24.39), negando, assim, que houvesse ressuscitado apenas espiritualmente. Além disso, viram-no comer (v.42-43). Em João 21.12-14, o Cristo ressurreto aparece pela terceira vez para seus discípulos e come com eles. Em 1 Coríntios 15.6, é dito que Jesus aparece para mais de 500 pessoas de uma só vez. As diversas evidências bíblicas comprovam que Jesus possuía um corpo real e glorificado, de carne e sangue, e enfatiza que seu corpo não era apenas uma aparência visível de um espírito incorpóreo. Além destas passagens, todo o Novo Testamento dá testemunho da ressurreição de Cristo. A implicação dessas evidências, segundo Louis Berkhof, é que "sua ressurreição consistiu, antes, em que nele a natureza humana, o corpo e a alma, foi restaurada à sua original força e perfeição e até mesmo elevada a um nível superior, enquanto que o corpo e a alma foram reunidos num organismo vivo".[18]

Segundo o apóstolo Paulo, Jesus se tornou como que a evidência dos primeiros frutos entre aqueles que morreram crendo nele (1 Co 15.20-23, 42-44). Ou seja, seu corpo ressurreto é o exemplo do futuro corpo ressurreto dos crentes, o qual não estará mais sujeito a fraquezas humanas, envelhecimento ou morte, mas será capaz de viver eternamente.[19] Conforme o apóstolo Paulo, "Assim será com a ressurreição dos mortos. O corpo que é semeado é perecível e ressuscita imperecível; é semeado em desonra e ressuscita em glória; é semeado em fraqueza e ressuscita em poder; é semeado um corpo natural e ressuscita um corpo espiritual. Se há corpo natural, há também corpo espiritual" (1 Co 15.42-44), e que

---

16 Wayne Grudem, *Teologia sistemática: atual e exaustiva*, 2ª ed. (São Paulo: Vida Nova, 2020), 700-1.

17 Ferreira e Myatt, *Teologia sistemática*, 639.

18 Louis Berkhof, *Teologia sistemática*, 2ª ed. São Paulo, Cultura Cristã, 2001, 318.

19 Grudem, *Teologia sistemática*, 509.

"se Cristo não ressuscitou, inútil é a fé que vocês têm, e ainda estão em seus pecados. Neste caso, também os que dormiram em Cristo estão perdidos. Se é somente para esta vida que temos esperança em Cristo, somos, de todos os homens, os mais dignos de compaixão" (1 Co 15.13-19). Em outras palavras, as Escrituras indicam que o nosso corpo será semelhante ao corpo ressurreto de Cristo (Fp 3.20-21). Conforme Russell Shedd, nossos corpos "terão as mesmas características daquelas que Jesus tem depois da sua ressurreição (Fp 3.21), sendo capaz de existir no ambiente celestial, irradiados de glória e totalmente submissos ao controle do Espírito Santo (1 Co 15.44, 48-49).[20]

Na volta de Cristo, para buscar a sua Igreja, a alma dos cristãos que morreram será reunida ao corpo glorificado, enquanto os vivos terão seus corpos transformados, como num piscar de olhos, para viverem eternamente com Cristo (1 Ts 4.13-17).[21] Para Millard Erikson, o resultado principal da segunda vinda de Cristo, do ponto de vista da escatologia individual, é justamente a ressurreição. "Essa é a base da esperança do crente diante da morte. Embora a morte seja inevitável, o crente espera ser livrado de seu poder".[22] Além disso, passagens como Romanos 8.11, Filipenses 3.21, 1ª Coríntios 15.37-38, 42-44, "indicam que Paulo esperava uma certa continuidade entre nosso corpo terreno atual e o futuro corpo ressurreto".[23] Assim, podemos afirmar que o corpo dos salvos será perfeito, sem corrupção, poderoso, glorioso e próprio para a existência na presença de Deus (1 Co 15.35-58). É importante salientar que à fé na ressurreição não era apenas algo do Novo Testamento, mas já havia o conceito no Antigo Testamento (Is 26.19; Dn 12.2; Ez 37.12-14).

Outra convicção de Paulo era a de que ao morrer ele estaria imediatamente na presença de Deus (Fp 1.21-24), antes mesmo dos eventos da ressurreição dos mortos. Segundo Grudem, "a alma dos cristãos vai imediatamente para a presença de Deus.... Quando o cristão morre, embora

---

20 Russell Shedd, *Escatologia do Novo Testamento*, 2 ed. (São Paulo: Vida Nova, 1985), 38, Kindle.
21 Jo 5.28-29; Jo 6.39,40, 44-54; Rm 8.11; 2Co 5.1-10; Fp 3.20.
22 Millard J. Erickson, *Introdução à teologia sistemática*, 1a ed. (São Paulo: Vida Nova, 2002), 502.
23 Grudem, *Teologia sistemática*, 700.

o corpo permaneça na Terra e seja sepultado, no momento da morte a alma (ou o espírito) vai imediatamente para a presença de Deus, cheia de alegria"[24] (2 Co 5.8; Fp 1.23; Lc 23.46).

A posição das igrejas reformadas está em conformidade com este ensino bíblico. No catecismo de Heidelberg, por exemplo, está escrito: "Meu consolo é que, depois desta vida, minha alma será imediatamente elevada para Cristo, seu cabeça. E que também esta minha carne, ressuscitada pelo poder de Cristo, será unida novamente à minha alma e se tornará semelhante ao corpo glorioso de Cristo".[25] Na confissão de fé de Westminster diz que "os corpos dos homens, depois da morte, voltam ao pó e veem a corrupção; mas as suas almas (que nem morrem nem dormem), possuindo uma substância imortal, voltam imediatamente para Deus, que as deu"[26] (Lc 23.43; Ec 12.7). A mesma confissão continua dizendo que "as almas dos justos, sendo então aperfeiçoadas em santidade, são recebidas no mais alto dos céus, onde contemplam a face de Deus em luz e glória, esperando a plena redenção de seus corpos" (2 Co 5.1,8; Fp 1.23; Rm 8.23). Neste mesmo ponto, a confissão de fé Batista de 1689 é muito semelhante.[27]

Para Grudem, as implicações do corpo glorificado para o crente são extraordinárias. Segundo ele, "o fato de que o nosso corpo será 'incorruptível' significa que ele não se desgastará, não envelhecerá e não estará sujeito a nenhuma enfermidade ou doença. Será para sempre um corpo plenamente saudável e forte".[28] Ainda, segundo Grudem, "visto que o envelhecimento gradual faz parte do processo pelo qual o nosso corpo está agora sujeito à 'corrupção', é certo pensar que o corpo da ressurreição não terá sinais de envelhecimento, mas terá perpetuamente as características da juventude acompanhadas de maturidade como homens e mulheres". Além disso, "não haverá sinal de doença nem de dor pois todos seremos perfeitos. O nosso corpo ressurreto mostrará o cumprimen-

---

24 Grudem, *Teologia sistemática*, 685.

25 *Bíblia de estudo da fé reformada* (São José dos Campos, SP: Fiel, 2021), 2405.

26 *Bíblia de estudo da fé reformada*, 2457.

27 *Bíblia de estudo da fé reformada*, 2502.

28 Grudem, *Teologia sistemática*, 698.

to da plena sabedoria de Deus ao criar-nos como seres humanos, ápice de sua criação e portadores adequados de sua imagem e semelhança".[29] Para ele, "os detalhes de como isso acontecerá ainda não estão claros para nós, visto que as escrituras não especificam esses detalhes, devemos afirmar isso porque é isso que a bíblia ensina mesmo que não possamos explicar plenamente como isso pode acontecer".[30]

Justino Mártir faz uma afirmação que, em uma tradução livre, diz: "Mesmo se alguém estiver sofrendo de defeito corporal, ainda assim, se for um observador das doutrinas transmitidas por Cristo, Ele o levantará em Seu segundo advento perfeitamente são. Ele o tornará imortal, incorruptível e livre de dor".[31]

Para Heber Carlos de Campos, quando Jesus voltar, vamos poder contemplá-lo em como ele é em sua inteireza. Isso será possível com nossos olhos, e poderemos ver suas características físicas e sua ternura de redentor ao mesmo tempo em que veremos o seu "esplendor divino, cheio de força, de poder, de majestade. O redentor onipotente se manifestará gloriosamente, e ele nos tratará como a irmãos mais novos".[32] Ainda segundo Campos, "Você não vai só contemplar Jesus em toda a sua beleza e vê-lo como ele é, mas a maravilha das maravilhas é que você será exatamente como ele é, segundo a sua natureza humana" (1 Jo 3.2,3). Para ele, "a plena humanidade é a mesma coisa que humanidade perfeita, sem mácula, sem mancha, sem ruga. É a plenitude da humanidade semelhante a de Jesus Cristo",[33] é ter "as qualidades morais que um ser humano ideal deve apresentar".[34] Jesus Cristo é o ideal supremo dessa humanidade que vamos atingir na ressurreição.[35]

---

29 Grudem, *Teologia sistemática*, 698.

30 Grudem, *Teologia sistemática*, 700.

31 *Ante-Nicene Fathers: Volume I: The Apostolic Fathers, Justin Martyr, Irenaeus* (Veritatis Splendor Publications), cap. LXIX, Kindle.

32 Heber Carlos de Campos, *A pessoa de Cristo: as duas naturezas do redentor*, 2 ed. (São Paulo: Cultura Cristã, 2014),132.

33 Campos, *A pessoa de Cristo*, 133.

34 Campos, *A pessoa de Cristo*, 134.

35 Campos, *A pessoa de Cristo*, 134.

Como o que acontece após a morte impacta meu entendimento do ser humano?

Tendo em vista que um dia a Igreja ressurreta participará da ceia das bodas do Cordeiro e que viveremos no novo céu e na nova terra com corpos glorificados semelhantes ao de Jesus, de forma alguma seremos simples espíritos desencarnados. Poderemos viver na presença de Deus e ver a sua face em plena comunhão em glória apenas por meio desse corpo glorificado (Compare Êx 33.20-23 com 1 Co 13.12 e Ap 22.3-5). Lá, todos os povos, línguas e nações redimidos poderão conviver em plena comunhão e perfeito amor ao Senhor e uns pelos outros, mostrando que qualquer visão para o ser humano que valorize outra coisa que sua existência por toda a eternidade tem alguma deficiência. A vida humana não tem valor incalculável "apenas" por sermos imagem de Deus, mas também por termos uma existência sempiterna com ele. Em Cristo, na ressurreição, seremos plenamente humanos no sentido de perfeição, individualidade e coletividade. Seremos pessoas completas, com características próprias, tendo Jesus como o modelo e exemplo perfeito do que é ser humano.

Como pessoas, somos seres pessoais para sempre encarnados. Imediatamente após nossa morte, de alguma forma, com moradas temporárias, esperamos a ressurreição e a transformação completa ao lado de Cristo.

Conclusão

Em vista do que foi apresentado neste capítulo, diferente das cosmovisões das religiões mencionadas logo no início, que não consideram o ensino bíblico do corpo e da majestade do ser humano como *imago dei*, podemos nos alegrar com a esperança de que todos aqueles que pertencem a Cristo ressuscitarão em corpos glorificados, ou serão transformados caso estejam vivos no dia do Seu retorno para a Igreja (1 Ts 4.13-17, 1 Co 15). Assim como Cristo permanece com sua natureza humana e divina em seu corpo ressurreto, nossa esperança está em podermos receber um corpo, semelhante ao dele, que permitirá nossa existência e pessoalidade na eternidade, mas sem a influência do pecado. Não precisamos nos preocupar em tentar construir nossas imagens, para provar algo a nós mesmos. "Em vez disso, podemos concentrar nossa vida em anunciar sua imagem. E o que conta para um grande sucesso na cultura popular, força, inteligência, riqueza, beleza, poder, significa muito pouco para essa imagem".[36]

Apesar de não termos todas as respostas, precisamos crer que aquilo que nos foi revelado foi dado por escolha e revelação divina e que é suficiente para nós. É por este motivo que o nosso foco deve estar no que iremos desfrutar na eternidade. A beleza do nosso lar eterno não se compara com "o fato de que estaremos na presença de Deus gozando de comunhão sem nenhuma barreira com ele",[37] ou com qualquer outra pessoa, independente de quem seja na individualidade, cultura ou nação de origem terrena. A barreira do pecado não nos separará mais e não nos causará mais dano. O plano de Deus para nós inclui a restauração da perfeita humanidade em nós, seus filhos, tendo Cristo como o modelo da *imago Dei* perfeita.

---

36 Philip Yancey, e Paul Brand, *À imagem e semelhança de Deus: uma analogia entre o corpo humano e o corpo de Cristo* (São Paulo: Editora Vida, 2018), 44.

37 Grudem, *Teologia sistemática*, 993.

APOLOGÉTICA PÚBLICA SOBRE A ALTA E LINDA ANTROPOLOGIA DA FÉ CRISTÃ

Francisco Wellington Estrela dos Santos

As filosofias humanas e a ciência moderna não têm conseguido trazer respostas profundas aos inquietantes questionamentos do coração humano, especialmente sobre sua origem e significado da vida. O cristianismo bíblico se diferencia das ideias humanistas quando afirma firmemente que a imagem de Deus faz parte da humanidade, é ela que nos faz humanos e capazes de ter um relacionamento pessoal consciente com o criador e de reagir a ele.[1]

Os teólogos Franklin Ferreira e Alan Myatt nos alertam que precisamos constantemente nos lembrar de que existe um motivo para a existência humana, definida de acordo com a intenção do Criador.[2] Nos constantes ataques à fé cristã os conceitos básicos a respeito da antropologia bíblica são negados ou deturpados, razão pela qual se torna tão importante estudar, conhecer, e defender a antropologia bíblica.

Nesse capítulo, busca-se apresentar um olhar para os fundamentos básicos e sólios da antropologia cristã, entendendo como ela regula nossa cosmovisão, sua influência nos relacionamentos na igreja local e, por

---

1 Millard J. Erickson, *Introdução à teologia sistemática* (São Paulo: Vida Nova, 1997), 207.

2 Franklin Ferreira e Alan Myatt, *Teologia sistemática: uma análise histórica, bíblica e apologética para o contexto atual* (São Paulo: Vida Nova, 2007), 398.

fim, como ela confronta outras visões de mundo na medida que aponta para Cristo.

A antropologia da fé cristã nos ajuda a olhar para o homem sob uma perspectiva divina

Provavelmente uma das perguntas que mais tem intrigado a humanidade ao longo de sua existência é esta: o que é o homem? Esse desejo por se conhecer está intrínseco ao homem. Aristóteles declarou que "todos os homens, têm, por natureza, desejo de conhecer".[3] Hoekema aborda essa verdade quando afirma que filósofos, sociólogos, psiquiatras, romancistas, e dramaturgos estão empenhados em encontrar respostas relacionadas às questões humanas, como: *"por que o homem está aqui"* e ainda *"o que é o homem?"*[4]

Apesar das várias tentativas de respostas em diversos campos do conhecimento humano, o cristianismo aceita aquela que é indiscutivelmente, uma das declarações principais da Escritura: o homem foi criado por Deus conforme à sua imagem e semelhança.

Essa verdade é a base e o ponto mais alto da antropologia da fé cristã. Para o verdadeiro cristianismo essa é uma verdade inegociável. A antropologia cristã afirma que existe a forma correta de entender o homem, e sua negligência pode ser apontada como uma das raízes de toda a confusão sobre o viver humano. Aliás, o conceito da imagem de Deus é o coração da antropologia cristã.[5]

Antropologia teológica é a ciência que procura relacionar a existência humana com a verdade revelada por Deus nas Escrituras, buscando compreender e explicar a vida humana e suas as implicações práticas decorrentes. Mas porque é tão importante conhecer o homem do ponto de vista bíblico? Como cristãos cremos que o homem é um enigma cuja solução só pode ser encontrada em Deus.[6] Van Til, afirmou que "Toda

---

3 Aristóteles, *Metafísica* (São Paulo: Abril Cultural, Os pensadores, v.4. 1973), I.1. p. 211
4 A. A. Hoekema, *Criados à imagem de Deus*, 3ª ed. (São Paulo: Cultura Cristã, 2018), 12.
5 Ibid., 81.
6 Herman Bavinck, *Teologia sistemática* (Santa Bárbara d'Oeste SP: COCEP, 2001), 24.

problemática com a qual lidamos em apologética diz respeito à relação entre Deus e o homem".[7] Assim, entendemos que a dignidade do homem está diretamente ligada ao fato de sermos criados por Deus, e portanto, qualquer consideração a respeito da identidade humana precisa levar isso em conta ou sofrer as consequências dessa negação.[8]

Quando Deus se propôs a criar um ser mais parecido com ele do que qualquer outra criatura ele criou os seres humanos. A *imago Dei* (imagem de Deus) é a nossa realidade fundamental: existimos como portadores da imagem de Deus, independente do sexo.[9] Não há como ter uma compreensão adequada do homem sem considerá-lo nesse nível.

O fato de ser criado à "imagem de Deus" permite aos seres humanos refletirem o próprio Deus em alguns atributos comunicáveis, tais como: amor, conhecimento, bondade, fidelidade, veracidade e outros mais. O compartilhar desses atributos, nos mostram que o Criador fez o homem diferente de qualquer outro ser criado e essa maneira exclusiva revela a essência do homem. Refletimos essa imagem por meio dos nossos relacionamentos e por meio das coisas que fazemos no mundo.

Olhar para o homem sob a perspectiva da imagem de Deus nos ajuda a lidar com as tensões da vida, na medida que passamos a entender que somente N'Ele encontramos descanso e paz. Nesse sentido, a Bíblia é um livro único, pois apresenta uma antropologia completa (material e espiritual) ao falar sobre o homem em aspectos que as ciências humanas não conseguem lidar.

Todo cristão verdadeiro regozija na verdade da sua criação à imagem de Deus ao mesmo tempo que rejeita os pressupostos humanos e filosóficos que rejeitam essa verdade. Ele tem o mesmo princípio de Davi no Salmo 8, ou seja, que Deus é o criador do universo e do homem. O homem criado por Deus não é um mero detalhe fruto de um processo

---

7 Cornelius Van Til, Apologética *cristã* (São Paulo: Cultura Cristã, 2010), 35.

8 Paulo Anglada e Richard Lints, *Imago Dei: antropologia reformada* (Ananindeua, PA: Knox Publicações, 2013), 15.

9 Gregg R. Allison, *50 verdades centrais a fé cristã: um guia para compreender e ensinar teologia* (São Paulo: Vida Nova, 2021), 144.

cósmico-evolutivo, antes é uma criação especial de Deus[10]. Começamos a entender quem somos quando olhamos para cima e passamos a compreender mais plenamente quem é Deus.

A antropologia da fé cristã nos ajuda a olhar para o homem sob uma perspectiva de criação, queda, e redenção

Tudo na criação estava perfeitamente bom até que o homem peca contra Deus. Após a queda o homem não é mais o mesmo. Por causa do pecado nenhuma parte da criação existe hoje da mesma forma que Deus criou originalmente.

Depois de estabelecer o que é o homem segundo o relato da criação, é preciso olharmos para ele sob os aspectos da queda. O que queremos estabelecer nesse ponto é que para uma correta compreensão do homem hoje, a queda precisa ser tão enfatizada quanto a sua criação.

Após a queda o homem passa a viver para os seus próprios desejos e não mais para agradar ao Criador, sua natureza agora é pecaminosa. A partir dela vemos as garras do pecado entranhadas no coração do homem. Maia afirma que "sem a consideração da queda e de suas implicações, como as Escrituras nos apresentam, não há como obtermos um conhecimento adequado do homem"[11].

De fato, a queda do homem é um divisor de águas e altera drasticamente todo o seu viver. Quando Deus termina sua criação tudo estava perfeitamente bom, não havia caos, conflitos, desordem, dores, morte ou qualquer outro mal. A partir de Gênesis 4 vemos como o homem sai daquele ambiente perfeito e adentra no mais profundo abismo do pecado. A imagem de Deus no homem foi pervertida e os seres humanos

---

10 Hermisten Maia, *O homem no teatro de Deus: providência, tempo, história e circunstância.* (Eusébio CE: Editora Peregrino, 2019), 36.

11 Maia, *O homem no teatro de Deus,* 40

agora são pecadores, inclinados a toda espécie de mal, naufragando em abismos inconcebíveis de iniquidade.[12]

Os efeitos devastadores da queda podem ser vistos tanto na vida do primeiro casal e seus descendentes diretos como em toda a humanidade. Herdamos nossa natureza pecaminosa de Adão. Quando ele pecou, toda raça humana foi lançada em um estado de escravidão do pecado.

As evidências dessa natureza humana pecaminosa estão em toda parte, mesmo assim, como no pecado original o homem insiste em negar sua responsabilidade e encontrar desculpas para suas próprias transgressões, dando vazão aos seus desejos de autonomia e autossuficiência. Tudo isso é revelado no seu próprio comportamento, ações e decisões.

É somente quando entendemos esse pano de fundo da criação, queda e redenção que teremos condições de entender os próprios conflitos, angústias, medos e ansiedades. Isso também nos permite olhar para os aspectos redentivos do evangelho que desde Gênesis nos aponta para o redentor (Gn 3.15). O redentor prometido é o único que pode resolver o verdadeiro problema do homem: o pecado. "A condição de pecador compromete a natureza originária do ser humano, porque o diminui, impedindo-lhe de alcançar sua plena realização. Não obstante, o resgate de sua natureza e da sua inclinação ao bem realiza-se no mistério salvador de Jesus Cristo, que liberta o ser humano do mal, concedendo-lhe a graça de comunhão com o seu Criador".[13]

Em Jesus Cristo o homem encontra o caminho definitivo de plena restauração de sua comunhão com o Criador, e com isso, o resgate de sua natureza caída. A antropologia bíblica nos ajuda a olhar para Cristo sob os aspectos da redenção compreendendo a necessidade que o homem tem de ter restaurada a sua imagem caída. Ela nos aponta para o sacrifício de Cristo, tornando uma mensagem transformadora.

O entendimento da doutrina da antropologia cristã tem tudo a ver com a salvação do homem. Quando você entende a verdade da imagem

---

12 Hoekema, *Criados à imagem de Deus*, 130.

13 Antonio Wardison C. Silva, Luís Fabiano S. Barbosa, Ronaldo Zacharias (orgs.), *Antropologia teológica: pensar o humano na universidade* (São Paulo: Ideias & Letras, 2017).

de Deus tendo como pano de fundo uma teologia bíblica da redenção, você consegue entender que o principal problema que as pessoas têm é o seu relacionamento com Deus e que tal problema só é resolvido mediante a obra de Jesus Cristo.

Um outro ponto singular e ao mesmo tempo belo é que a antropologia bíblica também nos permite olhar para Cristo entendendo não somente a ausência de pecado em Jesus, mas sobretudo, que ele experimentou a plenitude do que significa ser humano e perfeito. Pelo fato da vida de Jesus ter sido caracterizada pela perfeição em todos os sentidos, sua morte efetuou o sacrifício necessário para que fôssemos aceitos diante de Deus.

O Cristo que cremos experimentou todas as dores e sofrimentos inerentes ao homem, ele se fez carne por nós e se assemelha com o homem em todos os seus aspectos físicos e emocionais. Por fim se entregou para que o homem caído pudesse ser salvo. O cordeiro perfeito de Deus foi imolado por nós.

É um privilégio para todo cristão olhar para Jesus Cristo como plenamente Deus e plenamente homem, que veio para redimir a humanidade em sua vida, morte, ressurreição e ascensão. Quando reconhecemos essas verdades em Cristo, quem ele é e o que ele fez, o que nos resta é glorificar a Deus por tudo, dando-lhe toda glória merecida.

A antropologia da fé cristã regula as lentes pelas quais enxergamos Deus, o mundo, e nós mesmos

Um dos principais desafios na abordagem da antropologia cristã é entender como ela impacta de forma prática as nossas vidas. Ela pode nos ajudar a entender como os crentes em Cristo devem olhar para si mesmos carregando a imagem de Deus e apontar o caminho de cumprirmos a missão de glorificá-lo em todas as coisas.

A antropologia bíblica regula as lentes pelas quais enxergamos Deus, o mundo e a nós mesmos. Maia diz que "Somente a cosmovisão cristã tem algo a dizer de forma compreensiva e significativa a respeito da totalidade da vida"[14]. Na prática, todo o nosso viver, as nossas decisões, pensamentos e forma de servir sofrem influência natural daquilo que nós aprendemos sobre o que é o homem.

Dessa forma, o nosso comportamento e a nossa vida se constituem em resposta (não simplesmente "reação") ao que vemos, à nossa leitura vivida do mundo. A nossa cosmovisão, se reflete em nosso modo de viver e de ser.[15]

A antropologia bíblica nos ajuda a olhar para o coração

A antropologia bíblica também se diferencia de outras áreas do conhecimento humano, porque ela nos mostra a necessidade de olhar para o coração como o centro de tudo. Madureira, reforçando o pensamento do filósofo holandês Herman Dooyeweerd, comenta sobre essa relação: "A antropologia bíblica não pressupõe que o coração seja o intelecto, mas, sim, que o coração seja o centro de tudo o que o homem é. Isso também vale para o intelecto, ou seja, o coração é o lugar das deliberações e decisões mais importantes da vida de uma pessoa, e que essas deliberações e decisões pressupõem a faculdade da razão".[16]

Sob o ponto de vista do aconselhamento bíblico o olhar para o coração é um divisor de águas. É nele que encontramos a exata expressão de quem somos, nossas motivações, desejos e pecados. A Bíblia usa "coração" como sinônimo para descrever o interior da pessoa, ele abrange todos os termos e funções usados para descrever a pessoa interior (espírito, alma, mente, emoções, vontade etc.). Biblicamente, o coração é o nosso eu verdadeiro. É a essência de quem somos.[17]

A Escritura revela que o problema do nosso coração é grave porque ele é corrupto e enganoso (Jr 17.9). A presença do pecado influencia tudo o que alguém pensa, deseja e sente. Nossas circunstâncias, o comporta-

---

14 Maia, *O homem no teatro de Deus,* 39.
15 Ibid., 26.
16 Jonas Madureira, *Inteligência humilhada* (São Paulo: Vida Nova. 2017), 220.
17 Paul D. Tripp, *Instrumentos nas mãos do redentor.* (São Paulo: NUTRA Publicações, 2009), 92.

mento dos outros, as doenças físicas ou a bioquímica do nosso cérebro podem atiçar o fogo ou fornecer o combustível, mas a faísca inicial origina-se nas inclinações, nos desejos e na satisfação do nosso coração.[18] Como Paul Tripp colocou: "Se o meu coração é a fonte do problema do meu pecado, então a mudança permanente deve sempre abranger a totalidade do meu coração. Não é suficiente alterar meu comportamento ou mudar minhas circunstâncias. Cristo transforma as pessoas mudando radicalmente seus corações. Se o coração não mudar será inútil".[19]

A antropologia bíblica nos ajuda a entender que o problema do homem não é uma questão simplesmente comportamental, mas uma condição de coração que necessita da graça transformadora do Evangelho.

A antropologia bíblica nos ajuda de forma prática na resolução de conflitos

Os desdobramentos práticos advindos da prática de termos as nossas lentes de enxergar o homem regulados pela antropologia bíblica, podem ser vistos quando questões difíceis e até polêmicas são levantadas:

Todos esses fatos relacionados à criação da raça humana encerram implicações éticas importantes. Eles lançam luz sobre questões tais como feminismo, homossexualismo, aborto, eutanásia, suicídio, relações humanas, sociais, econômicas e ecológicas, clonagem humana e cremação de corpos humanos. Haver sido criado diretamente por Deus, do pó da terra, mas como um ser espiritual único, conforme o modelo divino, como homem e mulher, para exercer domínio sobre a criação são realidades que assaltam a dignidade da raça humana, os seus privilégios e responsabilidades singulares.[20]

O fato importante e ponto alto do estudo da antropologia bíblica é termos em mente a certeza que na nossa prática de vida ministerial, li-

---

18 John Street (org.), *Homens aconselhando homens: uma abordagem bíblica das principais questões que os homens enfrentam*. (São Paulo: NUTRA Publicações, 2014), 202.

19 Tripp, *Instrumentos nas mãos do redentor*, 96.

20 Anglada e Lints, *Imago Dei: antropologia reformada*, 34.

daremos com situações que exigirão de nós convicções advindas não do pensamento humano, mas sobretudo da sabedoria de Deus. Somente a verdadeira sabedoria e conhecimento do alto e que vem do Criador serão capazes de nos fornecer as ferramentas certas para lidar com as tensões da alma do homem.

Entender essa linda doutrina à luz das Escrituras nos ajudará a discernir os princípios que adotamos para um viver piedoso, nas decisões que tomamos e consequentemente no padrão de vida e ética cristã que viveremos na prática. Questões profundas, como ideologia de gênero, aborto, idolatria, casamento e filhos, exigirão de pastores e conselheiros conhecer uma sólida base da antropologia bíblica. Esse compromisso os ajudará a lidar com todas essas questões com considerável segurança, buscando soluções bíblicas para os dilemas da alma do homem.

A antropologia bíblica nos ajuda a defender a fé cristã dos ataques humanistas

De forma geral a apologética cristã nos oferece um conjunto de respostas sistematizadas às perguntas feitas sobre Deus, Jesus e a fé cristã. Ao examinarmos a história veremos que em todos os tempos, a fé cristã foi atacada. Hoje mais do que nunca, ela se torna indispensável diante dos movimentos perigosos a fé, como o secularismo, relativismo, ateísmo, pós-modernismo e pluralismo.

Defender as verdades de Deus diante desses ataques crescentes têm sido um desafio constante para os cristãos. Precisamos não somente admitir que existe uma grande confusão acerca do que é o homem na antropologia moderna, mas principalmente, que precisamos estabelecer ou encontrar um ponto de contato. Creio que esse ponto de contato passe pela antropologia cristã.

Ao dialogar com as ciências humanas a antropologia cristã tem o papel de nos fazer pensar a natureza e a ação do humano em um ambiente histórico e cultural e, com isso, abre um espaço para o confronto sadio, para uma defesa da fé e sobretudo de pregação do evangelho. Nesse mundo secularizado a fé cristã se apresenta como a luz que torna visíveis os fatos da experiência humana, revelando o que eles realmente são. O cristianismo é a fonte pela qual tanto a vida como a luz são derivadas paras os homens.[21]

Conclusão

Todas as ciências que se ocupam na tarefa de investigar o homem reconhecem o quanto o ser humano é misterioso e inesgotável, isso também o torna fascinante, quanto mais mergulha-se na busca pelo conhecimento mais percebe-se o quão distante se está e vemos sua total complexidade. Por isso devemos também reconhecer que o investigar sob o ponto de vista da antropologia cristã é um desafio incrível.

As contribuições bíblicas sobre o que é o homem e como entendê-lo vão além da mente humana, abrir espaço para elas é abrir os ouvidos ao que o próprio Criador tem a nos dizer. É deixar que o nosso coração seja inundado pela sabedoria que vem do alto, e acima de tudo deixar que essas verdades moldem as nossas vidas, igrejas e ministérios.

Nossa igreja será profundamente impactada e abençoada com as verdades da antropologia da fé cristã, sobretudo na maneira como vamos lidar com as tensões naturais e desafios que a vida nos impõe. Na forma de glorificar a Deus e servi-lo, em como ela cumpre sua missão de evangelizar pessoas e como norteadora dos relacionamentos entres seus membros.

---

21 Cornelius Van Til, *Apologética cristã* (São Paulo: Cultura Cristã, 2010), 69.